Gabriele Reiß
Wonneseufzer

Gabriele Reiß

Wonneseufzer

Reiseerzählungen
aus den Alpen

Bibliografische Information der Deutschen Nationalbibliothek: Die
Deutsche Nationalbibliothek verzeichnet diese Publikation in der Deut-
schen Nationalbibliografie; detaillierte bibliografische Daten sind im
Internet über http://dnb.dnb.de abrufbar.

Verlag: BoD · Books on Demand GmbH, In de Tarpen 42, 22848 Nor-
derstedt

Druck: Libri Plureos GmbH, Friedensallee 273, 22763 Hamburg

ISBN: 978-3-7693-2944-5

Für Uschi und Erwin –

schau, mein Lieber, die Berge…
sie alle schenke ich dir

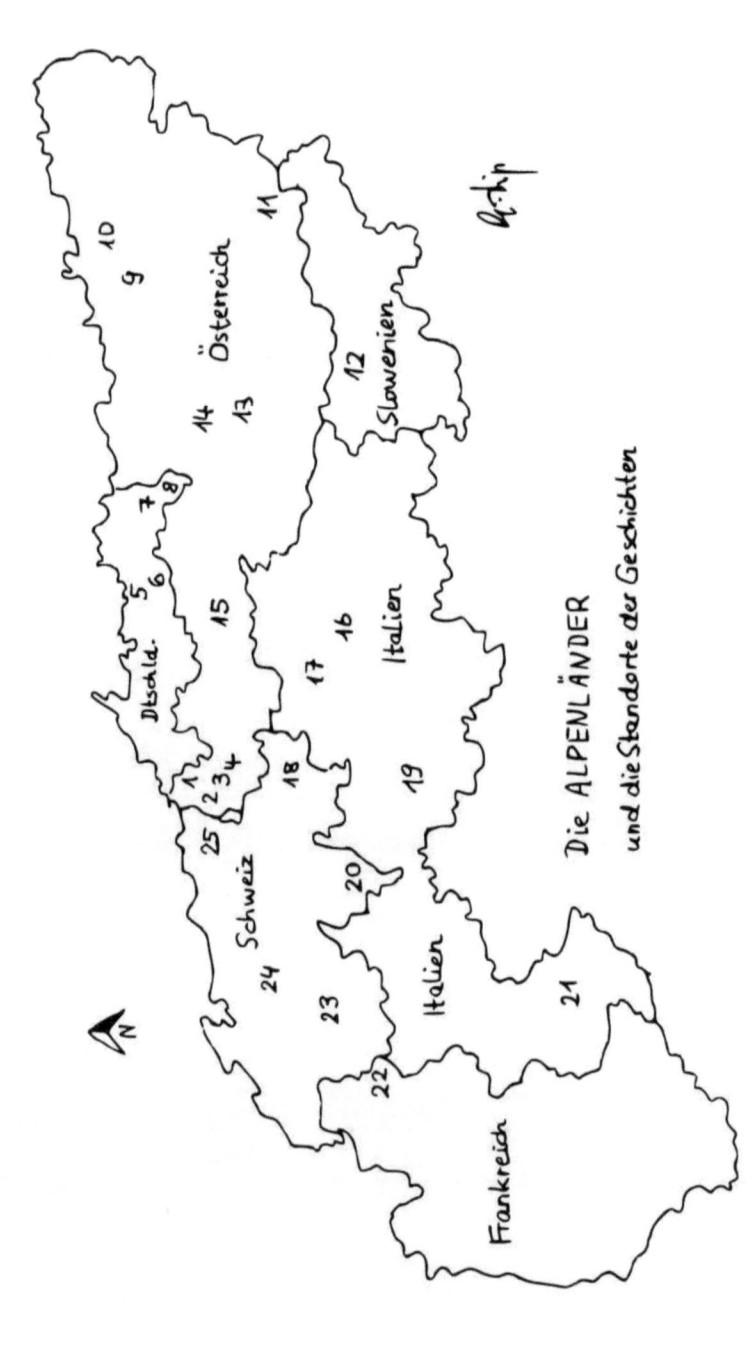

Die ALPENLÄNDER
und die Standorte der Geschichten

Inhalt

1

Wer ist Sepp?

Balderschwang/Bayern/Deutschland

∞

Einmal im Leben zur rechten Zeit
sollte man an Unmögliches geglaubt haben.

Christa Wolf

Ein Tag im Jahre 1977.

Wie alt mag er sein? Sechzig? Siebzig? Achtzig? Auf jeden Fall ziemlich alt. Sein gebräuntes Gesicht ist mit Knitterfalten übersät und sein Name klingt in meinen Ohren recht ungewöhnlich: Sepp. Neben ihm steige ich diesen grässlichen Berghang hinauf, inständig hoffend, dass die Qual bald ein Ende haben wird.

Sepp ist zwar alt, aber stark.

Unerbittlich geht er steten Schrittes voran, als schlage in seiner Brust statt eines Herzens ein Traktormotor. Ein verstohlener Blick auf seine kniekurze Hose aus altersspeckigem Leder: noch nie habe ich solche vor sehnigen Muskeln strotzende Waden wie seine gesehen, die – ein Überprüfen durch Betasten erübrigt sich – ihr eigenes Profil haben und robust und stoßfest wie Traktorreifen sind.

Ich bin 25.

Was war das nur für ein Mensch, dieser Sepp aus der anderen Welt? In jeder Beziehung das Gegenteil von mir. Zum Beispiel in Sachen Gesundheit. Beim besten Willen konnte ich ihn mir weder krank noch schwach vorstellen, so wie ich es selbst im Laufe meines jungen Lebens immer wieder mal war. Die üblichen Kinderkrankheiten beiseitegelassen, fing es im Kleinkindalter mit einer Lungenentzündung an, die mich hochfiebernd – noch ohne Penicillin-Behandlung – über Wochen zur Bettruhe gezwungen hatte, gefolgt von einer Lungenentzündung im Grundschulalter und dann Jahr für Jahr Bronchialinfekte, bekämpft mit dem Zaubermittel Antibiotika in Kapsel- und Spritzenform. Ein Grund für diese Empfindlichkeit war sicherlich meine Wohnregion.

Während meiner Kindheitsjahre in den Bergbaustädten Essen und Gelsenkirchen hatte ich unvermeidbar Kohlefeinstaub inhaliert – ich erinnere mich an den schwarzen Puder, den meine Mutter von den Fensterrahmen wischte, an das schwarz-schaumige Putzwasser, das sie mir mit den Worten zeigte: Sieh mal, Gabi, wie das Wasser aussieht. Ja, Kohlestaub lag in der Luft und meine fleißige Mutti konnte nichts anderes dagegen tun als ihn unermüdlich wegzuwischen und wegzuwaschen. Ein Kampf gegen Windräder, eine vergebliche Jagd nach Sauberkeit und nach Fensterrahmen, die wenigstens ein paar Stunden lang weiß sein würden. Vielleicht dachte sie manchmal, während sie wusch und putzte, an ihren Vater Karl, der 1942 an Silikose, der sogenannten Bergmannslunge, gestorben war, wie auch 1975 ihr Schwiegervater Fritz.

Für die Gesundung meiner angeschlagenen Atemwege war die verstaubte Luft natürlich kontraproduktiv, der weitaus geeignetere Lebensraum wäre für mich die Nordseeküste gewesen – wäre! Dazu kam es nicht. Viel zu fest war ich in meinem durchaus geliebten Kohlenpott-Revier verwurzelt.

Stattdessen tauschte ich drei Jahre nach meiner wundersamen Sepp-Begegnung die Großstädte an der Ruhr gegen eine kleinere Zechenstadt an der Lippe ein, am Nordrand des Ruhrgebiets liegend, von Grün umgeben und weniger rußig. Auf meine sich wiederholenden Bronchialerkrankungen hatte das keinen nennenswert gesundheitsfördernden Einfluss. Ich kann mich noch an die Situation erinnern, als mir meine neue Hausärztin für die ferne Zukunft Asthma vorhersagte.

Mit Sport hatte ich, wie viele andere junge Leute meines Alters auch, nach meinem letzten Schultag nichts mehr zu tun gehabt. In den Siebzigern gab es noch keinen Fitnessboom, keine Jane Fonda, die mich für Aerobic hätte begeistern können. Folglich blieb mir verschlossen, wie sich regelmäßig betriebene ‚Leibesübungen' auf die Körpergesundheit auswirken.

Doch nun zurück ins Jahr 1977, zu dem Bergweg, den ich mich mit wachsendem Unwillen hinaufkämpfen muss. Zurück zum alten Sepp.

Immer wieder schiele ich zu ihm hinüber, stelle mir vor, wie er bereits als Kleinkind Berge erklommen hatte.

300 Höhenmeter! Noch nie bin ich in meinem Leben so lange und so ‚steil' bergan gelaufen.

Sepp geht voran und unser ganzer Tross – vierzig blasshäutige Ruhrgebietskinder und –jugendliche aus sozialen Brennpunkten nebst Betreuerteam – folgt ihm ächzend und stöhnend. Das Ziel ist die von ihm selbst errichtete Hütte, wo wir zwei Wochen lang eine Ferienfreizeit verbringen werden. Ohne Zufahrtsstraße und Seilbahn ist das Zufußgehen unerlässlich.

Unser Herbergsvater gibt sich wortkarg und mürrisch. Sein verschlossener Gesichtsausdruck lässt nur einen Rückschluss zu: all die verweichlichten Großstädter und das vielstimmige Gejammer strapazieren seine Nerven.

Wer ist hier eigentlich alt, er oder ich? frage ich mich, während ich mich angestrengt mit ihm Schritt zu halten bemühe. Scheinbar wie automatisch beugen und strecken sich seine Knie, während ich gegen eine mir unerklärliche Trägheit in den Beinen ankämpfe, die nur widerstrebend gehorchen, als gehörten sie gar nicht mir, als führten sie ein Eigenleben. Dabei habe ich nicht mehr als mich selbst hier herauf zu schleppen, was wenig ist, schließlich bin ich ein Leichtgewicht von höchstens sechzig Kilo. Unser aller Gepäck wird glücklicherweise mit einem Materiallift befördert.

Alle paar Minuten muss ich in der Schräge stehenbleiben, keuchend nach Luft schnappend warten, bis sich mein verstörter Herzschlag beruhigt hat, was zur Folge hat, dass ich hinter Sepp immer weiter zurückbleibe.

Solch eine blöde Idee! Ich verwünsche meinen Chef, der dieses Unternehmen organisiert hat, verwünsche die Sommerhitze, die auf dem Kopf lastet, diese Schufterei, die mir unmissverständlich klarmacht, wie schwächlich ich bin. Und dieser Sepp, der eigentlich Josef heißt, macht seinem heiligen Namen keine Ehre, vielmehr kommt er mir wie ein Sklaventreiber vor, mit dem es in den kommenden zwei Wochen noch ungemütlich wird.

Wie richtig ich mit dieser Einschätzung liege, zeigt sich Tage später, als er Kinder und Betreuer die halbe Nacht lang im Freien stehen lässt, bis sich der Übeltäter ‚freiwillig' meldet, der das Bettgestell eines Jungen heimlich mit Schuhwichse beschmiert hat. Unser Gastgeber setzt sich durch, nicht nur äußerlich ist er ein knochenharter Bursche.

Die gesamte Ferienfreizeit spielt sich mit sportlichen Spielen und Wettkämpfen vielfältigster Art im Innen- und Außenbereich des Hauses ab. Langeweile kommt nicht auf und die Kinder haben Gelegenheit ihren oftmals furchtbaren Lebensalltag zu vergessen. Was mich betrifft, bin ich froh, dass wir die meiste Zeit im und am Haus verbringen, so dass es mir erspart bleibt, mich mit dieser kraftzehrenden Gegend zu befassen.

Als es heimwärts geht, weiß ich nicht, wo ich eigentlich gewesen bin. Im Allgäu, ja – mehr gibt mein geografisches Alpenwissen nicht her. Ich weiß nicht, dass Balderschwang zu den fünf sogenannten Hörnerdörfern gehört, die sich unter den Hörnern, sprich: Spitzen, ihrer Hausberge versammelt haben: Bolsterlang, Fischen, Obermaiselstein, Ofterschwang, Balderschwang. Keinen einzigen Wanderweg habe ich kennengelernt, keine Alpenblume bewundert, kein Wiesenkraut gerochen, keine Ausblicke übers Bergland genossen, kein Gipfelkreuz berührt. Kann es sein, dass ich nicht eine einzige Kuhglocke läuten gehört habe? Ein Kollege hatte in kleinen Gruppen Wanderungen bescheidenen Umfangs unternommen. Warum bin ich nicht dabei gewesen? Entweder, weil ich mich davor gedrückt hatte oder weil ich als pädagogische Mitarbeiterin im und am Haus anderweitig im Einsatz war. Sepps Hütte: meine steigungsfreie Insel in den Bergen.

Ich weiß, beziehungsweise ahne nicht, dass Vorarlberg – das westlichste Bundesland Österreichs – in der Luftlinie gerade mal zwanzig Kilometer entfernt ist. Vom Vorarlberger Montafon, geschweige vom Rätikon-Gebirge, in das es mich in ferner Zukunft so oft ziehen wird, habe ich nicht die geringste Ahnung. Würde es mir jemand prophezeien, würde ich darüber lachen und die Idee für vollkommen abwegig halten.

Als ich mit unseren Freizeitkindern im Reisebus gen Heimat fahre, assoziiere ich die Alpen zuallererst mit Plage. Was erklärt, warum Sepp rasch in Vergessenheit gerät.

Und mit ihm die Berge.

2

Die Entdeckung

Tschagguns/Vorarlberg/Österreich

∞

Ein frommer Zauber hält mich wieder,
anbetend, staunend muss ich steh'n;
es sinkt auf meine Augenlider
ein gold'ner Kindertraum hernieder,
ich fühl's - ein Wunder ist gescheh'n.

Theodor Storm

Fünfzehn Jahre später... ein Tag im Jahre 1992.

Ich plaudere mit Theo, dem Vater eines Jungen aus einer Eltern-Kind-Gruppe. Es geht um dies und das und dann, ich weiß nicht mehr, wieso, um die Alpen. Plötzlich ist er wieder da, der alte Sepp mit der harten Schale und den kräftigen Waden. Ich schildere anschaulich, wie nachhaltig abschreckend jener Aufstieg auf mich gewirkt hatte, und dass ich bis dato meinem Vorsatz der Bergabstinenz treu geblieben bin. Nebenbei bemerkt, hat sich an der Neigung zu Bronchialinfekten nichts geändert. Wenigstens ist es mir gelungen, mich von der pauschalen Antibiotikatherapie zu befreien. Allerdings braucht der Organismus deutlich länger, bis die Krankheit ausgestanden ist.

Theo schwärmt von den Alpen, wie abenteuerlich eine Wandertour sei. Mit Rucksack unterwegs sein, ohne ins Tal abzusteigen, für ihn und seine Familie das höchste Glück. Er beschreibt die Standorte der Berghütten, die Schönheit der Natur, die Matratzenlager, die Gemütlichkeit der Hüttenabende. Ich kann dir nur raten, probiere es, sagt er, es wird dir gefallen.

Warum höre ich ihm überhaupt zu? Weil ich ein grundsätzlich neugieriger Mensch bin und Geschichten mag, die so mitreißend erzählt werden wie diese. Soll ich es tatsächlich versuchen, eine Wandertour von Hütte zu Hütte wagen, stundenlang in einer Höhe laufen, die ich noch nie betreten habe, meinen begründeten Vorsatz über den Haufen werfen? Dieser Theo! Hat mir ein Lasso mit vielversprechenden Bildern um den Hals gelegt, nicht festgezurrt, aber fest genug, um es nicht abstreifen zu können. Bemerkenswert, wie gründlich ich die Wahrscheinlichkeit verdränge, dass mich dieses Unternehmen konstitutionell überfordern wird.

Ich denke an die wehmütigen Abschiede von den Landschaften vergangener Urlaubsreisen. Sie zu erreichen war leicht: mit dem guten alten VW-Bus, der Bahn, dem Schiff, dem Flugzeug. Eine Bergtour würde etwas ganz anderes sein: eine Herausforderung, ein Experiment... eine Illusion?

Theos Lockruf hat mich erreicht. Vielleicht bin ich für das Bergwandern doch nicht ganz ungeeignet? Immerhin hatte ich mich als Kind bevorzugt im Freien aufgehalten, Strauchdickichte, Kratzer, Dreck und unbekannte Ecken nicht gescheut. Auch als Erwachsene bin ich sehr gern in der Natur. Das allerdings ist schon alles, was ich auf der Haben-Seite zu verzeichnen habe.

Auf der Soll-Seite sieht es ganz anders aus, wie umfangreich, ist mir nicht im Geringsten klar. Mein Fitnesstraining besteht aus dem Gerenne zwischen drei Kindern, Schule, Kindergarten, Minijob, Haus, Garten, Supermarkt... und so weiter. Ich habe keine Ahnung, wie der Rucksack zu packen ist, was ich unterwegs benötige, weiß nichts zu den Themen Höhenluft, Sonnenintensität im Hochgebirge, Baumgrenzen, alpine Gefahren, Notsignale; natürlich auch nichts über Krafteinteilung, Kopfschutz, Wanderstöcke, Orientierung, Wanderkarten.

Ich weiß gar nichts. Mein Mut ist nichts weiter als Unbedarftheit. Von Naivität will ich nicht sprechen, ich bilde mir ja nicht ein, dass das, was mich erwartet, einfach sein wird.

Theo hat etwas in Gang gesetzt und ich bin bereit, dem A das B folgen zu lassen und jeden weiteren Buchstaben auch, gegebenenfalls meine negative Haltung zu den Bergen aufzugeben.

Wie gravierend die bevorstehende Erfahrung Einfluss auf mein künftiges Leben nehmen wird, ahne ich nicht im Geringsten.

Ein paar Monate später wird es ernst, wir reisen ins Vorarlberger Montafon. An einem heißen Sommertag entsteigen wir frühmorgens beim Tschaggunser Berggasthof Grabs dem gleichnamigen Sessellift und beginnen den Aufstieg. Vor mir läuft wieder ein männlicher Begleiter, unwissend und unerfahren wie ich, jedoch körperlich kräftiger und fitter, mit Atemwegen, die keine Dauerkrankengeschichten kennen.

Der erste Aufstiegsabschnitt ist steil und nicht leichter als der in Sepps Begleitung, mit dem Unterschied, dass ich es diesmal selbst so gewollt habe. Ich schnaufe, ringe um Luft, Kopfschmerzen bahnen sich an. Alle Augenblicke stehenbleibend, kämpfe ich mich hinter meinem Begleiter den Berghang hoch, schwer an dem dünnwandigen, hin und her schwankenden Rucksack tragend, dessen schlecht gepolsterte Gurte in die Schultern schneiden und der während des Packens keine Waage gesehen, somit keine Gewichtskontrolle erlebt hat. Worauf habe ich mich nur eingelassen? Dieser Theo mit den schönmalenden Worten! Warum kehre ich nicht einfach um? Weil ich nicht allein unterwegs bin und sofortiges Aufgeben noch nie mein Ding gewesen ist.

Und dann kommt er, der Moment, der mich mein Leben lang mit Dankbarkeit erfüllen wird.

Der letzte größere Anstieg liegt zurück, Latschenkiefern haben die Bäume abgelöst, die Landschaft fängt sich hügelig zu weiten an. Die Gipfelaufbauten der umstehenden Berge sind viel näher gerückt, nun erkennbar die Felsstruktur. Ein neuer, nie erlebter Wind schlägt mir entgegen. Der Pfad, ein dünnes, sich windendes Band, bleibt so lange sichtbar, bis er hinter einer Erhebung verschwindet. Ich spüre seine Anziehungskraft, als sei er ein lebendiges Wesen, das spricht und mich zum Weitergehen verleiten will: Komm, Stadtkind, sieh, wohin ich dich führen werde...

In meiner Brust tut es einen Freudensatz, einen Sprung der Erkenntnis. Mein Herz verliebt sich mit überraschender Heftigkeit. Von der ungewohnten Anstrengung pocht es in den Ohren wie ein Trommelwirbel vor dem Sprung eines Zirkusartisten. Staunend stehe ich, ehrfürchtig im Angesicht dieser ursprünglichen Welt, berührt und bezaubert von den leuchtend bunten Wildblumen. Dicht an der Erde trotzen sie dem Wind, der an ihnen zerrt – Blumen eines verheißungsvollen Paradieses. Allein der Pfad ist Menschenwerk, nicht so die weite, endlos scheinende Bergnatur, die an diesem Ort ihrem eigenen Willen folgt.

Meine Gefühle und Gedanken überschlagen sich. Ist dies der Moment, an dem sich eine meiner kindlichen Träumereien über dem Schulatlas erfüllt? Ich bin mir bewusst, dass das, was ich hier sehe, nur denen vorbehalten ist, die sich zu Fuß aufmachen, und dass dieses überwältigende Gefühl der Lohn für den vergossenen Schweiß ist. Während sich das Hämmern in der Brust beruhigt, ahne ich, dass mich diese Welt von nun an rufen wird, egal, wo ich mich aufhalte, egal, wie gesund und fit ich bin. Mein Schicksal ist sozusagen besiegelt. Was kümmert es das in Begeisterung entbrannte Herz, dass ich in Gelsenkirchen geboren, in Nordrhein-Westfalen zu Hause bin und vom Grabser Sessellift unerbittliche 800 Kilometer entfernt lebe?

Frühlingsenzian - Blumen eines verheißungsvollen Paradieses

3

Zeit des Lernens,
Zeit der neuen Möglichkeiten

Alpen

∞

Frauen von heute
warten nicht auf das Wunderbare –
sie inszenieren ihre Wunder selbst.

Katharine Hepburn

Ein Tag im Jahre 2023. Dreißig Jahre Alpenliebe!

Ein Jubiläum kann ein willkommener Grund sein, in Erinnerungen zu schwelgen, für mich ein guter Zeitpunkt, den Anfang meiner eigenen Spur aufzunehmen, dorthin zu gehen, wo der erste Wandertag meines Lebens begann: ins Montafoner Tschagguns, am äußersten Westende Österreichs gelegen, wo die Grenze zur Schweiz ganz nah ist. Hier sitze ich am Fenster in einem Zimmer des Berggasthofes Grabs, vor mir ein Notebook. Mein Blick geht hinaus auf den Hang, den ich einst mit so viel Mühe erklomm.

Grabs – ein idealer Ausgangspunkt für Touren ins Rätikon-Gebirge. Gleich nebenan befand sich die Bergstation des alten Sessellifts, der mich über Wald und zirpende Wiesen schwebend in die Höhe trug. Er verkürzte den Aufstieg der Tagesetappe von 1.200 auf 800 Höhenmeter. Heute gibt es den Lift nicht mehr. Er hat ausgedient, ein neuer wurde nicht gebaut.

Aber der Berggasthof ist noch da, mittlerweile modernisiert.

Ich sehe mich, keuchend um Atemluft ringend, hinauf zur Alpe Alpila steigen, weiter hoch bis zu der Stelle, wo ich mich verliebte. Ich sehe mich, wie ich immer tiefer in die Arme des Gebirges hineinlief, zum still ruhenden Tobelsee, in dem sich die Drei Türme, Wahrzeichen-Berge des Montafons, spiegelten, weiter zum aufregenden Schwarzhornsattel und zu meinem ersten echten Bergquartier in über 2.200 Metern Höhe, der Tilisuna-Hütte. Mit dem Blick von damals sehe ich sie dort stehen, verloren in der Weite der Gebirgseinsamkeit, ein Spielzeughäuschen am mächtigen Fuß der Sulzfluh, ein Hort der Zuflucht und Geborgenheit.

Wie außergewöhnlich die 2.800 Meter hohe, von Höhlengängen durchzogene Sulzfluh ist, wusste ich damals noch nicht. Erst bei meinem vierten Alpenbesuch würde ich zum Gipfel aufsteigen, ihr von Rissen und Spalten durchzogenes Karrenfeld kennenlernen. Am Gipfel rundum nichts als Berge und in der Mitte ich, wie die Nadel eines Zirkels im Kreismittelpunkt. Ein Segelflugzeug auf Augenhöhe und im Cockpit der Pilot, der mich anlacht, bevor er den Flieger in die Tiefe gleiten lässt. Ein Flugzeug, zu dem ich nicht auf-, sondern herabsehe – nur einer der vielen fantastischen Zukunftsmomente, die auf mich warteten.

An jenem ersten Etappentag hatte ich 820 Höhenmeter Aufstieg bewältigt, auf einem sechs Stunden dauernden, überwiegend schattenlosen Weg. Bei der Ankunft war ich ausgebrannt und so arg von Kopfschmerzen geplagt, dass ich mich, bevor ich die Stufen zur Eingangstür der Hütte hinaufsteigen konnte, ins Gras legen und eine Weile ausruhen musste.

Zu klagen gab es nichts, das begriff ich sofort. Die Berge waren ehrlich, forderten von Beginn an ihren Preis. Das Zusammenwirken mit ihnen war nicht zum Nulltarif zu haben, eine Erkenntnis dieses denkwürdigen Wandertags.

Die Sehnsucht nach den weit entfernten Bergen wurde ein Bestandteil meines Lebens. Ich hörte ihre Stille, wenn ich die Augen schloss, an welchem Ort auch immer. Ich hörte, wie diese Stille zu mir sprach, wie sie mich umhüllte. Nichts ist mit ihrer uralten Stille vergleichbar. Ich sehnte mich nach dem Frieden, der Verlässlichkeit, die Berge ausstrahlen, nach dem Zauber, mit dem sie mich stets aufs Neue fesselten und zur Rückkehr riefen. Und ich sehnte mich nach dem Geräusch meiner Schritte, dem kratzig rhythmischen Klacken der Stecken, nach dem Wind und immer wieder nach dem Wind. ‚Wandersehnsucht reißt mir am Herzen, wenn ich Bäume höre, die abends im Wind rauschen‘, schrieb Hermann Hesse, der im Kanton Tessin gelebt hatte. ‚Höre ich still und lange zu, so zeigt die Wandersehnsucht ihren Kern und Sinn. Sie ist nicht Fortlaufen vor dem Leid, wie es mir schien. Sie ist Sehnsucht nach Heimat, dem Gedächtnis der Mutter, nach neuen Gleichnissen des Lebens. Sie führt nach Hause.‘

Gleichnisse fand ich zu Hauf und immer wieder das Gefühl heimzukommen in den Schoß der Mutter Erde. Es fühlte sich an, als habe sie auf mich gewartet, auf mich, die ich von weither gekommen war, um mich den unbekannten Pfaden anzuvertrauen. Sie waren es, nach denen ich mich am meisten sehnte, die Gipfel hatten für mich geringere Zugkraft.

Mir fehlten die Wege und ihre Geheimnisse.

Nicht wenige Menschen laufen mit einem langen Weg ihrem Leid davon, löschen mit dem Schmerz der Strapazen und des Durchhaltens die anderen aus, bis am Ende kein Schmerz mehr übrig ist und Leichtigkeit das Herz erfüllt. Andere suchen seelische Reinigung, Klärung, Heilung. Ich wollte nur hinaufsteigen, entschwinden, mit aller Intensität leben, Energie verschwenden, um neue in mich aufzunehmen, die schöpferische Kraft der Natur spüren, mich überraschen lassen von dem, was mich meine geliebten Berge diesmal lehren würden.

Ein fortwährender, niemals langweiliger Unterricht.

Sie lehrten mich Schwitzen und körperliche Anstrengung als Lebensgefühl zu begreifen; mit Lust durch Lehm und Wasserläufe zu stapfen, mich ‚schmutzig‘ zu machen wie einst als Kind;

sie lehrten mich nicht nur an meine Grenzen zu gehen, sie auch weiterzustecken, meiner Kraft zu vertrauen, trotz Ermüdung weiterzugehen, bis das Ziel erreicht ist; lehrten mich, nicht zu klagen, nicht aufzugeben, lehrten mich Höhentoleranz, meditatives Bergaufgehen; lehrten mich die große Stille im Windschatten der Felswände, den Nebel und den Regen lieben und sogar das eiskalte Wasser, mit dem ich mich wusch.

Sie lehrten mich Gefahren erkennen, ohne Leichtsinn mutig zu sein, Angst für meine Sicherheit zu nutzen, lehrten mich Demut und immer wieder Dankbarkeit; sie lehrten mich nicht nur den Genuss der Freiheit, auch die Verantwortung, die diese verlangt.

Ich staunte jedes Mal über die Zuversicht und Euphorie, mit der ich frühmorgens aufbrach, nachdem ich am Tag zuvor mit brennenden Füßen und Muskeln todmüde in meinen Schlafsack gekrochen war. Manchmal kam mir das Bergwandern wie eine radikale Verjüngungskur für Körper, Seele und Geist vor. Oft wunderte ich mich, wie es möglich sein konnte, dass jeder, wirklich jeder Tag in den Bergen ein erfüllender war, selbst der, als ich – so verrückt es klingt – unglücklich auf die Knie gefallen und mich am Schienbein durch eine Steinspitze verletzt hatte.

Als Schülerin auf Lebenszeit lernte ich mich zu orientieren, einen Kompass zu benutzen, Höhenunterschiede, Zeitlängen, Entfernungen einzuschätzen und vieles mehr. Auch Fehler gehörten zum Lernen dazu, die zum Glück stets einen guten Ausgang genommen hatten. Ab und zu wanderte ich allein, Touren mit einer Hüttennacht. Das Gepäck wog von Mal zu Mal weniger, weil mich die Erfahrung lehrte, was ich tatsächlich brauchte.

Daheim beschäftigte ich mich mit der Geografie der Alpen. Oft nahm ich meinen alten Schulatlas zur Hand, ließ mich von ihm inspirieren. Mit den Wanderkarten, die mir wie geheime Schatzkarten vorkamen, konnte ich mich stundenlang befassen und die Strecken im Geiste vorgehen.

Während der Touren entgingen mir nicht die Auswirkungen des Klimawandels und des wachsenden Alpentourismus. Tränen stiegen mir in die Augen, wenn ich den unumkehrbaren Sterbeprozess eines Gletschers verfolgte; entwurzelte Bäume sah ich, trockene, rissige Böden, die sturzartige Regenfälle nicht mehr aufnehmen konnten; mancher durch Murenabgänge unpassierbare Weg musste weitläufig umgangen werden. Unverständnis und Groll stiegen in mir auf, wenn ich die Rodungen, Verbauungen und anderen Umweltsünden sah, die dem Wintersport zugebilligt werden. Mir wollte nicht in den Kopf, warum Berghütten immer komfortabler werden müssen.

1992 war ich sozusagen ins kalte Wasser gesprungen, gesucht hatte ich nichts. Stattdessen hatte ich gefunden. Einen gänzlich unerwarteten Aspekt meiner selbst, ein Standbein im Leben, einen zusätzlichen Sinn. Ich spürte, dass mich die Berge in jeder Hinsicht stärkten. Alles, was ich mit ihnen erlebte, taugte als Metapher für das Leben. Verstand ich Vorgänge im Gebirge, verstand ich auch Vorgänge des Lebens. In der Freiheit der Natur fühlte auch ich mich frei. Die Fluten der Ereignisse und tausend Notwendigkeiten verebbten, sobald meine Füße den ersten Pfad betraten, der mich in die Höhe führte. Nichts musste ich loslassen, weil es mit jedem Aufwärtsschritt von selbst abfiel. Der Rucksack wurde zum Freund, sein Gewicht hatte ich zu tragen, aber es belastete mich nicht. Im Gegenteil. ‚Erst, wenn ich wieder absteige, spüre ich das Gewicht der Welt auf mir' ist ein Zitat des russisch-kasachischen Bergsteigers Anatoli Bukrejew.

Auf mein gesamtes Leben wirkte sich das Bergwandern aus.

Ich arbeitete, so konsequent es neben dem Alltagsstress möglich war, an meiner Fitness mit Sport und gesunder Ernährung, steigerte meine physische Leistungsfähigkeit, übte kraftsparendes Bergangehen auf dem Laufband, gewöhnte Wochen vor der

Abreise Schultern und Rücken an das Rucksackgewicht. Als Nebeneffekt nahm die Häufigkeit der Bronchitiden ab, beziehungsweise die Verläufe wurden milder.

Die Sehnsucht blieb meine ständige Begleiterin. Allen, denen Berge nichts bedeuteten, ging ich mit meiner Schwärmerei auf den Wecker. Wie sehr die Bergliebe auf meiner Seele brannte, verstanden nur diejenigen, die dieses Brennen selber spürten.

∞

In den Jahren 1994 bis 1999 wanderte ich mit Julian, dem jüngeren meiner Söhne. Wertvolle Zeiten für ihn und für mich. Kinder haben ihren eigenen Blick auf das Abenteuer Berge. Nie vergesse ich den Moment, als er – für den achtjährigen Jungen die erste Bergwanderung –, auf einem Höhenweg im Rätikon unvermittelt stehenblieb, die Umgebung betrachtete und mich fragte: „Weißt du, Mama, was ich besonders toll finde?"

„Nein, was denn?"

„Dass ich nach jeder Kurve etwas ganz Neues sehe."

Einmal begleitete uns mein siebzigjähriger Vater, später durfte Julian zu jeder Tour einen Freund mitnehmen. Erhöhter Spaß für meinen Sohn, für mich erhöhte Verantwortung. Als die heranwachsenden Jungen zu oft warten mussten, bis ich mit meinem erheblich langsameren Tempo nachgerückt war, endete das Vergnügen.

Danach folgten Wandertouren mit verschiedenen Frauen.

Woran es mir mangelte, war eine konstante Weggefährtin, die *alljährlich* die Stiefel mit mir schnüren würde. Von den bisherigen Gefährtinnen war keine dazu bereit oder fühlte sich aus unterschiedlichen Gründen nicht in der Lage dazu. Sporadisches Mitgehen war mir aber nicht genug und einer Gruppe wollte ich mich nicht anschließen. Das stille Rendezvous mit den Bergen war und ist mir besonders wichtig.

2002 brach ich erstmals mit Heike auf. Dass sie neun Jahre jünger als ich war, störte uns grundsätzlich nicht. Wichtiger war, ob wir als Wander-Duo taugten, was eine einwöchige Testwanderung auf der Via Engiadina des Unterengadins zeigen sollte.

Es wurde ein Erfolg auf ganzer Linie! Wir ergänzten uns vortrefflich. Heike hatte die gleiche Größe wie ich, war konditionell etwas stärker, aber nicht zu viel, ein gemeinsames Tempo zu finden war leicht. Ich hatte größere Stärken an anderer Stelle, die uns beiden zugutekamen. Mit Heike konnte ich lachen, bis die Tränen liefen, und über Stunden schweigen konnten wir auch. Beim Wandern in den Bergen sind viele Worte überflüssig.

Sechzehn Jahre lang war sie mir eine fröhliche, schweigsame, vertrauenswürdige Wandergefährtin, wie ich bereit, an den Herausforderungen zu wachsen. Von 2011 bis 2015 überquerten wir die Alpen in fünf Etappen auf selbst entworfener Route: vom Starnberger See nach Bardolino am südlichen Gardasee. Die Berge hinter uns, vor uns das Tiefland der Po-Ebene: das Erreichen des Ziels war der Höhepunkt unserer gemeinsamen Wanderzeit.

Sie endete mit meiner fortgeschrittenen Kniearthrose.

Heute beschwören wir bei so manchem Treffen die Erlebnisse und die starken Bilder der Bergtouren, spüren die gegenseitige Dankbarkeit, die uns auf immer verbinden wird.

Es folgten noch zwei kürzere Rätikon-Touren mit meiner Tochter und ihren Kindern. Insbesondere die erste Tagesetappe der zweiten Tour veranlasste mich, mit dem Berglaufen abzuschließen. Wie es dazu kam und welchen Verlauf das Unternehmen genommen hatte, ist ein drastisches Lehrbeispiel für einen Planungsfehler, einen, den ich zu verantworten hatte. In der nächsten Geschichte werde ich davon erzählen.

Die Wanderzeit war vorbei, die Sehnsucht blieb. Sie fragte nicht nach intakten Kniegelenken. Wohin also mit ihr? Verglühen lassen – wenn überhaupt möglich –, aufgeben, was ich mit so viel Leidenschaft tat? War es nicht das, was mich die Berge gelehrt hatten: nie aufgeben? Ich suchte ein Hilfsmittel und fand ein unkonventionelles. Eines, das mir neue, andere Touren ermöglichte: ein robustes Dreigang-Hollandrad. Eine seltsame Idee? Ja!

Mit diesem Fahrrad erfand ich einen Mix aus Fahren und Wandern. Bergan gehen, bergab fahren, den Ressourcen der Gelenke entsprechend. Aufrecht sitzen, die schöne Umgebung optisch und akustisch bestmöglich wahrnehmen, radwandern im wortwörtlichen Sinn.

In meiner Stadt war und ist das Dreigang-Fahrrad ein ideales Trainingsgerät. Hier gibt es viele Brücken, die ich knieschmerzfrei im ersten Gang ‚erklimme'. Und weil das blaue Hollandrad mit den handgemalten Wiesenblumen immer stärker an Bedeutung gewann, hatte es einen Namen bekommen: Lupina.

Große Höhen und Bergpässe blieben natürlich unerreichbar. In den Talbereichen sind die Höhendifferenzen geringer, dort funktionierte diese Art des Reisens sehr gut. Mit Lupina begleitete ich den Inn von der Mündung bei Passau ins Oberengadin, wo ich von Maloja bis zum Ursprung des Flusses zu Fuß aufstieg. Später ging es von Salzburg zum Golf von Venedig, fahrend und wandernd. Beide Male im Alleingang.

Überhaupt: Es begann eine Phase der Alleingänge. Nichts, wofür man mich bedauern müsste. Wer allein reist, ist ganz auf sich und das Erleben fokussiert. Außerdem hatte ich mich schon früh darin geübt, parallel zu gemeinsamen Wandertouren solo unterwegs zu sein.

Ich fing an, nach ‚kniefreundlichen' Abenteuern zu suchen, auf tage- oder wochenlange Touren – vorerst? – zu verzichten. Meine Lust, mich überraschen zu lassen, nahm Fahrt auf.

Irgendwann kam ich auf den Einfall, Orte des gesamten Alpenraums in den Blick zu nehmen, und siehe da: Ich entdeckte, zumeist in den ruhigeren Jahreszeiten Frühjahr und Spätsommer, ein Alpenglück nach dem nächsten. Berge sind nicht gleich Berge und ein Land ist nicht wie das andere. Ich tauchte ein in die Verschiedenheiten der Landschaften, der Menschen und Kulturen – unerschöpfliche Möglichkeiten, im Grunde eine Lebensaufgabe.

∞

Berggasthof Grabs, wo alles begann.

Wirtin Petra serviert Krautspätzle im gusseisernen Pfännchen.

„Vorsicht", sagt sie, „nicht berühren, es ist sehr heiß."

Am unteren Ende des Grashangs ist ein großes Stück Gelände mit versetzbaren Steckzäunen eingefasst, das Reich von neun Ziegen, deren Aufgabe es ist – außer munter in den Tag hineinzuleben –, Gras abzuweiden, was den Menschen das Mähen erspart. Nun, am frühen Abend, rennen alle wie auf ein Zeichen mit Gebimmel den Hang bis zu seinem unteren Rand hinab, wo sie sich sogleich zur Gruppe formieren und über das Weidegras hermachen. Ich mag die Halsglockenklänge der Alpentiere, der Pferde, Rinder, Ziegen, Esel, Schafe, die blechernen, dumpfen, dunklen und hellen Töne, an denen ich mit geschlossenen Augen erkenne, was die Tiere gerade tun. Keine Bergsehnsucht ohne diese Klänge, sie gehören einfach dazu. Solange ich es verwirklichen kann, möchte ich sie hören.

‚Ich rate dir, Gabi, probiere es, es wird dir gefallen', hatte Theo in der Eltern-Kind-Gruppe gesagt. Ob er damit auch die Halsglockenmusik gemeint hatte?

Hast du mal darüber nachgedacht, das Bundesland zu wechseln und in die Alpenregion zu ziehen? wurde ich oft gefragt. Ja, das hatte ich, nicht nur einmal. Dort leben, wo ich jeden Tag die Silhouette der Berge sehen kann – ein Traum!

Es waren nur flüchtige Gedanken, die kamen, um rasch wieder zu gehen. Ich bin in meiner westfälischen Heimat geblieben, bei den Menschen, die ich liebe. Irgendwann, wenn das Reisen vorbei ist, werde ich meine Bücher lesen und mich Satz für Satz von mir selbst mitnehmen lassen.

Spätestens dann werde ich spüren, dass auch die Sehnsucht eine Form des Glücks ist.

Hinter dem Gasthof Grabs:
aller Anfang ist schwer, der erste kleine, freiwillig erklommene Berghang meines Lebens

Lupina – angekommen an der Adria, am Golf von Venedig

4

Die verdoppelte Zeit

Rätikon/Vorarlberg/Österreich

∞

Gegenseitiges Vertrauen ist wichtiger
als gegenseitiges Verstehen.
Wo das Verstehen nicht zum Ziel führt,
möge das Vertrauen seinen Platz einnehmen.

William McDougall

Manche Alpenreisen, von denen ich erzählen möchte, liegen viele Jahre zurück, andere sind jüngeren Datums. Für mich spielt das keine Rolle. Solange etwas in Kopf und Herz lebendig bleibt, verliert es nicht an Bedeutung oder Aktualität.

Keinesfalls darf ich die folgende Geschichte vergessen.

Wir haben das Jahr 2020, als der Ausbruch des Covid-19-Virus zur Pandemie erklärt wird. Nichts schützt so gut vor einer Ansteckung wie eine Bergtour in Einsamkeit. Noch sind die Hütten geöffnet, wenn auch mit spärlicher, kontaktarmer Belegung.

Angespornt durch das mühelose Gelingen einer Wanderung im Vorjahr – für meine Enkel Amelie und Leo die erste, für meine Tochter Annike die zweite Alpentour überhaupt –, haben sie und die Kinder Lust noch einmal mit mir die Wanderschuhe anzuziehen.

Vor dem Hintergrund meiner vielen Touren ist es logisch, dass ich auch diesmal die Routenplanung übernehme, zumal ich im Rätikon, dem Grenzgebirge zwischen Montafon und Prättigau, besonders oft unterwegs gewesen bin. So gibt es gegen meinen Streckenentwurf nichts einzuwenden, jedenfalls was die Geländebeschaffenheit betrifft. Bei allen Wegen handelt es sich um abwechslungsreiche Pfade ohne ausgesetzte Passagen. Jede der vier Tagesetappen bin ich mehrmals gegangen, mit Ausnahme der ersten, die ich zur Hälfte von nur einer Wanderung kenne.

Vielleicht wäre es besser, mit mehr Engagement die reguläre Gehzeit in Erfahrung zu bringen. Vielleicht wäre es besser, die Zahl der zu gehenden Abwärtsmeter genauer unter die Lupe zu nehmen. Und vielleicht wäre es besser, mir in Bezug auf den Zustand meiner Kniegelenke nichts vorzumachen. Die Innenmenisken sind hinüber, in den Gelenken verrichten nur noch Knorpelreste ihren Dienst und im rechten treibt eine Entzündung ihr Unwesen, die mir unterschiedlich stark zu schaffen macht – mitunter gar nicht; was die einzige Erklärung dafür sein dürfte, warum ich mir eine Lauffitness vorgaukele, die ich nicht mehr habe.

Amelie steht kurz vor ihrem neunten Geburtstag, Leo ist sechs Jahre alt. Bewegungsfreudige Kinder voller Unternehmungslust, die es toll finden, noch einmal mit Mama und Omi loszuziehen. Eine Bergwanderung mit drei Hüttennächten ist für die beiden Ruhrgebietskinder ein aufregendes Ausnahmeerlebnis.

Selbstverständlich wollen sie ihre eigenen Rucksäcke tragen.

Als ich frage, was darin sei, zählt Leo, ohne lange nachdenken zu müssen, die Dinge auf: „Zwei Jeans, drei kurze Hosen, drei T-Shirts, eine Trinkflasche, meine Schlafmaus und ein Kartenspiel."

Auch Amelie hat ihre Antwort sofort parat: „Trinkflasche, Brotbox, Obst, Kinder-MP3-Player, Kabelkopfhörer, ein Buch und ein leeres Buch zum Geschichtenschreiben. Und Eisbär Knuth, unser Klassenplüschtier. Er soll mitlaufen und später in der Schule erzählen, was er erlebt hat."

Annike achtet darauf, dass Leos Rucksack nicht mehr als die für seine Altersgruppe empfohlenen drei, Amelies maximal fünf Kilo wiegt. Bewegungsfreiheit ist für Kinder besonders wichtig.

Ihr eigener Drei-Personen-Rucksack ist ein Schwergewicht, wohl um die fünfzehn, sechzehn Kilo. Entlastung durch mich ist nicht möglich, ich trage das leichteste Gepäck meiner Wanderzeit. Soweit zumindest habe ich mein Arthrose-Handicap im Blick und Vorsorge getroffen.

Dreizehn Stunden

Es hat seine Zeit gedauert, bis unser kleiner Trupp startbereit ist. Die Kinder sind ausgeschlafen, beim Frühstück haben sie gut zugelangt. Um neun Uhr brechen wir in Tschagguns auf, fahren mit dem Bus hinauf nach Latschau, wo sich neben einem Speicherbecken die Talstation der Golmer Bahn befindet.

Auf 1.900 Metern verlassen wir um zehn Uhr die Gondel. Das Tagesziel: die Douglasshütte am Lünersee. Die viertägige Rundtour wird sich auf der Nordseite der Rätikonkette abspielen.

Wir laufen in südwestliche Richtung, vor uns, wie Riesen, die sich in einer Reihe Hand in Hand aufgestellt haben, Berge der Rätikonkette: Drei Türme, Drusenfluh, Kirchlispitzen.

Aufwärts zum Latschätzkopf, eine der vorgelagerten Erhebungen. Sommer, Ferienzeit, ein familiengeeigneter Wanderweg in luftiger Höhe… es herrscht Betrieb auf dem Golmer Höhenweg, Leo und Amelie sind nicht die einzigen Kinder. Noch nie Sonnenanbeterin gewesen, ist es für mein Empfinden zu heiß, keine Bäume oder Schatten spendende Felswände, keine Wolken, die sich kurzzeitig vor die Sonne schieben und Abkühlung bewirken.

Erkennbar am Tagesgepäck, werden sich die meisten Leute auf den Wegen des Golm bewegen, bis zum Kreuzjoch wandern, sodann in umgekehrter Richtung über das Platziser Joch oder alternativ über den Latschätzer Höhenweg zurück zur Seilbahnstation, nun mit Ausblicken auf die im Tal liegenden Orte Schruns und Tschagguns – allesamt Panoramawege, auf denen man einen Tag verbringen kann oder auch nur ein paar Stunden.

Vom Latschätzkopf geht es wieder hinab, dann auf das Kreuzjoch zu. Während Annike und ich auf den höchsten Punkt des Jochs verzichten und eine Rast einlegen, steigen die Kinder, angelockt durch das Gipfelkreuz, hinauf und genießen zum ersten Mal in ihrem Leben eine Rundumsicht und das Gefühl einer ‚Gipfelbesteigung‘.

Am Kreuzjoch trennt sich der Strom der Wandernden. Die einen schlagen die genannten Höhenwege ein, die anderen gehen denselben Weg zurück. Alle werden den Golm mit der Seilbahn verlassen oder zu Fuß nach Latschau absteigen. Ein paar Leute wandern wie wir weiter zum Hätaberger Joch. Von dort folgen sie dem Weg zur Geißspitze und zur Lindauer Hütte.

Und was machen wir?

Wir tun, was sonst keiner tut, biegen nach rechts ein, wo es mit dem ersten Schritt abwärts geht. Von jetzt auf gleich ist es menschenleer und absolut still. Vor uns erstreckt sich einsames Bergland, im Südwesten, noch so fern, begrenzt durch die felsgraue Reihe der Kirchlispitzen.

Bis tief hinab zieht sich ein langer, holpriger Wiesenhang.

Die Kinder laufen flott voraus, ich folge behutsamen Schrittes, bemüht, das Stechen im rechten Kniegelenk zuzulassen. Annike bildet die Nachhut und scheint entschlossen, diese Reihenfolge einzuhalten.

Je weiter wir absteigen, desto lauter dringt das Gebimmel von Kuhglocken zu uns hoch. Bald sind sie sichtbar, wohl an die zehn schwarz-weiß gefleckte Kühe mit ein paar Kälbern. Dicht beieinander stehen oder liegen sie auf dem Weg, halten jetzt im Grasen inne und heben die Köpfe, lassen uns mit den Augen nicht los. Leo greift nach der Hand seiner Mutter, die großen, freilau-

fenden Tiere sind ihm unheimlich. Auch Amelie hat ihr Bergab-
hüpfen eingestellt, bleibt in der Nähe der beiden.

„Was nun, Omi?" fragt sie, „sie versperren den Weg."

„Ruhig weitergehen, sie werden schon zur Seite treten...".

Während ich mich nützlich mache und vorgehe, frage ich mich,
ob sich diese massigen Tiere, die so unschuldig und sanft drein-
blicken, ihrer Kraft und Körperwucht eigentlich bewusst sind.

Nach dem Abstieg stößt der Hang auf den vom Rellstal hoch-
kommenden Karrenweg, an dem weiter unten die Obere Zaluan-
daalpe zu sehen ist. Für uns geht es nach links, hinauf in Richtung Schweizer Tor. Bergan sind die Knieschmerzen zwar erträglicher, dafür kämpfe ich gegen die Kraftlosigkeit des Gelenks und
gegen mein steigendes Unbehagen an: Wir kommen viel zu langsam voran. Der Grund dafür bin ich.

Da endlich schiebt es sich über das vor uns liegende letzte Hang-
stück: das Schweizer Tor! Eine gigantische Pforte zwischen Kirchlispitzen und Drusenfluh, respektive deren senkrecht stehender
Westwand, in der es eine Kletterroute namens ‚Schwarzer Dia-
mant' gibt. In irgendeinem Jahr, als ich diesen Übergang von einem Land ins andere genommen hatte, waren mir Personen aufgefallen, die wie Fliegen darin geklebt hatten. Nach wie vor gibt
es, seit unserer Wegabweichung am Hätaberger Joch, außer uns
keinen Menschen, weder in der Wand noch auf dem Weg, nicht
verwunderlich, weil sich zu dieser Stunde in dieser abgeschiede-
nen alpinen Kulisse niemand herumtreibt.

Leo freut sich. Er hat einen großen Raubvogel entdeckt, der
ohne Flügelschlag lautlos über uns kreist und der Szenerie Dra-
matik verleiht. Aus Richtung des Tores tönen die Rufe der Berg-
dohlen herüber: kjak kjak... kjarrr...

Von nun an ist mir der Weg vertraut. Hier oben zieht sich der
Rätikon-Höhenweg Nord an der Gebirgskette entlang, auf der

Schweizer Seite der Höhenweg Süd. Und dort steht es noch: das verlassene Zollhäuschen. Die gesamte Rätikonkette markiert die Grenze zum Graubündner Prättigau. Wie gewaltig der Durchlass zwischen den Bergen wirklich ist, erleben alle, die ihn auf teils ausgesetztem Pfad durchlaufen. Vom jetzigen Standort aus sehen wir nur Himmel und Leere – ein Tor ins Nirgendwo.

An allen Abzweigen und Kreuzungen haben bislang Schilderpfähle gestanden, die Zeitangaben stimmten bei Weitem mit unserer Laufzeit nicht überein. Tatsächlich müssen wir sie verdoppeln, was die Schilder nicht völlig sinnlos macht. Man muss nur ein bisschen rechnen: zweieinhalb Stunden bis zur Douglasshütte mal zwei ergibt fünf, zuzüglich der Zeit, die wir für ein oder zwei Pausen benötigen. Jetzt ist es 17.30 Uhr, seit siebeneinhalb Stunden sind wir unterwegs. Was die Streckenlänge betrifft, haben wir etwas mehr als die Hälfte geschafft, das Gelände betreffend wird es nun sowohl einfacher als auch ‚zügiger‘ vorangehen: auf dem Höhenweg an der Riege der Kirchlispitzen entlang bis zu deren westlichem Ende, danach weiter auf dem Seerundweg, der überwiegend leicht zu gehen ist.

Am Schweizer Tor begreife ich es vollends: Ich habe einen ernsten Planungsfehler gemacht. Unter vier Augen frage ich Annike, ob sie sich vorstellen kann, das alte Zollhausgemäuer als nächtlichen Unterschlupf zu nutzen, sofern es überhaupt betretbar und nicht verriegelt ist. Wir kommen beide überein, weiterzugehen zu wollen, müssen aber den Tatsachen ins Auge sehen: Der Weg ist noch lang. Hoffentlich, hoffentlich bleibt uns Dunkelheit erspart und die Tür der Hütte öffnet sich, egal zu welcher Uhrzeit. Vor allem aber bleibt zu hoffen, dass Amelie und Leo bis zum letzten Meter durchhalten werden, wie auch ihre Mutter, die bereits so lange den schweren Rucksack trägt. Über mich mache ich mir keine Gedanken. Für die Situation, in der wir stecken, sehe ich mich vollumfänglich in der Verantwortung, und ich wäre bereit, bis Liechtenstein im Schleichtempo weiterzugehen, so es meinen Weggefährten nützte. Die Hauptsache ist, dass sie heil und gesund die Hütte und ihre Betten erreichen. Nicht zum ersten Mal geben die Berge den Dingen die Priorität, die ihnen gebührt.

Die Kinder. Am liebsten möchte ich sie jede Minute umarmen und mich bedanken. Ich weiß, dass sie sich wünschen, endlich anzukommen, doch sie sagen nichts, fragen nichts. Kein Jammern, kein Vorwurf aus ihren Mündern, kein Fordern von Dingen, die es hier oben nicht gibt. Sie freuen sich auf die Berghütte, auf die Übernachtung, und Annike und ich haben dafür zu sorgen, dass das so bleibt.

Also lassen wir das Zollhäuschen und das Schweizer Tor zurück und machen uns an den letzten Anstieg des Tages, 200 Höhenmeter hinauf zum Verajoch. Dort oben gönnen wir uns eine luxuriöse halbe Stunde Zeit für eine Rast, noch sind Brotdosen und Wasservorräte nicht leer. Leo und Amelie nutzen die Zeit zum Kraxeln in Klettersteinen, spielerisch tanken sie Motivation und neue Energie.

Über das Joch geht ein kräftiger Wind und trocknet die verschwitzten Gesichter. Bei einer Höhe von 2.330 Metern steht hier noch das Sonnenlicht, während der weiter unten verlaufende Weg im Schatten der ihn begrenzenden Berge liegt. Die oberen Felsregionen der sieben Kirchlispitzen glänzen in rötlichem Gold, dagegen hebt sich scharf die tieferliegende Schattenlinie ab. Es gibt nur die Kontraste warmen Lichts und kalten Schattens, hell und dunkel. Kein Grauschatten, kein bewegtes Laub, in dem Sonnenstrahlen spielen, und heute auch keine ziehenden Wolkenschatten. Das Himmelsblau vertieft sich, nimmt einen lila Ton an. Während die Sonne noch glüht, zeigt sich bereits blass die Mondsichel. Schönheit der frühen Abendstunde.

„Psst… ein Murmeltier…" flüstert Amelie und deutet zu der Stelle, wo sie ein pelziges Hinterteil vor einer Erdhöhle erspäht hat. Neben mir flitzt ein schwarzer Alpensalamander über blanken Fels, verschwindet blitzschnell in einer Ritze.

„Schaut mal, eine Gämse, dort!"

Annike deutet nach oben, wo sie das Tier in der sonnigen Gipfelregion der Kirchlispitzen entdeckt hat. Wie auf einem Laufsteg schreitet es durch die schwindelerregende Felswand, als wüsste es nicht, was Angst ist, und wir, die Köpfe in die Nacken gelegt, starren hinauf, wagen nicht zu sprechen.

Ein seltsam andächtiges Gefühl hat uns ergriffen… der Ort, an dem wir eigentlich zu dieser Zeit nicht sein dürfen… die Abendstille… die tiefen, intensiven Farben… die Tiere, die allerorts zum Vorschein kommen… sie alle sind hier zu Hause.

Noch nie habe ich mich in den Bergen so sehr als Gast gefühlt.

Vom Verajoch geht es nun abwärts. Ich bin noch langsamer als beim Aufwärtsgehen, bemühe mich den rechten Fuß etwas nach außen zu drehen, was den Schmerzreiz im Gelenk verringert.

Wir gehen nach wie vor hintereinander, die Kinder voraus.

„Ist es noch weit bis zum See, Omi?"

„Nein. Gleich geht es über eine Bachbrücke, dann dauert es nur noch ein paar Minuten…, bin gespannt, wer ihn zuerst entdeckt… und guckt mal nach rechts auf die großen Sumpfwiesen, hier hatte ich mal tausend Dotterblumen gesehen…".

Tausend? So viele? Ja! Damals war ich mit Wandergefährtin Hildegard hier. Die Wiese war von buttergelben Blüten übersät.

Die Kinder haben wenig Lust, sich mit imaginären Blumen zu befassen, der See zieht sie an und sie beschleunigen ihre Schritte. Ihnen voraus vollzieht der Weg eine Rechtsbiegung. Auf dem Höhenweg-Nord bin ich, aus allen möglichen Richtungen kommend, schon zu oft gewandert, um nicht zu wissen, dass hinter dieser Kurve die Sicht auf den See wartet.

„Da ist er! Mama, Omi, da ist er!" hören wir Leo rufen.

Sie freuen sich, aber der Jubel ist gedämpft, beide Kinder begreifen sofort, ohne dass es jemand erklären muss, welche Entfernung wir noch zu laufen haben, denn die Douglasshütte ist wohl zu sehen, aber schrecklich klein auf der gegenüberliegenden Seeseite.

Um 21 Uhr betreten wir den Rundweg. Gott sei Dank!

Der steindurchsetzte Wanderpfad liegt hinter uns, noch gerade rechtzeitig, denn das Sonnenfeuer auf den Gipfeln ist vor eineinhalb Stunden endgültig verloschen.

Eine wichtige Diskussion: Gehen wir nach rechts oder links um den See herum? Der nach rechts gehende Weg ist kürzer, aber schwieriger. Das sich dort befindliche vierzig Meter hohe felsige Ufer würde einen kurvenreichen und steilen Abstieg erfordern. Der nach links gehende Uferweg bleibt auf gleicher Höhe und ist einfach zu gehen, ist aber erheblich länger. Zum ersten Mal an diesem Tag drängen die Kinder: „Lasst uns rechts herum gehen, dann sind wir schneller da."

„Ich finde auch, dass wir den kürzeren nehmen sollten, den Abstieg werden wir schon schaffen", schalte ich mich ein. Mich bewegt die Sorge, dass der lange eintönige Weg den Kindern die Laufbereitschaft nehmen könnte und dass mir mein rebellierender Körper auf den letzten Metern den Dienst verweigert. Andererseits wäre der Uferweg im steilen Abwärtsgehen mit seinen in den See fallenden Klippen eine Qual für mich und in der bis dahin herrschenden Dunkelheit für uns alle nicht ungefährlich. Kurzum: Wir stehen vor der Frage, welche der Varianten für uns die klügste ist. Was Not tut, ist eine rationale Abwägung, weder von Schmerzen noch von der Sehnsucht anzukommen dirigiert.

„Nein, wir gehen nach links. Das Laufen muss so einfach wie möglich sein, weil es bald dunkel ist", entscheidet Annike mit Nachdruck, „wir wollen ja nicht, dass es zum Schluss gefährlich wird, nachdem wir alles so gut geschafft haben. Also los ihr drei, die Hütte wartet auf uns…"

Die Kinder versuchen es noch mit zaghaftem Widerspruch, als sie aber erkennen, dass ich mich ihrer Mutter anschließe, nehmen sie die Entscheidung hin. Es ist der erste Hinweis darauf, dass Kraft und Geduld zu Ende gehen. Seit elf Stunden sind wir unterwegs und müssen noch mehr als die Hälfte des Sees umrunden. Könnte ich Dinge herbeizaubern, wären es ein Anlegesteg und ein Ruderboot.

Annike hat ja so Recht! Was nützt uns der kürzere, schönere Weg, wenn wir ihn nicht sehen können, an den Klippen kein Geländer vor Absturz bewahrt, keine einzige Laterne brennt und Omi auf dem Po rutschen muss, weil sie bergab nicht aufrecht gehen kann? Nein, die Entscheidung ist ein Gebot der Vernunft.

So schwenken wir nach links in den Uferweg ein.

Der Lünersee im Rätikon, am Fuß der Schesaplana, wurde 2019 in einer Sendung des österreichischen Fernsehens zu einem der schönsten Orte des Landes gekürt. Meine eigene beglückende erste Begegnung hatte ich mit ihm, als ich, von der Schweizer Seite aufsteigend, den Stausee aus der Höhe der Gamsluggen erblickt hatte, einem Steig nahe der Kanzelköpfe und ein weiterer Übergang von einem Land ins andere. Wie auf einer Kanzel stehend hatte ich herabgeschaut und ich höre noch meinen Ruf des Entzückens, als mir von weit unten der türkisfarbene See entgegengelächelt hatte, so leuchtend, als brenne in ihm selbst ein Licht. Bis dato hatte ich noch nie ein solch ursprünglich reines und klares Wasser gesehen. Zuflüsse aus den umliegenden Bergen speisen ihn und über lange Zeit die Abflüsse des Schesaplana Brandner Gletschers. Dessen Schönheit hatte ich bei meinen Gipfelbesuchen noch genießen dürfen, mittlerweile ist dort, wo einst Eis den Berg bedeckt hatte, eine öde Steinwüste.

Das Lünerseewerk war über lange Zeit das leistungsstärkste Pumpspeicherkraftwerk der Welt. Bei Vollstau liegt sein Wasserspiegel auf einer Höhe von fast 2.000 Metern, wobei der Rundweg, variierend je nach Wasserstand, viele Meter oberhalb des Sees verläuft. Die ihn säumenden Hänge fallen vom Weg zum Wasser hin ziemlich steil ab. Vor der Gefahr, dort abzurutschen, schützt der breite komfortable Weg – sofern es taghell und seine Begrenzungen zu erkennen sind.

Noch gehen wir im Dämmerlicht, noch können wir genug sehen. Linkerhand taucht die Lünerseealpe auf, ein Platz zur Einkehr, kein Platz für Nachtquartiere. Von den Kindern unbemerkt, frage ich meine Tochter, ob ich anklopfen und um eine Ausnahme bitten soll. Ein Heuschober ist besser als gar kein Obdach.

Annike überlegt, wägt ab.

Dann schweift ihr Blick zur Berghütte... 140 Schlafplätze, Sanitäranlagen und am Morgen ein Frühstück...

„Ich kann nicht mehr laufen, Mama, ich bin müde."

„Komm, ich trage dich einen Moment."

Annike nimmt Leo auf den Arm, er schmiegt sein Gesicht an ihre Schulter. Nicht einschlafen, Leo... Sie setzt den Jungen wieder ab. Amelie sagt nichts, geht stumm neben uns. Die Luft ist raus, der Wanderspaß mit der Sonne untergegangen. Ab und zu trägt Annike ihren Sohn, ich bewundere sie für ihre Stärke. Die Hütte scheint nicht näher zu kommen, es ist frustrierend.

Nachdem wir vorsichtig das steinige Bett eines Bachzuflusses gequert haben, ist das Berghaus von einem Moment auf den anderen außer Sicht. Eigentlich ein gutes Zeichen, haben wir ja das Westufer erreicht. Den Kindern aber nimmt das Verschwinden der ersehnten Hütte den letzten Antrieb. Annike und mir ergeht es nicht viel anders. Plötzlich fühlt sich der Weg nur noch nutzlos an, wie ein Weg, der keinen Anfang und kein Ende hat. Nur ein mechanisches, mühsames und freudloses Gehen.

„Wann kommt die Hütte wieder, Omi?"

„Ganz plötzlich wird sie wieder da sein, ganz bestimmt. Macht euch keine Sorgen, auch wenn wir sie jetzt nicht sehen können, ist sie da und wir kommen ihr näher. Die Felswand hier neben uns verdeckt sie, wir müssen sie ein wenig umlaufen."

Die Wand gehört zum Seekopf. Hier irgendwo versteckt sich der Abzweig zur Totalphütte und zur Schesaplana, dem höchsten Berg des Rätikons. Mehrere Male war ich über den Geröllweg zur Hütte aufgestiegen, zweimal noch höher, mit meinem Sohn bis zum knapp 3.000 Meter hohen Schesaplanagipfel.

Die Dunkelheit verdichtet sich von Minute zu Minute, der Weg verdüstert sich immer mehr. Jetzt wäre es an der Zeit, die Handylampen zu nutzen. Die verbliebene Ladekapazität beider Akkus ist jedoch sehr gering. Sie wäre in kürzester Zeit verbraucht und wir hätten keine Chance, auf den letzten Metern noch einen Notruf abzusetzen.

Während ich weiß, wo wir uns befinden und Annike eine Vorstellung davon hat, bleibt den Kindern nur das Vertrauen, worin sie Erwachsenen haushoch überlegen sind. Etwas kläglich, das Sprechen fällt mir schwer, versuche ich sie mit kleinen Erzählungen aufzumuntern und abzulenken. Sie reagieren kaum, erwidern nichts. Auch Annike schweigt, ist ganz auf die Ankunft konzentriert. Wieder hebt sie Leo auf den Arm, um ihn kurz danach abzusetzen, damit er nicht einschläft und weil die doppelte Last zunehmend an ihren Kräften zerrt.

Von unten leuchtet weißer Sand durch die Dunkelheit herauf, er bedeckt die einzige Halbinsel des Sees. Auf diesem traumschönen Platz stand im 19. Jahrhundert die Lünerseehütte, die später in Douglasshütte umgetauft wurde. Ein langes Dasein war ihr nicht beschieden, sie wurde von einer Staublawine zerstört. 1959 wurde das neuerrichtete Haus vom sich stetig stärker füllenden See überflutet, was das Ende des Standorts besiegelte. Und noch einmal wurde eine Hütte gebaut, diesmal zehn Meter über dem See auf dem lawinengeschützten Felsriegel, der den Lünersee nach Norden begrenzt.

Dann endlich!

Vor uns schimmert Licht. Noch sind die Umrisse des Gebäudes nicht erkennbar, wie weit ist es entfernt? Hundert, zweihundert Meter?

„Leo, bleib bei Omi, ich gehe mit deiner Schwester vor und bin gleich zurück. Es dauert nicht lange", sagt meine Tochter und mobilisiert wie auf Knopfdruck eine bemerkenswerte Tatkraft. Sekunden später hat die Dunkelheit sie und Amelie verschluckt.

Für Leo ist das ein schlimmer Moment.

Von Finsternis eingeschlossen, stehen wir da, der arme kleine Kerl weint und ich fühle mich so verlassen wie er. Meinen Versuch weiterzugehen stelle ich sofort wieder ein. Ich kann den Weg mit der nun eingeschalteten Lampe kaum erkennen, habe Sorge, orientierungslos den Hang hinunter zu stürzen oder das Kind im Dunkeln zu verlieren. Lieber bleibe ich stehen, drücke den Jungen an mich und überlege, wie ich ihn beruhigen könnte. Mir fällt nichts Besseres als die Beschäftigung mit meiner Kurbeltaschenlampe ein: „Lass uns tüchtig drehen, dass sie ein bisschen leuchtet...".

Er reagiert kaum auf meinen müden Beruhigungsversuch, das Lichtchen, das die Puppentaschenlampe erzeugt, taugt nur zum Buchlesen im Matratzenlager. Leo weint herzzerreißend und ich stehe daneben, fühle mich für jede seiner Tränen verantwortlich. So gern würde ich ihm seine Not abnehmen.

„Mama… ich will zu Mama", schluchzt er.

Ich auch, mein Schatz, zu Annike, zu Amelie… Hilflos lasse ich ihn weinen, beschränke mich darauf ihn zu halten.

So schnell sie in der Nacht verschwunden ist, so plötzlich steht Annike wieder da, ohne Rucksack, ohne Amelie – mit Taschenlampe. Wortlos packt sie Leo, hebt ihn auf den Arm und dann gehen wir gemeinsam dorthin, wo auch zu später Stunde das Licht brennt und Geborgenheit auf uns wartet.

Es ist 23.10 Uhr.

Um einen Tisch ist eine Gruppe hemdsärmeliger Männer versammelt, die auf der Douglasshütte wohnen, solange sie mit der Neuerrichtung der Lünersee-Pendelbahn zu tun haben. Neben der Hütte befindet sich die Bergstation. Die Bahn, am Kopf des Brandnertals, überwindet auf kürzester Strecke eine Distanz von gut 400 Höhenmetern. Bei unserer Ankunft stockt die Unterhaltung der Männer, man ist erstaunt über die Gruppe, die so spät noch hereingeschneit kommt.

Leo und Amelie, von den Hüttenwirtinnen ‚unsere kleinen Helden' genannt, werden zuerst mit Dauerlutschern und Obstschorle versorgt. Wie König und Königin sitzen sie da, man kann sie nicht genug loben und verwöhnen. Amelie wünscht Kraut mit geräucherter Hauswurst zu essen, Leo käseüberbackenes Brot, für das Königspaar und sein Gefolge wird die längst geschlossene Küche reaktiviert. Dreizehn Stunden, unglaublich! Addiert ergaben die Zeitangaben aller Wegschilder sechseinhalb Stunden, was einem normal langen Wandertag in den Bergen entspricht… Für uns waren es fast dreizehn, einschließlich eineinhalb Stunden Spielzeiten sowie Regenerationszeiten für Mamas Rücken und Omis Knie.

Ich sitze da, aufgekratzt, übermüdet, selig vor Erleichterung, stolz auf meine Tochter, die so viel physische und mentale Stär-

ke bewiesen hat, stolz auf meine Enkel und dankbar, dankbar…
In den Knien pocht der Schmerz, dumpf hat er sich bis zu den
Füßen und Hüften ausgebreitet. Ich wundere mich, wie egal mir
das ist, für mich zählt nur, dass ich nicht schlapp gemacht habe.
Erst jetzt gesteht Annike, sich unterwegs davor gefürchtet zu ha-
ben, ich könne aufgeben und stehenbleiben wie eine kaputte
Uhr. Und wenn es so gewesen wäre? frage ich mich, oft habe ich
Rettungshubschrauber fliegen sehen, einmal an einer Berghütte
landen, um eine Frau mit allergischem Schock abzuholen. Für
mich war gottlob noch keiner im Einsatz gewesen.

Die Müdigkeit siegt über den Hunger. Unsere kleinen Helden
lassen die Gabeln fallen und wollen ins Bett. Ihre Mutter bringt
sie hinauf ins doppelstöckige Lager, das wir wegen der Corona-
Pandemie für uns allein haben. Kaum hat sie sie zugedeckt, fallen sie in ihren kindlichen Tiefschlaf.

Die Tage danach

Neun Stunden später schlagen sie die Augen auf, frisch wie der
Morgen. Nach einem kräftigen Frühstück sind sie bereit für die
Fortsetzung unseres Abenteuers. Ohne dass sie danach gefragt
haben, verspreche ich den Kindern hoch und heilig, dass diese
Tagesetappe höchstens halb so lang wie die gestrige sein wird:
drei Stunden mal zwei und dazu extra viel Spielzeit für einen
Bach.

Annike, Amelie und Leo sind noch im Haus, ich stehe allein auf
der Hüttenterrasse und genieße die Schönheit des Sees. Über
Nacht hat sich der Himmel bewölkt. Unter transparenten Nebel-
schleiern wirkt das in kleinen Wellen bewegte Wasser geheimnisvoll, seine Farbe ist nun von einem dunklen Türkisblau, überzogen mit mattem Silberglanz. Wie so oft bei meinen Touren,
treibt mir beim frühmorgendlichen Gang nach draußen die Er-

habenheit der Bergwelt Tränen in die Augen. Heute sind es auch Abschiedstränen. Mein Blick wandert den Streifen entlang, der den See wie ein Band umschlingt: der Hang des natürlich angelegten Staubeckens, der uns in der Dunkelheit zu Recht beunruhigt hatte, darüber der Uferweg, so leicht am Tag zu gehen, so unheimlich in der Nacht, wenn ihn nichts als das blasse Mondlicht bescheint.

Frisch wie der Morgen bin ich beileibe nicht, das rechte Knie schmerzt nicht weniger als gestern Abend. Füße und Hüften haben sich beruhigt, der Körper hat sich im Schlaf entspannt. Hier, auf der Terrasse der Hütte, gestehe ich mir zum ersten Mal ein, dass dies meine letzte Wandertour ist.

Es tut weh.

Drei Tage werden wir noch unterwegs sein, dennoch ist mir, als schließe sich für mich schon jetzt, am Lünersee, ein Kreis. Ein Blick zu den Kanzelköpfen, wo sich in einer Senke zwischen den Felsspitzen der Gamsluggensteig befindet. 1993. Ein Moment für die Ewigkeit: Ich fühle noch mein Herz klopfen, weil der Aufstieg so steil und aufregend war. Der leuchtende See, 500 Meter unter mir. Diese Perspektiven, diese Dimensionen der Berge…

Glückliche Wanderzeit.

Ja, natürlich bleiben mir noch die Höhen der Seilbahnbergstationen – ein Trost! Aber immer wird etwas fehlen: dass ich den Weg unter meinen Füßen nicht gespürt habe, den Zusammenklang, dass ich mir die Höhe nicht ‚verdient' habe. Das und noch mehr werde ich vermissen.

An der Lünerkrinne, einer Übergangspassage oberhalb des nördlichen Sees, stapeln die Kinder Steinmännle. Von jedem noch so kleinsten Wasserlauf fühlen sie sich angezogen und im Fels kraxeln sie, wo immer sich Gelegenheit bietet. Für sie ist die Natur ein gigantischer Abenteuerspielplatz. Leo ist bemüht um mich, gibt Acht, dass ich, diesmal als langsames Schlusslicht, nicht verloren gehe, läuft zwischen uns allen hin und her wie ein Hütehund, der seine Schafe zusammenhält.

In der Heinrich-Hüter-Hütte erobern sie den Kletterraum, erkunden die nahe Umgebung des Berghauses, streicheln Kaninchen. Unterwegs vom Rellstal zur Golmerbahn, wo die Rundtour enden soll, stöbert Amelie am Waldrand einen Fliegenpilz auf. Ihm zur Seite setzt sie Knuth, den Klasseneisbären – das beste Fotomotiv. Nicht lange danach hören wir ihren Bruder rufen, der ein Stück vorausgelaufen ist. Grund zur Sorge besteht nicht, der Tonfall seiner Stimme lässt auf helle Begeisterung schließen: „Schnell, schnell, kommt, ich hab einen Kuhfladen mit Gesicht gefunden!"

Wir rücken auf und finden den Jungen auf dem Boden hockend vor, fasziniert etwas betrachtend. Vor ihm guckt ein ovales, altersrunzliges Gesicht aus der Erde, bestehend aus zweimal verdauten Grasschnipseln, impressionistisch gestaltet mit Steinaugen, eingeritzten Wimpern, einer Tannenzapfennase und einem breit lachenden Mund, in dessen Winkel auf Lucky-Luke-Art eine ‚Zigarette' steckt.

„Machst du ein Foto, Omi?"

Zwei Jahre später, zu Hause

Obwohl alles lange vorbei ist, werden wir jene dreizehn Stunden wohl nie vergessen. Abenteuer vergisst man nicht.

Was mir und meiner Tochter, so oft wir darüber sprachen, ein Rätsel, ja, wie ein Wunder schien, war der glückliche Umstand, dass die Kinder nicht ein einziges Mal über den Weg geklagt hatten, und der sechsjährige Leo erst auf den letzten Metern das Weiterlaufen verweigerte. Es ist ja nicht so, dass seine Schwester und er zu allem Ja und Amen sagen. Nicht auszudenken, um wie viel schwerer alles gewesen wäre, hätten sie sich anders verhalten.

Mit der Distanz von zwei Jahren rede ich noch einmal mit den Kindern. Leo ist nun acht, Amelie elf Jahre alt. Da sie noch in der Schule ist, frage ich Leo zuerst.

„Was meinst du, wie kam es, dass du den ganzen langen Wandertag über nicht geklagt oder gequengelt hattest?"

„Weil ich die Berge so toll finde. Weil das Wandern spannend war und weil ich so gern die Wegzeichen gesucht hatte. Und ich fand die Natur toll, das ist so schön da oben... besonders die Tiere und die kleinen Bäche, und dass wir ganz alleine waren. Und es gefiel mir, dass ich Zeit zum Klettern und zum Spielen hatte."

Ein Vorteil meines Schneckentempos! Dadurch ergab sich für ihn und Amelie Raum für kleine Spielzeiten und Entdeckungen. Sie hatten die Zeit genutzt, statt gelangweilt zu warten.

„Hatte es dir keine Angst gemacht, dass wir so lange dort oben allein waren?"

„Nein. Am See, als es dunkel war und wir aufpassen mussten nicht hineinzufallen, da bekam ich Angst, da war ich auf einmal so müde und konnte nicht mehr laufen."

„Und hattest du unterwegs Angst davor, dass wir uns verlaufen könnten und den Weg nicht mehr finden?"

„Nein, gar nicht. Wir mussten ja nur nach den Zeichen suchen und dann wussten wir, ob der Weg richtig ist."

So einfach ist das.

Am Nachmittag stelle ich Amelie dieselben Fragen. Ihre erste Antwort überrascht und rührt mich gleichermaßen: „Papas Vater ist ja schon gestorben, unseren Opa Brian haben wir nicht mehr, und da hatten Leo und ich zu Hause darüber gesprochen, dass es die letzte Wandertour mit dir sein könnte. Nicht weil du sterben könntest, so meine ich es nicht, sondern weil es wegen deiner Knie so schwer für dich geworden war. Darum hatten wir uns vorgenommen, nicht zu zanken und zu quengeln."

„Bei einem solch langen Weg kann man seine Vorsätze schon mal vergessen, das hätte ich verstehen können. Aber ehrlich gesagt, war ich froh, dass ihr nie gequengelt hattet, dadurch war es viel einfacher für uns alle."

„Die Wanderung war so spannend, Omi", erinnert sich meine Enkelin, „es gab viel zu entdecken, die Bäche, die Tiere, die Klettersteine… ich glaube, wenn wir überhaupt keine Zeit zum Spielen gehabt hätten, wär es nicht so schön gewesen. Ich hätte keine Lust gehabt, immer nur zu laufen, das wäre wohl langweilig gewesen. Die Zeichen hätte ich auch gern gesucht, meistens hatte ich Leo den Vortritt gelassen."

„Das war großzügig von dir, danke dafür…. es ist eine Erklärung mehr, warum er durchgehalten hatte. Und wie war es für dich, dort oben so allein zu sein, so viele Stunden lang? Da kann man doch Angst bekommen, oder?"

„Nein, gar nicht. Ich hatte mich… so frei gefühlt. Wenn wir zu Hause rausgehen, trifft man ja immer Leute… Außerdem waren wir ja zu viert, da ist man doch nicht allein. Als es immer dunkler wurde, hatte ich Angst, dass wir es nicht bis zur Hütte schaffen und draußen auf der Erde schlafen müssen. Ich hatte gemerkt, dass du und Mama darüber besorgt wart."

„Wovor hättest du dich denn gefürchtet, wenn es so gekommen wäre?"

„Vor Menschen eigentlich nicht, es war ja keiner da, aber vor Tieren, die ja da oben frei herumlaufen… und vor der Dunkelheit hatte ich Angst. Und dass wir in den See rutschen könnten, der Weg war ja kaum zu sehen…, zum Schluss gar nicht mehr, und wo das Wasser war, war alles schwarz… unheimlich war das."

„Sag mal, Amelie, ich habe mich immer gewundert, wie deine Mama es geschafft hatte, mit dir so schnell in der Dunkelheit die

Hütte zu finden. Du weißt schon, als Leo und ich zurückgeblieben waren."

„Sie hatte sich mit der einen Hand an der Felswand entlanggetastet, mit der anderen meine Hand gehalten. Zum Schluss hat sie noch die Handylampe angeknipst. Das Licht war aber ganz schwach, geholfen hatte es gar nicht."

Die Zimmertür geht auf, Leo kommt herein, setzt sich auf den Boden und hört zu. Ich freue mich, nun kann ich beiden Kindern eine Frage stellen, die mich seit geraumer Zeit beschäftigt: „Sagt mal, was unterscheidet eigentlich einen Wandertag von einem Tag im Freizeitpark, an dem ihr auch von morgens bis abends in Bewegung seid?"

Sie überlegen, darüber haben sie noch nie nachgedacht.

„Im Freizeitpark sind noch andere Kinder, mit denen man spielen kann", beginnt Leo.

„Ja, aber das sind manchmal ganz schön viele und manche nerven", fügt Amelie hinzu und grinst, dann sagt sie: „Eine Wandertour ist viel spannender und aufregender. Es kann auch gefährlich sein, man muss aufpassen."

Ja, Amelie, denke ich, da kann ich dir nur zustimmen. Nicht nur für uns Erwachsene, auch für euch Kinder gibt es in den Bergen keine Sicherheiten und Komfortzonen – wenn man mal von den angelegten Wanderpfaden absieht. Dort erlebt ihr wilde Natur ohne Schutzgeländer, reale Gefahren und gegebenenfalls Angst. Siehe die Dunkelheit am Ende des Dreizehn-Stunden-Tages, das lauernde Seeufer.

„Im Freizeitpark ist es laut…"

„…in den Bergen ganz still", ergänzen die Kinder gleichzeitig.

„Ich möchte noch einmal eine Wandertour machen", bemerkt Leo, „und noch mehr Zeit haben, an den Bächen zu spielen."

„Du auch, Amelie?"

„Ja! Obwohl eine Bergwanderung anstrengender ist als ein Tag im Freizeitpark."

„Tatsächlich? Im Park sehe ich euch nur rennen, ihr springt auf den Hüpfburgen, klettert rauf und runter und so weiter…, das ist doch eigentlich anstrengender."

„Im Freizeitpark merkt man gar nicht, dass man müde ist, weil man ständig durch irgendwas abgelenkt ist. Und in den Bergen… ich weiß nicht warum, dort ist es anstrengender."

„Das liegt bestimmt an der Luft. Wir waren damals meistens in 2.000 Metern Höhe, manchmal noch höher. Da kriegen die Lungen weniger Sauerstoff."

Wir schweigen einen Moment. Dann greife ich den Faden wieder auf: „Im Freizeitpark kann man jederzeit heimgehen, also man könnte, wenn man wollte, meine ich. Und außerdem kann man Eis oder Pommes kaufen."

Die Kinder lachen.

„Das geht in den Bergen nicht", sagt Leo, „und man kann auch nicht nach Hause gehen, wenn man keine Lust mehr hat."

Damit hat er seiner Schwester ein Stichwort gegeben.

„Zuerst denkt man: puh, so ein langer Weg, das dauert ja ewig, aber dann, wenn es losgeht, ist es toll. Ständig entdecke ich etwas Schönes, finde etwas zum Mitnehmen und Sammeln. Und die ganze Zeit freue ich mich auf die Berghütte, auf das Lager, und ich male mir aus, was ich essen möchte und wie es auf der Hütte sein könnte. Dann hab ich wieder Lust, weiterzugehen. So mache ich das immer. Ich überlege, was ich noch Schönes erleben werde und freu mich drauf."

„Ich freu mich auch total auf die Hütte und denke beim Laufen ganz oft daran", bestätigt Leo.

„Ich auch", sage ich und lache.

„Im Freizeitpark bin ich traurig, wenn der Tag vorbei ist und es wieder nach Hause geht", stellt Amelie fest, „in den Bergen bin ich stolz, wenn ich angekommen bin und den Weg geschafft habe, und dass ich vielleicht mutig gewesen bin. Und ich liebe es, in der Hütte zu sein, dort zu schlafen... da fühle ich mich so...", das Mädchen sucht nach dem richtigen Wort, „sicher."

Unterwegs zur Lünerkrinne – Amelie hat sich meine Wanderstöcke ‚ausgeliehen'
Im Bild rechts die kleine Halbinsel, auf der einst die Lünersee-Hütte stand

Morgens auf der Heinrich-Hüter-Hütte

5

Hans Hannibal

Flintsbach/Bayern/Deutschland

∞

Die Bergnatur ist mein Gott,
ich liebe sie, bete sie an, kann ohne sie nicht sein,
jeder Berg ist wie ein Lebewesen für mich.

Hans Hannibal

Wie erzähle ich die Geschichte eines Mannes, für die ich allenfalls zwei Handvoll Fragmente zur Verfügung habe? Was taugt ein Bild, in dem lauter unbemalte Stellen klaffen? Man weiß, wie unbefriedigend es ist, Puzzle zusammenzusetzen, denen Teile fehlen. Warum also sollte ich von Hans erzählen, dessen Geschichte für mich mehr als unvollständig geblieben ist? Ausgerechnet ich, die schon als Jugendliche die Gesamtzusammenhänge verstehen wollte, den Dingen gern auf den Grund gegangen war und sich schwer mit allem Bruchstückhaften und Oberflächlichem getan hatte.

Weil die Puzzleteile, die Hans auf den Tisch legte, jedes für sich mein Erstaunen und Mitfühlen, meine Neugier weckten, sodass ich mich in diesem Fall gut damit abfinden konnte, dass alle Teile, die er unter Verschluss hielt, für mich unbekannt geblieben sind. Das unvollständige Bild, das er mir in seinem, für mich schwer verständlichen Urbayrisch malte, war mir der Betrachtung wert, weshalb ich mich bemühen will, kein einziges Puzzleteil unerwähnt zu lassen. Darum fange ich mit jenem Montag im Mai an, als ich Hans zum ersten Mal traf.

Auf dem kleinen, zwischen Wiesen und Wald versteckt liegenden Campingplatz der Gemeinde Flintsbach am Inn, nicht weit von Rosenheim entfernt, verbringe ich die Nacht nach meiner Ankunft bei sanftem Bergregen in meinem recht unkonventionell zum Schlafmobil umgebauten Auto. Ich höre das monotone Prasseln auf dem Blechdach dicht über mir, der Regen nah und zugleich fern, genieße das warme Gefühl von Schläfrigkeit und Geborgenheit.

Am nächsten Tag ereilt mich am späten Nachmittag eine böse Telefonnachricht: Mein Onkel ist gestorben, mein verschmitzter, liebenswerter Onkel Gerd, das einzige Geschwisterkind meines 96-jährigen Vaters.

Ich hebe das Kinn, blicke ins klare Blau dieses Frühlingstages. Der Himmel freut sich! Über diese heitere Seele, die sich, von Krankheit und Schmerzen befreit, hinaufgeschwungen hat.

Allein und traurig sitze ich am Abend stundenlang in meinem Campingsessel und grübele, hin- und hergerissen in dem Zwiespalt, in dem ich stecke: Kann ich unter diesen Umständen die soeben begonnene Alpenzeit, auf die ich mich monatelang gefreut habe, fortsetzen, genießen und dabei ,Spaß haben'? Und braucht mein Vater nicht meinen Beistand, der in seinem bald ein Jahrhundert während den Leben Mitglied unzähliger Trauerzüge gewesen ist und nun seinen ,kleinen' Bruder zu Grabe tragen muss? Und was mich betrifft: Wie wichtig ist es mir, an der Bestattung meines Onkels teilzunehmen?

Die Heimreise muss sein.

Ich starre in die Dunkelheit, weine um den Verstorbenen und auch um meinen Vater, der für die Gnade des hohen Alters den Preis so vieler Verluste zahlen muss. Noch bevor der Verstand den Entschluss fasst, weiß das Herz, was zu tun ist: Je eher ich heimfahre, desto besser. Ein in die Länge gezogener Abschied würde den Abbruch meines Alpenaufenthalts erschweren statt leichter machen.

Plötzlich bin ich nicht mehr allein. Mit stiller Rücksichtnahme ist Hans herangetreten. Er bewohnt die Nachbarparzelle, nicht vorrübergehend, sondern dauerhaft, am Rand des kleinen, dem Campingplatz zugehörigen namenlosen Waldsees. Er weiß vom Tod meines Onkels, ich habe es ihm erzählt.

„Brich nicht Hals über Kopf auf, nicht in der Nacht. Für die lange Fahrt musst du ausgeschlafen sein, fahr erst morgen", sagt er in einem so fürsorglichen Ton, dass mir erneut die Augen feucht werden. Dieser fremde Mann mit seiner schafwollenen Trachtenstrickjacke, dem gamsbartdekorierten Filzhut und einem Dialekt, der in meinem Ruhrgebietsgehör wie eine Fremdsprache klingt, macht sich aufrichtig Sorgen um mich.

„Du hast recht, Hans, ich fahre. Und zwar morgen."

„Versprochen?"

„Ja, versprochen. Und ich werde wiederkommen und dann erzählst du mir deine Geschichte und zeigst mir deine Bilder."

Hans, nur noch ein paar Monate von seinem achtzigsten Geburtstag entfernt, ist Landschaftsmaler... Heimatmaler. Früher hat er außerdem die Wände von Bergbauernhöfen mit Lüftlmalerei verziert und es gab eine Zeit, als er, noch jung an Jahren, als Steinmetz gearbeitet hatte.

Künstlerische Berufe faszinieren mich und ich verspüre große Lust, mehr von seinem Leben zu erfahren. Nun wird nichts daraus. Kurz nach Tagesanbruch verlasse ich Flintsbach.

Vier Monate später

Es regnet! Als wär ich gar nicht weg gewesen. Im Zickzack umlaufe ich ein paar Pfützen, stapfe über schmatzendes Gras geradewegs zu dem Wohnwagen, in dem Hans Hannibal, der Maler, lebt. Er trägt denselben Hut, dieselbe Jacke und in seiner ruhigen Art freut er sich über meine Rückkehr, die ihn offenbar nicht zu wundern scheint.

Zuerst zeigt er mir sein Seedomizil: ein in die Jahre gekommener vergilbter Wohnwagen mit Vorbau, davor, direkt am Ufer, eine Bretterbude. Darin lagert er seine gemalten Werke. Dazwischen tummelt sich, fröhlich schnatternd und eifrig Brotkrumen suchend, ein Schwarm Enten, des Malers freilebende Haustiere. Der Campingwagen dient als Schlafzimmer, der Vorbau als ‚Multifunktionsraum': Küche, Ess-, Arbeits- und Wohnzimmer.

Hans lädt mich ein, am runden Esstisch Platz zu nehmen, setzt sich selbst und langt sogleich zum Öfchen hinüber, um die Gaszufuhr aufzudrehen – draußen ist es nicht nur nass, auch herbstlich kühl.

Ich schaue mich um. Der mit zahllosen Dingen übersäte zehn Quadratmeter kleine Raum kommt mir wie das ‚Wimmelbild' (Suchbild) eines Kinderbuches vor, unmöglich alles zu erfassen, was sich darin befindet. Auch der Tisch ist bepackt, einschließlich Pinsel und Ölfarben. Hier fertigt Hans die kleinen Bilder an, im Freien an der Staffelei die großen.

Und doch gibt es in dem Tischtohuwabohu etwas Augenfälliges: das aufrechtstehende, gerahmte Foto einer Frau in den Siebzigern, die den Betrachter gewinnend anlächelt.

„Das ist Hilde", sagt Hans, der meinen Blick bemerkt, „ich habe sie sehr geliebt. 28 Jahre waren wir zusammen, bis sie vor einem Jahr an Lungenkrebs gestorben ist. Ich vermisse sie jeden Tag, über lange Zeit konnte ich nach ihrem Tod nichts mehr essen."

Obwohl ich konzentriert zuhöre, muss ich mich – teilweise vergeblich – anstrengen, ihn zu verstehen, und er scheint nicht in der Lage oder willens zu sein, in seine lebenslange Mundart einen Hauch Hochdeutsch einfließen zu lassen. Mir bleibt nichts anderes übrig, als ihn oft um Wiederholung zu bitten, was er geduldig tut. Dennoch bleiben mir Sätze unverständlich – die ersten kleinen Puzzleteile, die fehlen werden.

„Ich verstehe das, es ist bitter, einen Menschen zu verlieren, den man liebt. Das verändert das Leben."

„Stell dir vor, im Krankenhaus wollten sie mich nicht zu ihr lassen, als sie im Sterben lag, weil ich nicht mit ihr verwandt oder verheiratet war. Dabei hatte ich sie über lange Zeit in ihrer Wohnung gepflegt. Ich war außer mir, verzweifelt, wollte unbedingt zu ihr und fing zu randalieren an, bis sie es mir erlaubt hatten. Als sie starb, war ich bei ihr... meine Hilde."

Hans wirkt gelassen und friedlich, kaum vorstellbar, dass er im Krankenhaus brüllend gegen Tische und Stühle getreten hat. Er konnte seine große Liebe im Sterben nicht allein lassen, er wollte selbst nicht allein sein, während sie die Augen schloss. Keinen Moment wollte er versäumen, bevor der Schrecken der Einsamkeit über ihn hereinbrechen würde. Es ist nicht ungewöhnlich, dass sich in einem verzweifelten Menschen Wut Bahn bricht.

Wir sprechen nicht mehr, verlieren uns eine Weile gemeinsam in der Betrachtung der Verstorbenen. Es fühlt sich an, als säße sie mit am Tisch. Dann nimmt der Maler den Faden wieder auf: „Ich war mal verheiratet, mit Erika. Wir hatten uns getrennt. Sie meinte, ich sei in Wahrheit mit den Bergen verheiratet, was, ehrlich gesagt, auch stimmte. Ich liebe meine Berge, bete sie an, kann ohne sie nicht sein. Früher bin ich oft gewandert und geklettert, vor allem in der Schweiz und im Ötztal. Heute geht das Bergsteigen nicht mehr, die Kniegelenke sind kaputt."

Ach ja, davon kann ich ein Lied singen.

„Man muss die Berge achten, respektvoll mit ihnen umgehen. Bevor man sie besteigt, muss man um ihr Einverständnis bitten. Wer das nicht tut, riskiert, von ihnen abgeworfen zu werden", ergänzt Hans mit grimmigem Unterton.

„Ob man das generell so sagen kann?" frage ich.

„Ja! Ich habe viele kennengelernt, die in den Bergen nur den Sport, die Herausforderung sehen. Sie benutzen sie für ihren Ehrgeiz und haben keine Augen für die Schönheit der Bergnatur. Und einige von ihnen, die ich kannte, sind verunglückt."

Hans ist durch und durch ein Kind der Berge. Hoch über der Rosengasse des Mangfall-Gebirges, hatte ihn seine Mutter, eine Sennerin, auf einer Alm zur Welt gebracht. Derweil war der Vater beim Fronteinsatz in russische Gefangenschaft geraten, wo er fortan sein Dasein als Pfleger und Betreuer unter dem Dach eines Oberst fristen musste, dem eine Mine beide Füße abgerissen hatte. Vierzehn Jahre später war er gestorben, nicht ohne dass man ihn kurz vor seinem Tod zum General befördert hatte.

So war es gekommen, dass Hans' Vater einen Entlassungseid hatte schwören müssen: nie wieder auf russische Soldaten zu schießen. Dem mittellosen, auf freien Fuß gesetzten Kriegsgefangenen war nichts anderes übrig geblieben, als den Heimweg zu Fuß anzutreten: vom Kaukasus, dem Hochgebirge zwischen Kaspischem und Schwarzem Meer, bis zur Grenze Tschechiens – fast 3000 Kilometer. Begleitet hatte ihn ein von der deutschen Wehrmacht zum Meldehund ausgebildeter Schäferhund. Auf mein Nachfragen erklärt Hans, was ein Meldehund ist. Dessen Aufgabe war es gewesen den Kontakt zwischen zwei Posten aufrechtzuerhalten, indem das Tier die militärischen Nachrichten in einer am Hals befestigten Kapsel von einem Posten zum anderen getragen hatte. Und jetzt hatte der Heimkehrer mit Entsetzen zusehen müssen, wie sein vierbeiniger Gefährte aus unerfindlichen Gründen von tschechischen Grenzsoldaten erschossen wurde. Ihm selbst wurde befohlen dorthin zu gehen, wo er hergekommen war, zurück in den Kaukasus. Nach Prüfung der Entlassungspapiere hatte er dann aber doch den Weg fortsetzen dürfen – bis zur Heimat ‚nur' noch 700 Kilometer.

Ich höre Hans gebannt zu, frage wiederholt nach und sammle Puzzleteile – ein mühsames Procedere! –, erzähle von meinen Eltern, die ebenfalls die Schrecken des II. Weltkrieges hatten durchleiden müssen, Vater als blutjunger Soldat in Litauen, Mutter als blutjunge Lazarettschwester, später als Flüchtende in einem unter Beschuss stehenden Treck, auf dem zu allem Unglück das Typhusfieber ausgebrochen war. Wer sonst als der Teufel persönlich muss es gewesen sein, der den Menschen die Perversion der Kriegsidee in die Hirne gepflanzt hatte? Krieg bedeutet: Angst, Tod, Qual, Demütigung, Hunger... Menschen, die Menschen töten, *homo homini lupus*: der Mensch ist dem Mensch ein Wolf. Ein Irrsinn, der sich durch die Geschichte zieht, als sei Krieg eine Fehlentwicklung der Evolution, ein Zwang, den für alle Zeiten niemand aufzuheben vermag.

Wer denkt, dass nach der Heimkehr des Vaters für Hans' Familie alles gut geworden war, irrt sich. Während der Abwesenheit des Vaters hatten Mutter und Kinder alsbald die Abgeschiedenheit der Bergeshöhen verlassen, waren zwecks besserer Verdienstmöglichkeiten nach Degerndorf gezogen, wo die Mutter eine Anstellung im Haushalt von Amerikanern gefunden hatte. Ihr Mann hätte eine Arbeit bei der Bundeswehr beginnen können, was er aber rigoros ablehnte – nie wieder Uniformen, nie wieder Gewehre! Stattdessen vergessen, das Leben auskosten, nachholen, was versäumt worden war. Dabei hatte sich die Betäubung durch Schnaps und Bier in reichlich fließender Menge als trügerische Hilfe erwiesen.

Irgendwann waren Hans' ältere Geschwister in die Vereinigten Staaten ausgewandert, er selbst war daheim geblieben, wo er es schwer mit dem Vater hatte – sehr schwer, wie er betont. Mehr will er nicht preisgeben. Auch der Mutter war es nicht besser ergangen.

„Sie hatte was mitgemacht mit dem Vater", sagt Hans, ohne näher darauf einzugehen, Puzzleteile, die er unter Verschluss hält. Wie schon vor der Rückkehr des Vaters hatte Hans' Mutter Geld beschaffen müssen, wo immer sich die Chance bot: durch den Verkauf von Handarbeiten, die Hilfe auf Bauernhöfen und durch die Haushaltsführung bei den Amerikanern. Für die Führung des eigenen Haushalts hatte es natürlich nichts gegeben.

Hans' großer Traum war es gewesen, seinen Lebensunterhalt als ausgebildeter Jäger zu verdienen. Sein Vater hatte es nicht erlaubt, wohl wegen des Waffengebrauchs, ihn stattdessen zu einer Steinmetzlehre in den nahegelegenen Steinbruch gezwungen, wo er sich ‚wie ein Sklave gefühlt hatte‘, der ohne Schutzhandschuhe mit Fäustel und Meißel Säulen und Grabsteine hatte heraushauen müssen.

Hans hebt die linke Hand, die, die den Meißel gehalten hatte, und ich seufze bei ihrem Anblick: Mit den knochig harten, auf immer gekrümmten Fingern erinnert sie mich an eine Gartenkralle. Die Hand als Werkzeug, das weit mehr als seine Schuldigkeit getan hat. Sie kommt mir wie das Dokument einer erbarmungslosen Zeit vor – ein Puzzlestück mit Aussagekraft.

Irgendwann zeigte die Alkoholsucht ihre letzte Fratze: Hans' Vater war todbringend an der Leber erkrankt, vermutlich an einer Zirrhose, Hans weiß es nicht. Was er aber weiß und nie vergessen wird, ist der Moment, als er dem im Sterbebett liegenden Vater verziehen und dass dieser vor Erleichterung geweint hatte.

Meine Augen brennen, während ich zuhöre und mir Vater und Sohn in dieser letzten Stunde vorstelle, und ich danke Hans, dass er so vertrauensvoll mit mir spricht. Solange wir schweigend eine Pause machen, schweift mein Blick durch den Raum, bleibt an einer Urkunde hängen. Edelweißgeschmückt trägt sie den in Großbuchstaben gedruckten Titel ‚HEERESBERGFÜHRER‘. Hans hat das Dokument pur, ohne Glasrahmen oder Schutzfolie lieblos an die Wand getackert, obwohl ein mit Goldkordel gerahmtes Deutschlandwappen darauf zu sehen ist: *Für die 25jährige treue Mitarbeit und Mitgliedschaft im Verband der Reservisten der Deutschen Bundeswehr wird Herrn Johann… als Dank und Anerkennung diese Urkunde verliehen. Bonn, 5.6.2013.*

Aus dem Jägerberuf war nichts geworden und damit auch nichts aus einem Hinzuverdienst. Nichtsdestotrotz hatte Hans Geld gebraucht für ein großes Vorhaben: eine Reise nach Pakistan, in den Karakorum. Mit erstaunlicher Offenheit gesteht er ein, sich die Mittel durch Wilderei verschafft zu haben.

Jahre später: Stets in Sichtnähe des K2, dem zweithöchsten Berg der Erde, war der Sennerinnensohn aus Bayern in einem Steinbruch seiner gefährlichen Arbeit nachgegangen: dem Abbau von Edelmineralien wie Aquamarin, Topaz, Turmalin und Smaragd. Rasch hatte er erkannt, dass die dort üblichen Sprengungen zu geringem Erfolg führten, ein Großteil der Kostbarkeiten wurde durch die brachiale Herangehensweise zerstört. Also hatte Hans wieder zu Fäustel und Meißel gegriffen, in mühevoller Arbeit als einziger unter vielen Arbeitern unversehrte Stücke bloßgelegt. Von diesen war das eine oder andere in seiner Hosentasche verschwunden. Er wurde überführt und hatte das Diebesgut bis zum kleinsten Krümel dem Steinbruchaufseher aushändigen müssen. Danach war es dem Mann aus Deutschland erlaubt weiterzuarbeiten, mit seiner effektiven Methode zutage zu fördern, was andere reich machte.

Die folgende Begebenheit, die ich mir in einer Mischung aus Fassungslosigkeit, Staunen und Abscheu anhöre, ist ein Beispiel dafür, dass mitunter zwei bestimmte Puzzleteile eine größere Wirkung erzielen, als zehn oder zwanzig andere.

Hans wurde ,entführt', nicht grob und beängstigend, sondern freundlich und höflich. Männer hatten ihn in ein Gebäude, ein ,Zelt aus Stein', gebracht, wo ihm eine, in einen Tschador gekleidete, Frau zur Heirat angeboten worden war. Mit ihr allein, hatte er betrachten dürfen, was sich unter der Verschleierung verbarg. Jung und wunderschön sei sie gewesen, verrät Hans, mit schwarzem langen Haar und leuchtend blauen Augen, und gerne hätte er einer Hochzeit zugestimmt, wenn er nicht auf Lebenszeit in Pakistan hätte bleiben müssen. Also hatte er dankend abgelehnt und wurde sodann zum Steinbruch zurückgebracht.

Ende des Kapitels.

Während ich zuhöre, kann ich nicht umhin, Hans anzustarren. Was habe ich da gehört? Eine erotische Episode aus ,Tausend und einer Nacht'? Die Geschichte eines Traums, der nur für Männer des Orients wahr werden kann, und in diesem Ausnahmefall für einen jungen abenteuerlustigen Bayern? Ohne die geringste Vorbereitung habe ich mal eben so eine unbegreifliche Sequenz eines arabischen Frauenlebens gesehen. Wie, um Himmels Willen, hält frau so etwas aus? Ich stelle mir vor, wie diese junge Frau, dieses Mädchen, täglich darum betet, an einen gutherzigen, niemals gewalttätigen Mann zu geraten. Ich jedenfalls würde das tun.

Mein Blick wechselt wieder von Hans zu Hilde. Ich denke, dass sie glücklich mit ihm war, jedenfalls sieht sie so aus.

Man hatte ihn also beim Klauen erwischt, was nicht bedeutet, dass es das Ende neuer Versuche gewesen war. Nach und nach hatte er einige der Rohschätze beiseitegeschafft, in einer Kiste aufbewahrt und diese in einem aus Stein gebauten Hohlraum versteckt, wo ,man sie nie finden würde'. Dort wartet sie darauf, von ihm ,abgeholt' zu werden. Bis heute.

„Und wann willst du das tun, Hans, und vor allen Dingen: wie willst du das tun?"

„Am besten mit dem Motorrad, über die Grenze zu Indien, die Rückreise auf dem Seeweg. Auf dem Schiff sind die Kontrollen nicht so gründlich wie im Flugzeug."

„Und was willst du mit dem Schatz hier anfangen?"

„Verkaufen. Zu Geld machen."

„Und was möchtest du mit dem Geld tun?"

Noch einmal sorgt der Maler bei mir für Sprachlosigkeit: „Eine Alm kaufen, um dort meinen Lebensabend zu verbringen. Und einen Bernhardiner möchte ich haben. Früher hatte ich einen. Er war meine Wärmflasche, wenn es kalt war, und er hatte mir im Steinbruch geholfen."

Ach, Hans, welche Geschichten du mir erzählst…

Es war die letzte. Alle übrigen Puzzleteile seines Lebens fügt er nicht ein und ich frage auch nicht danach.

Obwohl wir von seinen Bildern und bemalten Tellern umgeben sind, befassen wir uns erst gegen Ende meines Besuches mit der Malerei des Hans Hannibal. Vielleicht, weil ihm diese Tätigkeit eine Versöhnung mit den schwer zu ertragenden Lebenserfahrungen ermöglicht, mehr noch: weil sie eine Quintessenz, ein Ausdruck dessen ist, was er nur noch mit den Farben erleben kann, die er auf die Leinwände bringt: das Eins werden mit der Bergnatur, in der Erinnerung spüren, was er seinen Gott nennt.

Irgendwann hatte ihm ein Künstler alle Materialien vermacht, die man dafür benötigt. Es war der Startschuss für eine lebensbegleitende kreative Leidenschaft, was eigentlich keine Überraschung ist. Bereits als Bub hatte er sich liebend gern mit seinen Malstiften beschäftigt und, ohne dass es ihm bewusst war, sehr früh gelernt, dass der Mensch mit Kunst seinen Gefühlen, seinem Selbst Ausdruck verleihen kann, sei es im Tanz, in der Musik, im Schauspiel, im Schreiben, in der Malerei oder Bildhauerei.

Hans steht auf, tritt nach draußen, um die Tür des Schuppens zu öffnen. Einige der dort stehenden Leinwände trägt er in den Wohnwagenvorbau und stellt sie, etwas überlappend an die Küchenzeile gelehnt, nebeneinander auf.

Hannibal, sein Künstlername.

Auch, wenn der Name nach lang zurückliegendem Geschichtsunterricht in Vergessenheit geraten ist, weiß man, dass Hannibal einer der siegreichsten Feldherren der Antike gewesen war. Als erster war er mit einem kompletten Heer, darunter rund vierzig Elefanten, über die Alpen bis Norditalien gezogen. Über großes taktisches Geschick hatte der Feldheer verfügt, etliche Schlachten gewonnen. Das war vor Christi Geburt so und danach ging es weiter mit anderen Feldherren und Kriegen und Schlachten.

,Siegreich' wie Hannibal…

Hans musste, um in seinem Leben mit heiler Haut davonzukommen, seine eigene Schlachten schlagen. Ab einem bestimmten Punkt war ihm eine Liebe hilfreich, die schon immer in ihm geschlummert hatte, eine überaus friedvolle Tätigkeit: die Malerei. Die deformierte linke Hand war ihm kein Hindernis, weil er Rechtshänder war.

Hans Hannibal: Autodidakt, Laienmaler.

Ich stehe nun vor farbintensiven, kindlich wirkenden Ölgemälden, auf die Merkmale der Naiven Kunst zutreffen. Gegenständliche Bilder mit Bächen, Holzzäunen, Wegen, Almen, typischen Alpenhäusern. Bilder, die nichts abstrahieren, problematisieren, die keine Rätsel aufgeben oder Deutung verlangen. Bilder mit üppigen Wiesen und klarem Himmel, aufgetürmten steingrauen Bergen und senkrecht aufstrebenden Kletterwänden. Bilder, die unbekümmert und heiter wirken. Heile schattenarme Bergwelten.

Das nächste Bild: mystische Berglandschaft, trüb und regengrau, verwischte Konturen, distanzierter nassgrauer Fels, alles in gedämpften Herbstfarben. Dieses Gemälde strahlt eine spürbare Stille aus und sogleich tauchen vor meinem geistigen Auge nebeldunstige, sich geheimnisvoll windende Pfade auf, die ich oftmals gegangen war. Wie sehr hatte ich besonders sie geliebt! Wie oft hielt ich im Wandern inne, stand ganz still und tat nichts als atmen und lauschen.

Tannengrün, Tannenschwarz, leuchtendes Birkenweiß, samtiges Bergmattengrün, verspielte Kirchdörfer wie Menschennester in der weiten Landschaft – jedes Werk, das mir Hans präsentiert, erzählt von Vertrautheit, Verbundenheit, erzählt von seiner Kindheit, von der Sehnsucht nach einer Alm, auf der ein Bernhardiner, seines Zeichens Bergbauern-, Hirten- und Lebensrettungshund, mit sanftmütigem Beschützerinstinkt über Tiere und Menschen wacht. Erzählt von der Heimat eines Almjungen, der Johann heißt.

Hans Hannibal mit einer Zeichnung seiner jungen Hilde

Gemälde auf der Wand des Campingplatz-Sanitärgebäudes

6

Zwiegespräch

Wendelstein-Kirche/Bayern/Deutschland

∞

Und wenn ich prophetisch reden könnte
und wüsste alle Geheimnisse und alle Erkenntnis
und hätte allen Glauben, sodass ich Berge versetzen könnte,
und hätte der Liebe nicht, so wäre ich nichts.

1. Korinther 13,2

Hier stehe ich neben der Kirche. Hineingehen kann ich nicht, sie ist zu ihrem Schutz mit einer Gittertür verschlossen, trotzdem ist mir andächtig zumute. Soeben haben die letzten Besucher über die Treppe die Plattform verlassen, so dass ich allein bin – prima! Du weißt ja, dass ich mit dir nur sprechen kann, wenn mich nichts ablenkt. Viel Zeit habe ich nicht, an einem solchen Ort und zu dieser Tageszeit ist hier keiner lange allein. Viele Leute kommen täglich auf den Wendelstein, steigen wie ich die Stufen hinauf, um die Bergkirche aus der Nähe zu sehen. Sie ist auch wirklich etwas Besonderes, errichtet im Jahre 1889, als es noch keinen Lift, keine Zahnradbahn gab und alles, was den Berg hinaufbefördert werden sollte, getragen werden musste. Das vergoldete Turmkreuz wurde auf einem einzigen Männerrücken hinaufgeschleppt. Seitdem steht das Kirchlein in 1.740 Metern Höhe auf felsigem Untergrund, Wind und Wetter trotzend, im Winter verschneit wie die Berge, mit Raureif an Wänden und Fenstern, an manchen Sommertagen umtost von brüllenden Gewittern. Dann blitzt und glänzt das goldene Kreuz wie ein einsamer Stern, der die Hoffnung am Leben erhalten will. Ach, es ist wunderschön hier! So gut fühlt sich die alte breite Umgrenzungsmauer an, auf die ich die Ellenbogen stütze, um mich ein wenig vorzubeugen. Überall Berge, graublaue Gipfel! Es überrascht dich sicherlich nicht, dass ich mir mal wieder Tränen aus den Augen wische, nicht der Traurigkeit und des Kummers, sondern der Dankbarkeit und Liebe. Im Gebirge habe ich oft solche Tränen geweint, wie du weißt. Denk nur an den Bockersteig im Spronsertal! Als der Morgentau wie Glasperlen auf den Alpenrosen funkelte und wir in der Ferne zum ersten Mal die Dolomiten entdeckten, da kamen unweigerlich die Tränen. Es gibt Momente, die so tief ins Herz sinken, dass nichts sie hinausbefördern kann. Es sind die Momente, in denen es mir leicht fällt, an dich zu glauben. Oder wenn ich die warme Rinde eines Baumes berühre, seine Lebenszeit spüre, die Festigkeit, mit der er in der Erde verwurzelt ist, dann fühle auch ich mich geerdet. Wenn ich mich an eine Felswand schmiege, um ihr ungeheuerliches Alter weiß, welches meine arg begrenzte Vorstellungskraft übersteigt, dann verstehe ich, dass ich Teil einer unermesslich großen Geschichte bin, nur ein winziger Teil, vergänglich und fragil wie eine Seifenblase. Trotzdem fühle ich mich nicht bedeutungslos und was ich tue, ist es auch nicht. Ich bin nicht nur hier, um den exponierten Standort dieser Kirche zu bestaunen, es ist die Liebe, die sich für mich in den Bergen erneuert, die Liebe zu dir, zur Natur, zur Schöpfung, zu den Menschen, die zu Hause an mich denken, die mich im Leben begleiten und die ich begleite. Und auch jetzt fühle ich diese Erneuerung. Ach Gott, ein ganzes großes Bergland erstreckt sich zu meinen Füßen! Und alles ist mein, alles ist mir geschenkt. Ich finde, wir sollten nie die Liebe aufgeben, besonders dann nicht, wenn Hass und Wut um sich greifen oder Angst und Sorge. Da fallen mir Steffen und Elke aus Halle an der Saale ein, die ich zwei Stunden zuvor während der Bergauffahrt kennengelernt hatte. Erstaunlich, wie nah man unbekannten Menschen innerhalb kürzester Zeit kommen kann. Sie erzählten, viele Jahre lang eine Imbissbude betrieben zu haben – eine Herzensangelegenheit. Nie wäre sie missmutig zur Arbeit gegangen, sagte Elke, stets hätte sie sich auf ihre Kundschaft gefreut, auf die ernsten Gespräche wie auf die unverbindlichen Plaudereien. Ich erfuhr, dass das Verkaufen von Pommes Frites Heimatgefühle vermitteln kann, und dass der Imbisstreff gegen alle Widerstände einem großen Supermarkt hatte weichen müssen. Ein schmerzhafter Verlust für Elke und Steffen, die nicht über die Finanzmittel verfügt hatten, anderenorts neu zu beginnen. Stattdessen war für sie das Ende der beruflichen Selbstständigkeit gekommen, aus Elke war eine angestellte Fleischfachverkäuferin geworden. Und natürlich sprachen wir über das Leben in der DDR, als die Geschichte der Imbissbude begonnen hatte. Ich hörte, dass denjenigen, die sich angepasst und mit gegensätzlichen Meinungen zurückgehalten hatten, ein angenehmes Leben vergönnt war, allen anderen das Gegenteil. Und wie sich das Dasein für die Menschen verändert hatte, als die Mauer niedergerissen worden war, die das Land in zwei Hälften geteilt hatte. So wunderbar das war, war es aber auch nicht leicht gewesen, das eine Leben gegen das andere, die eine Welt gegen die andere zu tauschen. Die Geruhsamkeit des Alltags hatte sich allmählich aufgelöst, das Gefühl, gemeinsam in einem Boot zu sitzen, das nachbarschaftliche Aushelfen. Die errungene persönliche Freiheit hatte ihren Preis gehabt. Unübersichtlicher war der Lebensalltag geworden, komplexer, ich-bezogener und auch hektisch, man hatte sich behaupten, nicht selten Dinge erkämpfen müssen. Was ehemals vom Staat vorgegeben war, musste nun eigenverantwortlich geordnet werden. Ich fragte Elke und Steffen, ob sie die Zeit gern zurückdrehen würden. Ein kurzes Zögern mit gesenkten Köpfen, dann hoben sie die Gesichter und antworteten lächelnd: nein, das wollen wir nicht. Und jetzt sind wir hier, wechselte Steffen in die Gegenwart, zum zweiten Mal in den Alpen. Sichtlich bewegt, mit einem Ausdruck der Versonnenheit, sahen er und seine Frau aus dem Fenster, wo nun, da sich die Zahnradbahn in die Alpinregion hinaufgearbeitet hatte, Schnee Hänge und Mulden bedeckte. Ich folgte ihrem Blick — stellte mir vor, mein Staat würde mir das Glück verbieten, dies alles zu sehen und zu empfinden — und freute mich für sie. Du kennst mich und du weißt, wie flüchtig ich die Kleider, Hosen oder Schuhe meiner Mitmenschen betrachte, ich studiere lieber ihre Gesichter, und die des vor mir sitzenden Paares natürlich auch. Kein Zorn war darin zu lesen, keine Verbitterung, aber, so jedenfalls kam es mir vor, eine gewisse Wehmut. Es tut weh, herzugeben, woran das Herz hängt, ob freiwillig oder unfreiwillig, nicht wahr? Darum bin ich ja so dankbar für alles, was ich niemals hergeben muss, wie zum Beispiel die Erinnerung an den Moment, den ich gerade erlebe, dankbar für die inneren Bilder, die ich mitnehmen werde. Steffen und Elke, sympathische Fahrgäste auf dem Weg zum Wendelstein, keine lange Begegnung, aber auch keine oberflächliche. Ich hatte Respekt vor der Offenheit, mit der sie mit mir, einer ihnen gänzlich Fremden, redeten. So ernsthaft das Thema war, so oft lachten sie. Wenn sie sich ansahen, hatte ich nicht nur das Gefühl, dass sie ein Team im Leben waren, auch, dass sie sich liebten. Liebe! Dieses kostbare Gefühl, das alles Schöne dieser Erde zu durchströmen scheint. Das hast du sehr gut gemacht! Was sage ich da? Das machst du gut und ich vertraue darauf, dass es so bleiben wird. Was auch sollten wir mit einer Welt, in der es keine Liebe gibt? Mit einem Leben, das keine Liebe kennt? Weißt du, manchmal fürchte ich, dass mit ihr auch du verschwinden könntest oder dass umgekehrt mit dir die Liebe verschwinden könnte.

∞

Doch jetzt will ich die Wendelstein-Kirche zurücklassen, und die Mauer, an der ich eine Weile stand und meine Gedanken und stummen Worte fliegen ließ. Eine Besuchergruppe kommt die Stufen herauf; ich gehe den Leuten entgegen, an ihnen vorbei, hinüber zum nahegelegenen felsigen Serpentinenweg, der auf den Berggipfel führt. Bis oben könnte ich wohl aufsteigen, klug wäre es nicht. Instabilen Kniegelenken sollte man Abstiege ersparen, nicht nur wegen der Schmerzen, auch wegen der Stolpergefahr. Außerdem ist da oben der Bär los, gerade eben hat mich eine mindestens fünfzigköpfige Kolonne junger Männer in Soldatenuniformen überholt.

Also lege ich nur die Hälfte des Wegstücks zurück, bis ich einen einigermaßen bequemen Stein mit bester Sicht finde. Hier sitze ich nun – allein! – und schaue nach Norden. Hoch über den Hügeln des bayrischen Alpenvorlands halte ich das Gesicht in den frischen Wind, sehe Schönwetterwolken zu, die vor strahlendem Frühlingshimmel wie zerzupfte Watte vorbeitreiben, so nah, als könnte ich mit ausgestreckten Händen in sie hineingreifen. Es gibt nur einen Ort, wo diese Illusion möglich ist: auf einem Berg.

Wendelstein – höchstgelegene Kirche Deutschlands

7

Wenn Riesen mit Steinen werfen

Ramsau/Bayern/Deutschland

∞

Vom Wald hatten sie gesprochen.
Aber erst, als Ronja ihn so dunkel und verwunschen
mit all seinen rauschenden Bäumen sah,
begriff sie, was Wälder waren.
Und sie lachte leise, weil es Flüsse und Wälder gab...
und alles war voller Leben,
musste man da nicht lachen?

Aus ‚Ronja Räubertochter'
Astrid Lindgren

Kühl benetzen Regentropfen mein Gesicht – bin ich allein?

Ein beispielloses Durcheinander um mich her: Felsbrocken verstreut, übereinander gestapelt, bedeckt von Moos, Flechten und glänzender Nässe, Baumwurzeln, die sich an ihnen festkrallen...

Die Ache stürzt heran, drängt, presst, bahnt sich ihren Weg durch das Felschaos. Wasser dringt durch Spalten und Ritzen, verfängt sich in Nischen und Hohlräumen, sucht einen Ausgang, findet ihn, springt über Stufen, tobt und strömt schäumend weiter, um alsbald erneut eingesperrt zu sein.

Der Pfad windet sich um knorrige Bäume, bizarre Wurzelgebilde ringeln und umschlingen sich in fester Umarmung, nichts ist geordnet oder gerade, alles ist krumm und schief. Zweige und Äste trudeln und schleudern im wild mörderischen Ritt über den laut rauschenden Bach. Felsbrocken in allen Größen und Formen: flache, kantige, geschliffene, spitz aufragende. In manchen glitzern silbern Sprenkel von Dolomit, andere sind mit einer zartgrünen Haut überzogen. Aus einem wächst ein stattlicher Baum empor. Wer hat diesen Tumult, dieses auswuchernde Wirrwarr angerichtet?

Einst, so erzählt die Zauberwaldsage, hausten zwei Riesen in den Bergen über der Ramsau im Berchtesgadener Land. Sie stritten und bewarfen sich mit Steinen und Felsbrocken. Nach dem großen Zank war das Tal übersät davon, an manchen Stellen so dicht, dass sich die Bäche zu einem See anstauten. Da gingen die zwei Raufbolde hinab, erblickten ihre Antlitze im Spiegel des Seewassers und erschraken so sehr, dass sie davonstürzten und nicht wiederkamen.

Mit ihrer Wüterei hatten die Riesen ein Schlachtfeld angerichtet, das sich in ein beispielloses Naturchaos verwandelt hatte, und ich stehe mittendrin, gefangen von diesem Zauber, den ich gleich von der ersten Minute an spüre.

Westlich des Bergsteigerdorfes Ramsau, tief im Berchtesgadener Land, befindet sich der Eingang in den ‚Zauberwald'. Im Süden, nicht weit von ihm entfernt, thront seine Majestät, der Hochkalter. An dem mit etlichen Gipfeln gespickten Gebirgsmassiv kam es im Laufe der Jahrhunderte und Jahrtausende immer wieder mal zu einem Bergrutsch apokalyptischen Ausmaßes. Verursacht durch das Abschmelzen von Eis, hatte sich in vorgeschichtlicher Zeit auf kaum vorstellbaren vierhundert Metern Breite zwischen den Gipfeln Steinberg und Schärtenspitze ein Stück des Berges abgespalten, war zunächst ins darunterliegende Blaueistal gestürzt und hatte sich dann mit ungebrochen mächtigem Schub weiter bis hierher bewegt, wo die Gesteinsmassen zum Stillstand kamen. Zurück blieb die Spur einer Sturzbahn über eine Höhendistanz von mehr als tausend Metern. Unzählige Felsbrocken waren auf die Erde gekracht, einige so groß wie Häuser, andere waren zerborsten oder hatten sich zu Türmen aufgebaut.

Die Menge war so gewaltig, dass sich ein Teil des unaufhörlich nachfließenden Wassers zu einem See aufstaute.

Auch im letzten Jahrhundert kam es zu dramatischen Felsabbrüchen am Hochkalter, angefangen im Jahr 1908. Damals hatten sich vom höchsten Gipfel geschätzte 240.000 Kubikmeter Gesteinsmasse gelöst, waren mit einer solchen Wucht herabgestürzt, dass die Erde im ganzen Tal gebebt hatte.

Wer lebt in diesem Wald? In den Höhlen, deren schwarze klaffende Eingänge und versteckte Winkel mich in kindlicher Neugier anlocken – Kobolde, Zwerge oder Hexen gar? Der Fantasie sind keine Grenzen gesetzt an diesem verwunschenen Ort, wo man in jeder finsteren Ecke ein funkelndes Augenpaar vermutet. Aber will ich wirklich wissen, wer hier des Nachts herumwuselt, kreischt und wispert? Eigentlich nicht, bedeutete es ja die Auflösung des Zaubers, des faszinierend Rätselhaften. Fest steht, dass er nicht das ist, was man unter einem ‚normalen' Wald versteht. Hier hat allein die Natur das Sagen, hier regelt sie die Dinge auf ihre anarchische Art. Wer an diesem mystischen Ort lebt, hat das beste Zuhause, jedes Tier und jedes Fabelwesen.

Und der Mensch? Durchwandert den Wald, staunt mit leichtem Grusel und – schweigt.

Betörender Duft inmitten von Fichten und Buchen: erdig und leicht muffig, intensiviert durch den Regen – wie segenbringend Regen ist! –, durchdrungen von der prickelnden Frische des unablässig stäubenden Wassers. Feuchtes Mooskissen, weich unter meiner Hand – immer muss ich alles anfassen –, wie gut es sich anfühlt!

Entlang der Ramsauer Ache windet sich der Weg über kurze Stein- und Holztreppen in stetem, schwach steigendem Bergauf. Ich bin froh über diesen feinen Nieselregen, der die Haut durchfeuchtet, Hände und Gesicht kitzelt, mir eine Zeit des Alleinseins schenkt mit der verwilderten Pracht dieses Geotops. Regnet es, bleiben Menschen gern im Haus.

Wende ich mich nach rechts, weg vom Wasser, blicke ich in ein Pflanzendickicht. Ein kleines Schild lüftet ein Geheimnis: Unter zig anderen Arten finden sich hier Drudenfuß, Weißtanne und Hexenbesen – auch Donnerbüsche genannt –, die seltsam kugeligen Gebilde in den Kronen mancher Bäume.

Bezaubernd kreativ: Felswesen, die auf ihren Häuptern rankende Kappen wie üppige Haarschöpfe tragen.

Ich befinde mich nun etwas oberhalb der Ache, ein kurzer Pfad führt hinunter zum tosenden Wasser. Dort unten steht ein alter Herr, gekleidet in ein olivgrünes Cape, versunken in den Anblick des ungezähmten Wassers. Neben ihm befindet sich auf einer kleinen ebenen Fläche eine Holzbank – bei trockenem Wetter ein verwunschener Sitzplatz! –, jetzt ist sie durchnässt wie alles in dieser Zauberwelt.

Der Weg umschlingt eine Buche, ihr Wurzelwerk türmt sich zum meterhohen Hügel auf, auch er bewachsen und umrankt. Wie ein mächtiger Schlangenkörper windet sich ein Stamm aus diesem Wurzelhügel, um gleich daneben darin zu verschwinden. Schöpferische Natur in Raum und Zeit.

Nun führt eine gewundene Treppe hinauf zu einem Durchlass zwischen Felsungetümen, die nach oben kein Ende zu haben scheinen. Wieder ein Schild: Habichtskraut, Besenheide, Gamsblume. Es macht keinen Sinn, in all dem Grün nach ihnen zu suchen, ich könnte die Pflanzen nicht identifizieren. So vieles ist mir fremd, unerklärlich, meine Unwissenheit schrumpft nicht, sondern wächst. Ich lerne und lerne und je mehr ich lerne, umso weniger kommt es mir vor zu wissen – ein Fass ohne Boden.

Mitten auf dem Weg reihen sich kerzengerade nackte Buchenstämme auf wie Stützpfeiler. Aus einer Felshöhle rinnt plätschernd ein klarer Wasserlauf – natürlich tauche ich die Hand

hinein! –, sucht eifrig den Weg zur Ache, um sich von ihr verschlingen zu lassen. Dann ein Areal dünner Wurzeln, der Boden
ist über mehrere Quadratmeter von dem feinen braunen Ge-
kringel bedeckt... auf Augenhöhe! In diesem Wald gibt es keinen
Fleck, der der Betrachtung nicht lohnt.

Ich überschreite eine schmale Brücke, vorsichtig, das Holz ist
nass und glatt. Unter mir rauscht ein Bachzulauf. Danach steigt
unmittelbar neben mir die Wand eines Riesenfelsblocks auf, ein
Steg führt frei über dem Wasser schwebend dicht daran vorbei.
Ich hebe das Kinn und erkenne die zerrupfte, kümmerliche Gestalt einer Fichte, die weit oben aus dem Koloss gewachsen ist.
Als ich die Hände gegen den Fels lege, spüre ich die Kühle der
rauen Oberfläche, sein Urzeitalter und die unendliche Zeit, die
ihm bevorsteht, werde mir gleichzeitig der Zerbrechlichkeit und
Vergänglichkeit bewusst, die mir als Mensch gegeben ist. Seit ich
in den Gebirgen unterwegs bin, liebe ich es, Fels zu berühren,
für Sekunden, Minuten seine Energie zu spüren, mich mit seiner
unerschütterlichen Stabilität zu verbinden.

Die Felsmaserungen. Ihr Verlauf waage- und senkrecht, auch
diagonal, je nachdem, wie der Fels vor 3.500 Jahren aufgeschla-
gen war. Immer wieder entdecke ich ausladende Wurzelteller
und geheimnisvolle Höhleneingänge, von denen einige so groß
sind, dass ein Bär hindurch gehen könnte.

Ich strecke die Hand, streichle einen marmorglatten honig-
gelben Baumstumpf, geformt wie eine Schildkröte mit Beinen,
Kopf, Hals, Panzer. Dann ein weiteres Pflanzenschild: Geißbart,
Preiselbeere, Goldrute. Nach der nächsten Biegung noch eines:
Blaubeere, Alpenjohannisbeere, Hundsrose.

Waldsehenswürdigkeiten zu Hauf: ein Bergahorn, groß wie ein
Turm, der Pfad führt im Kreis um den mächtigen Stamm; die
überhängende Wand eines haushohen Felsblocks, beim Vorbeigehen muss ich mich ducken; ein kegelförmig gestapeltes Stein-

gebilde, übersät mit zahllosen Löchern und Lücken, aus denen es quillt und sprießt, ein futuristisch anmutendes Wohnhaus für ein ganzes Tiervolk.

Apropos Tiervolk: Wo der Wald nicht ‚entrümpelt' wird, ziehen Tiere ein, vorzugsweise in undurchsichtiges Gestrüpp, in Blätter- und Reisighaufen. Vögel wie der Zaunkönig verstecken sich darin und schlummern ungestört, finden Nahrung, erledigen Brut und Aufzucht. Für Igel gibt es Regenwürmer, Schnecken, Insekten, hier können sie getrost den Winter verschlafen. Ringelnattern halten sich gern in Wassernähe auf, ernähren sich unter anderem von Kaulquappen, Fischen und Fröschen. Säugetiere, Amphibien, Reptilien, Erdkröten, Vögel, Grasfrösche und manch anderes Geschöpf – für alle sind Reisig- und Laubansammlungen wie auch Totholz kein Müll, der von Bäumen gefallen ist, sondern der Himmel auf Erden, Lebensraum und Unterschlupf.

Nur die tierischen Bewohner wissen, welche Fabel- und Zauberwesen in den Dickichten und Höhlen dieses Urwalds wohnen. Wie schade, dass es keine Sage gibt, die davon erzählt. Die Geschichte der Ramsauer Riesen verlangt einen zweiten Teil und ich male mir aus, dass dieser wie folgt lauten könnte:

Als sich die Streithähne auf Nimmerwiedersehen davon gemacht hatten, fing es auf dem Schlachtfeld mit der eingekehrten Stille zaghaft zu keimen, zu sprießen und zu grünen an, Tag für Tag, Jahr für Jahr… Was einst so schrecklich anzusehen war und an die donnernden Stimmen der Riesen erinnerte, war immer wohltuender und schöner anzusehen. Das sprach sich herum und erreichte auch das Volk der Waldwichtel, das hoch oben in den mageren Wäldern des Hochkalters mehr schlecht als recht lebte. Dann geschah es, dass die Wichtel in langer Reihe auf ihren winzigen Füßen herabstiegen, um sich neue Höhlen im neu entstandenen Wald zu suchen, Auswahl gab es reichlich. Hunderte Jahre später kamen auch Kobolde, Gnome, Feen und

Zwerge und fünf kleinwüchsige Hexen mit farngrünem Haar. Alle zogen in den Steinwald ein. Man weiß, nein, man spürt, dass sie da sind... Wer still lauscht, kann hier und da ein Kichern und Flüstern hören. Gesehen hat sie noch keiner, nur im Dunkel der Nacht verlassen sie ihre Behausungen, ganz so, wie es viele Tiere tun. Und dann ist der Waldboden erfüllt von quirligem Leben, dann wird im weißen Mondlicht gelacht, gesungen und getanzt bis zum Morgengrauen.

Der Wald liegt hinter mir, ich stehe am Ufer des Hintersees, den die in wütendem Streit entflammten Riesen mit ihren Steinwürfen gestaut hatten. Bei klarem Himmel ist der malerische Bergsee von Sonne überflutet, ein Kontrast zum schattigen Wald. Haufen verstreuter Felsen ragen als kleine Inseln aus dem ruhigen Wasser, die Ränder sind mit Buchten geschmückt, mit hügeligen, baumbewachsenen Halbinseln und raschelndem Schilf.

Welche Idylle! Am Hintersee ist die Natur nicht stehengeblieben, aber zur Ruhe gekommen, im Zauberwald demonstriert sie nicht nachlassende explosive Kraft: tosend laut und geräuschlos, heimlich und beharrlich, rasend schnell und unendlich langsam.

Gleich werde ich in müßigem Schritt den regenstillen See umrunden. Wenn Waldwichtel und Ringelnattern das Nasswetter nicht scheuen, soll es auch mir willkommen sein. Am Ausgangspunkt angekommen, werde ich, wunderbar verhext von diesem märchenhaften Fleckchen Erde, ihn zurückwandern, den Pfad durch den Ramsauer Zauberwald.

Im Zauberwald

8

Die Unbekannte vom Steinernen Meer

Watzmann/Berchtesgaden/Deutschland

∞

*Keine Begegnung ist zufällig,
sie hat immer ein Ziel.*

Gudrun Zydek

Oktober 1998.

Fünf Jahre ist es her, dass ich an die Berge mein Herz verlor.

Ich wandere allein, wenn ich keine Begleitung habe, gern im Frühherbst, bevor der Schneefall in den Alpen einsetzt, meistens mit nur einer Berghüttennacht. Alle Dinge, die zum Rüstzeug einer Tour gehören, müssen trotzdem ins Gepäck: Schlafsack, Isomatte, Taschenlampe, Kompass, Wanderkarte, Regenzeug... und so fort. Zu der Wanderung, von der ich erzählen möchte, habe ich erstmalig mein neues Mobiltelefon, ‚Handy' genannt, mitgenommen, obwohl ich, wie man mir gesagt hatte, wahrscheinlich keinen Empfang haben werde, das Ding nutzlos getragener Ballast sein wird. Mal sehen, vielleicht klappt es ja doch, ich werde es ausprobieren.

Auch, wenn ich allein wandere, beschränke ich mich nicht auf die Talregionen, mich zieht es in die Höhen hinauf, dorthin, wo es nur Pfade gibt, wo mit jedem Schritt, den ich aufwärts gehe, die Bergwelt einsamer, unberührter, alpiner wird. Schon daheim spüre ich die Anziehungskraft, wenn der Ruf ‚meiner' Berge so laut zu mir vordringt, dass ich mit feuchten Augen dasitze, kaum dass ich sie auf dem Fernsehbildschirm sehe.

Wird das jetzt mein Leben lang so weitergehen?

Mir ist klar, dass das Alleinwandern mit mehr Risiken behaftet ist. Ich will auch nicht verschweigen, dass es sich anders anfühlt. Das fortdauernde Bewusstsein, auf mich allein gestellt zu sein, sollte mir etwas zustoßen, nötigt maximale Aufmerksamkeit ab, was nicht bedeutet, dass die Wanderfreude darunter leidet und ich in den Zustand ständiger Anspannung gerate. Wie alles andere, ist auch das Alleinwandern gewöhnungsbedürftig.

Ich bin mit dem Zug nach Berchtesgaden gereist, in den märchenhaftesten Winkel Bayerns, wo die Natur von ursprünglicher Wildheit ist, der fjordähnliche Königssee wahrhaft königlich aussieht und die berüchtigte Ostwand Gänsehaut verursacht.

Für meine Zwei-Tage-Tour habe ich diese Region ausgesucht. Ich möchte das Watzmannmassiv umrunden, was mich auf eine Höhe von 2.200 Metern führen wird. Damit folge ich einer Empfehlung des renommierten österreichischen Bergsteigers Toni Hiebeler, der die Umrundung als ‚leicht‘ klassifiziert und die Gehzeit auf zehn Stunden beziffert hat. Für die Übernachtung empfiehlt er das Kärlingerhaus am Funtensee. Ob die Zeitangabe zu meinen individuellen Fähigkeiten passt, wird sich zeigen. Meine noch mageren Bergerfahrungen haben mich bereits eines gelehrt: Das individuelle Leistungsvermögen variiert gravierend, hinsichtlich der Kondition, der mentalen Fähigkeit, der benötigten Zeit, der Sachkenntnis, der Höhentoleranz und natürlich der Häufigkeit, mit der man oder frau sich im Gebirge bewegt und an Übung und Erfahrung gewonnen hat. Mit anderen Worten: Ob diese Tour, wie von Hiebeler eingestuft, auch für mich leicht und in zehn Stunden zu schaffen sein wird, ist völlig offen.

Meine kleine Gebirgstour beginnt außergewöhnlich.

Statt einer Seilbahn trägt mich mit der ersten Fahrt des Tages eines der Königssee-Elektroboote zum Startpunkt. Leise und mit sanfter Bugwelle gleitet es über das dunkelgrüne Wasser. Die wenigen Fahrgäste verfallen, kaum dass sich das Boot in Bewegung gesetzt hat, in andachtsvolles Schweigen, fasziniert von der romantischen Pracht, die den fast 200 Meter tiefen See umgibt.

Den Rucksack neben mir, die Stecken in der Hand, sitze ich auf meinem Platz, Ehrfurcht im Herzen und prickelnde Erwartung. Alles, was mich im Alltag in Atem hält und beschäftigt, fällt bereits jetzt von mir ab, der Geist fängt an, sich zu konzentrieren, auf die Stunden, die vor mir liegen, auf die Wege, die ich gehen werde. Währenddessen bleibt mein Blick an dem kleinen Gipfeldreieck der Schönfeldspitze hängen, das weit im Süden aus dem Hochplateau ,Steinernes Meer' herausragt. Sollte das Vorhaben klappen wie gewünscht, würde ich dem Meer aus Stein nicht nur ganz nah kommen, es auch in seinem Randbereich durchwandern.

Der berühmte Königssee in der Biosphärenregion Berchtesgadener Land ist ein Naturjuwel. Seine Geschichte hatte in Urzeiten als Grabenbruch begonnen, entstanden durch tektonische Verschiebungen im Erdmittelalter, der Trias, als der Planet von Dinosauriern bevölkert war. Während der Eiszeiten hatten die brachialen Kräfte des Königsseegletschers gewirkt, die Erdspalte um mehrere hundert Meter tiefer genagt und geschürft. Als sich dann der 900 Meter starke Eiskoloss zurückzuziehen begann, hatte sich das Schmelzwasser in dem Grabenbruch gesammelt. Die klaffende, eisgefüllte Erdspalte wandelte sich zu einem Ort magischer Schönheit, bis heute ist der Königssee der grün-blau schimmernde Spiegel für Berge, Fels und Wald. In sehr kalten Wintern gefriert die Seeoberfläche und man erhält eine Ahnung von der einstmals vergletscherten Welt des Sees.

Wer ihn umrunden will, muss dies in der Höhe tun, der überwiegende und größtenteils bewaldete Teil der Ufer ragt steil aus dem Wasser empor, dort können Wege nicht angelegt werden.

So ist die Seerunde ein alpines Unternehmen mit anspruchsvollen Klettersteigen, angegeben mit 44 Kilometern Länge und 21 Stunden Dauer. Berghütten zur Übernachtung sind vorhanden.

Der Watzmann!

Ein berühmter Berg, an dem sich viele versucht und viele gestorben sind. Das Boot gleitet ruhig an seiner Ostflanke entlang; auch wenn ich den Kopf noch so weit in den Nacken lege, ist es nicht möglich, von hier unten die Höhe der Wand zu erfassen. Mit entsprechender Ausrüstung kann man die drei Hauptgipfel des Massivs nacheinander überschreiten – was ein grandioses Erlebnis sein soll –, oder, etwas bescheidener, den nördlich gelegenen Gipfel, das Hocheck, erklimmen. An der Besteigung der 1.800 Meter hohen Watzmann-Ostwand sind bisher über hundert Bergsteiger zu Tode gekommen.

Am Fuß der Wand hat der Eisbach im Laufe der Jahrtausende aus mitgeführtem Schutt und Geröll eine Halbinsel geschaffen, die Hirschau, auf der die Wallfahrtskirche St. Bartholomä und ein Jagdschlösschen stehen. Ein grandioser Platz! Aus der Ferne betrachtet, bildet das Bauwerk mit den roten Zwiebeltürmchen den zwergenhaften Mittelpunkt der urzeitlichen Bergkulisse. Ein Prachtmotiv für Maler und Fotografen, von Königsseebesuchern millionenfach abgelichtet. Wie war es im zwölften Jahrhundert möglich, an dieser unzugänglichen Stelle zu bauen, die Materialien hierher zu schaffen? Über den Wasserweg. In den warmen Jahreszeiten per Boot, im Winter über den gefrorenen See auf Pferdeschlitten.

Das Boot legt an. Ich steige aus, wende dem Tagesbetrieb den Rücken zu, schultere den Rucksack, richte die Teleskopstöcke – los geht es. Die magnetische Kraft der Berge, die mich daheim oft mit unstillbarer Sehnsucht quält, zieht nun, da ich die Richtung eingeschlagen habe, ganz sanft, und meine Füße bewegen sich fast wie von selbst.

Von der Morgensonne beschienen, wandere ich längs des Seeufers durch die Au Richtung Süden. Als ich glaube, den Abzweig,
der mich in die Höhe führen soll, verpasst zu haben, ist er da:
der Moment der ersten Aufwärtsschritte.

Wie sehr ich ihn liebe! Ich seufze vor Freude, schließe kurz die
Augen, atme tief ein... dann biege ich in den Bergweg ein.

Über einen ausgesprengten Steig geht es auf stufenlos ebe-
nem Boden durch die nahezu senkrechte Wand der Burgstallalm
hinauf. Trotz des frühen Morgens steht mir schnell der Schweiß
auf der Stirn und die Achillessehnen fangen zu ziepen an. Als
dieser Abschnitt endet, führt der Weg weniger steil durch kühlen Wald in Serpentinen bergan – bis zum Schrainbach-Wasser-
fall, wo ich meinen Durst löschte, Arme und Gesicht erfrische.

Noch habe ich mich kaum vom See entfernt. Der Weg strebt
weiterhin aufwärts, gewinnt stetig an Höhe. Es überrascht mich
nicht, dass ich von dem Moment an, als ich das Seeufer verlassen habe, allein bin. Ich denke an die Ausflügler, die dort unten
den Tag verbringen. Bleibe ich stehen, um die sich ausdehnende
Weitsicht zu genießen, die mittlerweile auch die Höhen des gegenüberliegenden Ufers erfasst, beobachte ich die länglichen
Königsseeboote, die, klein wie Raupen, in stummer Zielstrebig-
keit über den mattglänzenden Wasserspiegel kriechen.

Vermutlich liegt der letzte Seeblick hinter mir, denn nun wendet
sich der Weg zur Bergseite hin ab und die Steigung endet. Wald-
stille umfängt mich, ich bin umgeben von bunten Herbstbäu-
men. Gelbes, rotes, orangefarbenes Oktoberlaub federt weich
unter den Schuhsohlen, Blätter lösen sich aus den Zweigen, se-
geln schwankend herab und ihr Berühren des Waldbodens klingt
wie ein vielstimmiges Wispern. Die Bäume lichten sich, Wärme
dringt herein. Im Sonnenschein dampft die Feuchtigkeit als fei-
ner Dunst von der seufzenden Erde auf. Die überaus friedliche

Stimmung erfasst auch mich und es flößt mir keine Furcht ein, in diesem Märchenwald mit seinem raschelnden, knackenden Unterholz allein zu sein.

Am Fuß der ‚Saugasse‘ endet der idyllische Waldpfad.

Jemand mit Kenntnis der Örtlichkeit und bayrischem Humor hat dieser steilen Felspassage zwischen Watzmann und Simetsberg den Namen gegeben. Dreißig Meter breit und sich nach oben verjüngend, bietet sie nur minimal Platz für den Wanderweg, der sich am Grund der Rinne über eine Distanz von 300 Höhenmetern in dreißig sehr engen Kehren hinaufwindet.

Noch ein Schluck Wasser. Tief durchatmen, dann hinauf!

Was mich in Begleitung von Sepp verschreckt hatte, empfinde ich mittlerweile als Genuss: das Aufwärtsgehen. Niemals eilig, Schritt für Schritt, niemals ungeduldig, stets im Atemtakt, im positiven Sinn gedankenverloren, den Weg als Freund, nicht als Feind begreifen. Nichtsdestotrotz ist der Aufstieg durch die Saugasse kraftzehrend, fordert er Kreislauf und Herz. Zweimal muss ich eine Trinkpause einlegen, auf das Sinken der Pulsfrequenz warten. Bedenke ich, dass ich mit zwanzig Jahren zu diesem Aufstieg nicht imstande gewesen wäre, habe ich jeden Grund mit meiner Fitness und meinen Fortschritten in der kraftschonenden Art des Bergangehens zufrieden zu sein.

Erneut fische ich die Karte aus dem Seitenfach des Rucksacks, falte sie auf und orientiere mich. Ein Lob der Wanderkarte! Wer sie zu lesen gelernt hat, erfährt nicht alles, aber eine Menge zur gewählten Route: den Wegcharakter, die Geländebeschaffenheit, die Entfernungs- und Höhendistanzen, die Hütten- und Seilbahnstandorte und so fort, wobei die Einordnung des Wegcharakters meiner Ansicht nach der wichtigste Eintrag ist.

König Watzmann bleibt nun rechterhand zurück, ebenso die Saugasse. Die Baumgrenze ist mit dem Erklimmen der Steilpassage überschritten. Erhalten bleibt der Durchschlupf zwischen den Bergen. Ich bewege mich nun durch den Bärengraben, nein, ich lustwandele! Durch eine parkähnliche Landschaft windet sich anmutig der von Alpenrosen gesäumte Pfad. Wie herrlich ist es hier in den Sommermonaten, wenn Sträucher und Blumen in voller Blüte stehen.

Nach der verfallenen Oberlahneralm geht es weiter, milder ansteigend durch die Kleine Saugasse.

Dann ist es geschafft, der Tagesaufstieg von 1.100 Höhenmetern liegt hinter mir. Eine letzte Wegbiegung und da sehe ich sie: die rundum geschlossene Mulde des für seine Kälte bekannten Funtensees, mittendrin die aus der Luft versorgte Berghütte Kärlinger Haus.

Wenn nach vielen Stunden der Wanderschaft dieser Hort der Geborgenheit ins Gesichtsfeld tritt, ist das ein großer Moment. Jedes Mal erfüllt mich Dankbarkeit darüber, dass es ihn in dieser Gebirgseinsamkeit und an den oftmals spektakulären Standorten überhaupt gibt. *Rifugio* ist das italienische Wort für Berghütte, was übersetzt ‚Zuflucht‘, ‚Schutz‘ bedeutet.

Toni Hiebeler hat die heutige reine Gehzeit auf vier Stunden beziffert, für mich betrug sie, einschließlich der Atempausen in der Saugasse und einer Brotzeit, sechs Stunden.

Entscheidung am Steinernen Meer

Am Morgen bin ich um acht Uhr startbereit, bis zu meiner Ankunft in Ramsau stehen mir etwa neun Stunden zu Verfügung – das dürfte reichen! Der Weg durch das Wimbachgries auf der Westseite des Watzmanns wird abwärts führen, sodass ich damit rechnen kann, heute schneller als gestern voranzukommen.

Hiebeler hat die Routenbeschreibung mit einer Skizze ergänzt, in der mir daheim ein Gipfeleintrag aufgefallen war: der 2.160 Meter hohe Viehkogel. Auf dem Weg liegt er zwar nicht, ist aber auch nicht weit von der Berghütte entfernt. Als ich jetzt die Skizze erneut betrachte, bringt mich das auf die Idee, diese womöglich leicht zu ersteigende Erhebung als Extra-Schmankerl miteinzubeziehen. Von dort werde ich einen Weitblick auf das Steinerne Meer erleben können, das wäre doch wunderbar.

In der Wanderkarte ist der Viehkogel rasch gefunden und somit bin ich bestens orientiert.

Zunächst laufe ich den Weg, den ich gestern gekommen bin, ein Stück zurück, bis ich auf den abzweigenden Pfad treffe, der aus der Mulde des Funtensees heraustretend, kräftig steigend die weitläufige Watzmannrunde fortsetzt. Kurz danach weiche ich von der Route ab, schwenke in den Zugangsweg zum Viehkogel ein. Nun, da ich die Hauptroute verlassen habe, achte ich erhöht sorgfältig auf die Arbeit meiner Füße. Stolpern und Fallen wäre hier noch übler als anderswo, womöglich sucht nur alle Jubeljahre jemand den Viehkogelgipfel auf. Und wenn es doch passieren sollte, wie könnte ich mir helfen? Ein kurzer Test zeigt, dass das Handy keinen Empfang hat. Und wie steht es mit Notsignalen? Wenn überhaupt, würden auf diesem versteckten Gipfelweg nur akustische bemerkt.

Gib es zu, Gabi, rede ich mir ins Gewissen, was du tust, ist falsch. Weil keiner weiß, dass du dich spontan für diese Abweichung entschieden hast. Ins Hüttenbuch, das die Tagesziele der Wandernden dokumentiert, habe ich ‚Wimbachgries/Ramsau' eingetragen. Zu meiner Rechtfertigung sei bemerkt, dass der angenehm zu gehende Pfad keine Probleme macht. Vernachlässigte und vergessene Wege sehen anders aus – vielleicht wird er ja doch ab und zu genutzt? Also, Schluss mit dem Zaudern, bitte ein wenig mehr Selbstvertrauen!

Nach 200 erstiegenen Höhenmetern liegt der Gipfel vor mir: erreichbar über einen für mein Empfinden viel zu steilen Grashang; bei vorsichtigem Gehen könnte ich ihn innerhalb von fünf bis zehn Minuten erklimmen. Von dort oben wäre mir eine tolle Rundumsicht sicher. Aber: Abschüssiges Gras ist eine heikle Sache, es kann wie eine Rutschbahn wirken, Lehm und Taunässe beschleunigen das Ganze. Wahrscheinlich käme ich gut hinauf, käme ich auch gut hinunter? Selbst die kleinste Bergbesteigung endet erst erfolgreich, bin ich unversehrt unten angekommen.

Nein, das war's, bis hierher und nicht weiter.

Ich drehe um und gehe, konzentriert, wie ich gekommen bin, den Zugangspfad zurück. Erst an der Hauptwanderroute angelangt, löst sich die Anspannung. Rückblickend muss ich mir eingestehen, dass der Ausflug auf den Viehkogel keine kluge Idee gewesen ist und mir wenig Genuss beschert hat.

Eineinhalb Stunden hat der Viehkogel-Trip gedauert. Um halb zehn biege ich wieder in den Umrundungsweg ein. Von hier an heißt es auf dem Weg bleiben, geradewegs auf das Hundstodgatterl zu, den Übergang zwischen Großer Hundstod und Watzmann. Im Abstieg über die Hundstodgruben werde ich den Bogen auf die Westseite des Watzmanns geschlagen haben und innerhalb von zwei Stunden im Wimbachgries eintreffen. Sollte bis dahin die Zeit zu weit vorangeschritten sein, um über den Forstweg bei Tageslicht Ramsau zu erreichen, könnte ich zur Not eine zweite Übernachtung einschieben – in der Wimbachgrieshütte. Dort dürfte ich keinesfalls versäumen, meine Zimmerwirtin über die Verlängerung zu informieren.

Noch einige Minuten aufwärts, dann, von einer Sekunde zur anderen, bleibt mir der Mund offenstehen...

Vor mir breitet sich, nach Westen, Osten und bis zum südlichen Horizont, eine gigantische Fläche aus Fels aus: im Wogen erstarrte Wellen... das Steinerne Meer! Ein 160 Quadratkilometer großes Karstplateau, unbegreifliche 230 Millionen Jahre alt.

Ein urzeitlicher Flugsaurier-Start- und Landeplatz, eine gewaltige Welt unter strahlend blauem Himmel.

Allerdings sehe ich auch etwas Beunruhigendes und gleichermaßen Prächtiges: Schnee. Aufgetürmt zwischen den erstarrten Wellen, krönt der Schaum des Steinmeeres die Felsspitzen, die wie Haiflossen daraus hervorragen. Auch mein Weg ist schneebedeckt. Weit hinten, wo es zum Hundstodgatterl ansteigt, dem höchsten Punkt der Watzmannrunde, ist alles weiß, und mir ist bereits jetzt klar, dass das Gehen dort schwierig wird.

Mit Schnee habe ich in den höheren, nach Süden ansteigenden Regionen des Steinernen Meeres gerechnet. Immerhin hat Hiebeler die erste Oktoberhälfte als Wanderzeit empfohlen. In seiner Wegbeschreibung warnt er vor Orientierungsproblemen bei Altschnee. Neuschnee lässt er unerwähnt, was mich nicht aus der Eigenverantwortung entlässt. In den Alpen ist sommerlicher Schneefall bis hinunter auf 1.400 Metern Höhe nicht ungewöhnlich. Das habe ich in den fünf Wanderjahren bereits gelernt.

Ratlos und ernüchtert stehe ich da. Was mache ich jetzt? Der Verstand weiß es, das sehnsüchtige Herz sperrt sich. Viel einfacher könnte das Leben sein, gäbe es diese Rangeleien zwischen Kopf und Herz nicht.

Soll ich den Weg fortsetzen, sehen, was geht? Lange würde ich mich nicht in der Schneezone bewegen, offenbar reicht sie bis ungefähr 2.000 Meter heran. Der größte Teil des Abstiegs vom Hundstodgatterl würde schneefrei sein. Und der kleinere Teil? Das dortige Gelände ist mir fremd, ich weiß nicht, welche Anforderungen es generell stellt, gehe aber davon aus, dass ich ihm im schneefreien Zustand gewachsen wäre, soweit vertraue ich den Angaben der Wanderkarte. Wie ich es betrachte und drehe, der Bergwinter ist hier oben eingezogen und ich komme nicht daran vorbei, mich der Frage zu stellen, der ich lieber ausweichen würde: Soll ich zum Königssee zurückgehen?

Der Gedanke, diesen fantastischen Ort, kaum dass ich ihn gesehen habe, zu verlassen, schmerzt. Zwölf Stunden hat die Zugreise nach Berchtesgaden gedauert, sechs Stunden die Wanderung zum Kärlinger Haus, und nun soll ich auf dem Absatz kehrtmachen, nur, weil ich zwei Stunden lang im Schnee würde laufen müssen? Es ist viel, was der Kopf verlangt. Heißt es nicht, dass man dem Herzen folgen soll? Ja, aber auch: Benutze den Verstand. Also, Gabi, Kopf oder Herz, entscheide dich.

Erst jetzt entdecke ich sie und ein bisschen erschrecke ich mich, weil ich schon daran gewöhnt bin, hier oben allein zu sein.

Eine Frau. Sie sitzt auf einem Felsbrocken, den sie sich, wohl wegen der glatten Oberfläche, als ‚Bank' ausgesucht hat. Gewiss hat sie mich längst bemerkt. Als sie mir ihr Gesicht zuwendet, fühle ich mich ermutigt näher zu treten und sie anzusprechen: „Hallo! Das ist ja eine Überraschung... Nicht einen Menschen habe ich gestern und heute unterwegs zu Gesicht bekommen und ausgerechnet hier, wo ich ratlos herumstehe, treffe ich dich. Du hast dir einen tollen Logenplatz ausgesucht."

Im Gebirge duzt man sich, ein Gebot der ‚Bergnettikette'.

„Ja", antwortet sie lächelnd, „das habe ich. Und du? Willst über das Gatterl gehen oder zum Ingolstädter Haus? Ich sehe, dass du dir nicht sicher bist. Der Schnee sieht schön aus, gell? Ist aber hinderlich... und gefährlich dazu."

„Ja. Mit so viel Neuschnee habe ich nicht gerechnet. Eigentlich will ich den Watzmann umrunden, spät nachmittags wollte ich in Ramsau sein. Aber nun...", ich stocke, mag nicht weitersprechen, weil die Enttäuschung so groß ist.

Vermutlich ist sie einige Jahre jünger als ich, um die vierzig. Sie trägt einen grauen Hut mit weiter Krempe, der die Augen vor der Hochgebirgssonne schützt. So entspannt ihre Stimme klingt, so wenig entgehen mir die ausgeprägten Falten neben ihren Mundwinkeln und der traurige Ausdruck ihrer Augen.

Sie legt die rechte Hand auf den Felsbrocken neben sich.

„Hier ist noch Platz. Wenn du magst…".

„Ich will dich nicht stören, weiß um das Gefühl, sich in den Anblick von Berglandschaften zu verlieren."

„Du störst mich nicht. Ich sitze hier schon seit zwei Stunden, meine Art der Meditation. Wie ungewöhnlich, hier oben eine alleinwandernde Frau zu treffen."

„Bin zum ersten Mal hier. Du aber nicht, oder?" frage ich und setze mich neben sie.

Der Fels ist warm. Trotz des kalten Windes.

„In letzter Zeit komme ich oft an den Wochenenden herauf, verbringe dann viel Zeit auf meinem Logenplatz. Wahrscheinlich ist er noch da, wenn ich tot und begraben bin. Er ist der schönste Sitzplatz der Welt, gell? Wenn ich ihn verlasse, nehme ich das Steinerne Meer mit. Wer braucht schon Fotoapparate?"

Sie lacht und legt sich eine Hand dorthin, wo das Herz schlägt, die andere Hand an die Stirn.

„Wenn du so häufig hier heraufkommst, lebst du in dieser Region?"

Ich stelle mir vor, wie sie jedes Mal durch die Saugasse steigt. Kann man sich daran gewöhnen? Immerhin ist es ein starkes Konditionstraining. Und wer weiß, was sie dazu treibt.

„Ja, ich lebe hier. Zwei Nächte bleibe ich unten in der Hütte. Ohne Quartier geht's nicht, der Weg von Bartholomä ist zu weit, um ihn am selben Tag zurückzugehen. Man muss sich im Leben Zeit nehmen für das, was man liebt und was einem Kraft gibt…", sagt sie und sieht mich an, als warte sie auf Bestätigung.

Oh ja, ich verstehe!

‚Die große Lehre ist, dass man für sein Glück und seine innere Ruhe Dinge suchen muss, die ewig unentreißbar sind' schrieb

Wilhelm von Humboldt. Warum steigt jemand so oft hier herauf? Vielleicht hat sie Schweres zu verarbeiten. Berge sind nicht nur ausgezeichnete Lehrmeister, auch Trostspender, Sinngeber und Therapeuten.

„Das sehe ich genauso", stimme ich ihr zu, „es gibt Menschen, die nie herausfinden, was sie lieben, was sie erfüllt, obwohl sie ständig danach suchen. Es muss etwas Bleibendes sein, das man zeitlebens mit sich trägt, nichts Flüchtiges. Für mich entwickeln sich die Berge der Alpen zum Teil meines Lebens, verrückt, weil ich so weit von ihnen entfernt wohne. In Berchtesgaden bin ich zum ersten Mal. Die Anreise aus Nordrhein-Westfalen ist verflixt weit."

„Was du liebst, hat dich hierher gezogen und da spielt die Entfernung keine Rolle. Selbst ein Ort in Australien wäre in der Lage, dich magisch anzuziehen. Du wirst noch oft kommen und die Anreise in Kauf nehmen. Übrigens: Übers Gatterl rate ich dir nicht zu gehen. Der Abstieg ist recht steil, von Steinen durchsetzt, die jetzt glatt sind. Du könntest ausgleiten und dir den Kopf einschlagen. Geh lieber nicht dort her, auch wenn du es gerne möchtest."

Sie zwinkert mich an, hat mich durchschaut.

„Dann bleibt mir nichts anderes übrig, als zum Königssee zurückzugehen. Das habe ich mir anders vorgestellt."

„Du weißt doch, wie das in den Bergen ist: Man muss die Wetterverhältnisse immer im Blick haben und sich danach richten."

„Ja…", bestätige ich, „es ist aber nicht so einfach ohne Gelegenheit für einen neuen Versuch. Das verleitet dazu, Dinge zu tun, die man besser lassen sollte."

„Mag sein. Aber auch wenn du die Runde nicht zu Ende bringen kannst, ist dein Besuch nicht umsonst, oder? Du nimmst viel mit heim und irgendwann kehrst du zurück."

Was soll ich dazu sagen? Ich weiß, dass es so ist.

Scharf fegt der Wind über die Hochfläche, nichts stellt sich ihm entgegen. Dort ist das Steinmeer, in dem man Muscheln und Korallen findet, in schroffen Wellen erstarrt, dort in weitläufigen Wogen. Grell leuchten die Schneeinseln unter dem Azurblau des Herbsthimmels, ein Farbrausch ohnegleichen. Es heißt, dass bei Nebel eine Durchquerung des Plateaus gefährlich ist, weil die Wegzeichen oft regelrecht gesucht werden müssen. Hat man sie verloren, wird es zum Labyrinth, in dem sich schon viele verirrt und eigenständig nicht herausgefunden haben. So kommt es, dass statt Flugsauriern nicht selten Helikopter darüber kreisen.

Am späten Nachmittag steige ich bei der Wallfahrtskirche ins Boot zur letzten Fahrt des Tages. Während es leise surrend den Heimweg nimmt, denke ich an meine Zufallsbegegnung am Steinernen Meer. Erst jetzt fällt mir auf, dass ich ihren Namen nicht erfahren habe, und sie den meinen auch nicht.

Rückkehr

Die Unbekannte wird rechtbehalten. Jahre später, an einem frühen Septembertag, werde ich mit Heike den Watzmann nicht nur umrunden, auch das Meer aus Fels und Stein durchqueren. Es werden abenteuerliche, glückliche Tage sein, die mir erneut vor Augen führen, dass wir, wo immer wir uns aufhalten, Gäste sind. 230 Millionen Jahre! Eine Ewigkeit. Ein Menschenleben dauert 80 Jahre, in der Erdgeschichte nicht mehr als der winzigste Bruchteil einer Sekunde. Und da glauben wir, dass uns die Erde ‚gehört'? Wem gehört das Meer aus Stein, das einst ein Meer aus Wasser bedeckte? Den Staaten Österreich und Deutschland, die Grenze verläuft in seiner Südhälfte. Und was ist, wenn sich die Grenzen verschieben, oder es diese Länder in tausend Jahren nicht mehr gibt, wem gehört es dann? Da stellt sich doch die Frage, ob wir das Land tatsächlich besitzen, das wir erhandelt, gekauft, erkämpft oder gestohlen haben? Eine Ozeaninsel gar oder Teile davon als ‚Privatbesitz'? Mich jedenfalls hat dieses Stück Erde demütig und zugleich reicher gemacht. Alles, was ich dort oben gesehen habe, würde auf immer ‚unentreißbar' sein. Wie auch die Erinnerung an jenen frühen Morgen, als ich mit Heike unter klarem Himmel auf der Terrasse des Ingolstädter Hauses stand, mitten im Steinernen Meer. Die frostige Luft genussvoll inhalierend, blickten wir über das riesige Felsplateau und die darüber schwebenden weißen Wolkentücher, und ich weiß noch, dass es mir schien, als habe es sich zur kalten Nacht damit zugedeckt.

Steinernes Meer aus der Vogelperspektive

Blick vom Aussichtsberg Jenner auf den Königssee:
ganz oben das Plateau des Steinernen Meeres mit Schönfeldspitze (links) und
Großer Hundstod (Mitte) - rechts das Watzmannmassiv, 2.713 m

9

Wiedersehen mit Hilde

Ennstal/Steiermark/Österreich

∞

Man kann wohl den Weg wählen,
aber nicht die Menschen,
denen man begegnet.

Arthur Schnitzler

Zuerst möchte ich von jenem Septembertag des Jahres 2021 erzählen, als ich Hilde zum ersten Mal traf. Es ist immer gut, den Anfang einer Geschichte zu kennen.

Neue Begegnungen finden bei allen erdenklichen Anlässen und an allen erdenklichen Orten statt: mit zunehmender Tendenz im Internet. Natürlich auch an profanen Orten wie in Kneipen, Drogeriemärkten, Volkshochschulen, Reha-Kliniken, Berghütten, an Autobahnraststätten, auf Kreuzfahrtschiffen, Betriebsausflügen, an Strandbars, bei Gassigängen... und so weiter, die Liste ließe sich endlos fortsetzen. Dennoch wäre die Stelle, an der ich Hilde ‚kennenlernte', mit hoher Wahrscheinlichkeit nicht dabei, weil sie, sagen wir, aus dem Rahmen gefallen war. Ein hübscher Ort war es jedenfalls nicht, keiner, an dem man entspannt verweilen kann oder möchte. Im Gegenteil: Wer sich dort einfindet, will schnellstmöglich wieder weg.

Es war mein zwölfter Tag auf dem Alpe-Adria-Radweg – von Salzburg zum Golf von Venedig – und ich befand mich auf der Tagesetappe zu meinem von der deklarierten Route abweichenden Ziel San Daniele del Friuli. Das prächtige Kanaltal mit seinen Ausblicken auf die Julischen Alpen lag hinter mir und mit dem

Tal waren auch die Alpen zurückgeblieben. Unbedarft könnte man vermuten, dass in der italienischen Tiefebene des Friaul das Radeln leicht und angenehm vonstattenging, da es ja keine Höhenunterschiede und Anstiege mehr gab. Tat es aber nicht. Es tauchten Schwierigkeiten anderer Art auf.

Der Radweg endete von jetzt auf gleich, wie mit dem Messer abgeschnitten. Wie und wo der weitere Ausbau fortgeführt werden sollte, ließ sich allenfalls erahnen. Frustriert begriff ich, dass die entspannte Radreise von jetzt an vorbei sein würde.

Was für alle Radfahrenden nun zu tun sei, erläuterte ein mit Draht befestigtes Schild in italienischer Sprache, das ich, so gut es mir möglich war, zu verstehen versuchte. Demnach schickte man mich auf den Seitenstreifen der angrenzenden Schnellstraße, was mir heftig widerstrebte.

Während ich zögerte und meine Lage bedachte, fiel mein Blick auf einen mysteriösen blauen Pfeil, den jemand mittels Pinsel groß und unübersehbar auf den Boden gemalt hatte und der nach links zeigte, direkt hinein in Bauschotter und wildwucherndes Gras. Was sollte das denn sein? Ein Geheimtipp? Eine inoffizielle Alternative? Einen Versuch ist es wert, dachte ich, umkehren kann ich zu jeder Zeit.

Ich geriet auf einen holprigen Zufahrtsweg, der zweifelsfrei einer Baustelle diente und für die öffentliche Nutzung nicht vorgesehen, wenn nicht gar verboten war. Dennoch fuhr ich weiter, in der Hoffnung, mir die nervenaufreibende Autopiste zu ersparen. Doch nach zehn Minuten war die Hoffnung dahin. Der mit spitzen Steinchen belegte ‚Alternativweg‘, aus dem hier und da Rohre und rostige Eisenstangen ragten, endete. Mir blieb nichts anderes übrig, als mich als ordentliche Verkehrsteilnehmerin auf dem dünnen Randstreifen der Schnellstraße einzureihen.

Nicht lange danach sprang mir zu meiner Rechten ein neues Schildprovisorium ins Auge, das nach hundert Metern einen Abzweig für Radfahrer ankündigte. Ich frohlockte, trat in die Pedale und hielt Ausschau nach allem, was auf der gegenüberliegenden Straßenseite wie ein abzweigender Weg aussehen könnte.

Nichts. Es kam keiner. Stattdessen verzweigte sich die Straße, jetzt hatte ich es mit zwei Schnellstraßen zu tun.

Und was nun? Ich blieb stehen, dicht an der Leitplanke, zwischen mir und dem vorbeirauschenden Verkehr das Fahrrad – nur ein psychologischer Schutz, aber besser als gar keiner.

Es war ein heißer Tag mit einem heiteren Himmel, was mir in meiner Situation wie der blanke Hohn vorkam. Im Grunde steckte ich in einer Sackgasse fest, zurückfahren machte keinen Sinn und vorwärtsfahren war auch nicht empfehlenswert. Das sind die Momente, in denen man das Alleinreisen beklagen könnte. Aber was sollte das bringen? Zum einen hatte ich es so gewollt, zum anderen schon andere Probleme zu einem guten Ende geführt. Auch aus dieser Zwickmühle würde ich mich befreien, also: Ruhe bewahren und nachdenken.

Gerade eben war ein Sattelschlepper vorbeigepoltert, als ich eine Radfahrerin auf der Sperrinsel zwischen den beiden Straßenspuren stehen sah. Was tat sie da, um Himmels Willen? Dieser Platz war ja noch übler als meiner. Ich könnte wenigstens im Falle des Falles über die Leitplanke ‚hüpfen‘, während sie von Autos umzingelt war. Konzentriert starrte sie auf die Navigations-App ihres am Lenker befestigten Telefons. Was sie suchte, war nicht schwer zu erraten: den Radwegabzweig.

Diese Frau könnte der Ausweg aus meiner Sackgasse sein...

Also nicht zögern und überlegen, die Chance ergreifen! Als sich eine halbwegs große Lücke im Verkehrsfluss auftat, schob ich das Fahrrad zügig hinüber auf die Sperrinsel.

Man ahnt es: Es war Hilde. Die mir zu diesem Zeitpunkt natürlich vollkommen fremd war. Der Helm beschattete ihre Stirn und die Fahrradbrille verdeckte das halbe Gesicht, viel sehen konnte ich nicht von ihr. Obwohl sie Deutsch sprach, war mit dem Krach um uns herum die Verständigung erschwert. Ihre Stimme war, in dem Bemühen laut zu sprechen, wahrscheinlich nicht dieselbe wie im normalen Leben.

Wie wir die Aufgabe lösten, ist an dieser Stelle unwichtig. Jedenfalls entschlüpften wir der Sackgasse und fanden den Radweg. Eine Weile fuhren wir gemeinsam, bis sich die Reiserouten wieder trennten. Für sie ging es nach Grado, für mich nach San Daniele. Das einzige, was wir einander verraten hatten, waren unsere Vornamen und Herkunftsländer: Gabi aus Deutschland/ Nordrhein-Westfalen, Hilde aus Österreich/Steiermark.

Drei Tage später stand ich mit zwei Radtouristen an der Hauptverbindungsstraße von Udine nach Palmanova. Die beiden kannten sich aus und waren schon des Öfteren hier gewesen. Soeben hatten sie mir angeboten, ihnen durch die beschaulichen Sträßchen der Weinfelder zu folgen, um nicht suchen zu müssen. Im Friaul hatte ich viel Zeit mit Suchen verbracht.

„Hallooo, Gabiii!"

Es ist ein wenig erschreckend, an einem Ort, wo man noch nie war und der kein Touristen-Hotspot ist, plötzlich jemanden den eigenen Namen rufen zu hören.

„Hier drüben! Hier bin ich!" rief eine lachende Frauenstimme von der anderen Straßenseite.

Es war Hilde. Sie befand sich auf dem Rückweg von Grado.

Diese zweite Begegnung, erneut an einer Hauptverkehrsstraße, fühlte sich wie ein Zeichen, wie eine Fügung an, unmöglich, darüber hinwegzugehen. So kam es, dass wir unsere Mobilnummern tauschten. Zwischen unseren Wohnorten lagen 900 Kilometer… eine Menge. Vielleicht würden wir uns nie wiedersehen. Aber wer weiß das schon?

Wir hielten sporadischen WhatsApp-Kontakt, mal mit gesprochenen, mal mit geschriebenen Nachrichten. Ab und zu schickte

Hilde Bergfotos, als Futter für meine schwer zu stillende Alpensehnsucht.

Nach und nach machten wir uns ein wenig bekannt. Ich erfuhr, dass sie allein lebt, eine erwachsene Tochter und zwei Enkelkinder hat, die sie regelmäßig hütet; dass sie die Berge liebt, das Ennstal und das Dachsteingebirge, dass sie sich als in ländlicher Umgebung lebende freut, hin und wieder Wiener und Salzburger Stadtluft zu schnuppern; dass sie radelt und wandert, oft allein, intensiv Yoga betreibt, minutenlang den Shirshasana, den Kopfstand, halten kann – ich hatte sie danach gefragt, weil mich alles interessiert, was ich selbst nie zustande bringen würde. Ich erfuhr, dass Hilde im letzten Winter sechs Wochen lang eine Yogaschule in Indien besucht hatte, und dank einiger Sprachnachrichten kannte ich ihren sympathischen Dialekt und ihre herrlich beruhigende Erzählart. Amüsiert meinte Hilde, dass ihr ein solches Kompliment noch nie zu Ohren gekommen sei.

Wiedersehen im Café

Seit unserer Straßenbegegnungen im Friaul sind fast auf den Tag genau zwei Jahre vergangen. Gleich werden wir uns wiedersehen, im Ennstal der Steiermark, wo Hilde zu Hause ist. Nelken im Haar als Erkennungszeichen werden nicht nötig sein, mittlerweile haben wir beide eine Vorstellung davon, wie die andere ohne Helm und Fahrradbrille aussieht.

Ich bin mit dem Auto hier, in der Absicht, durch die Ostalpen zu reisen. Soeben habe ich den Zündschlüssel gezogen, da sehe ich Hilde unmittelbar an der Motorhaube vorbeigehen, in einem schlichten graugrünen Kleid. Da sie mein Auto nicht kennt, hat sie mich nicht bemerkt. Ich steige rasch aus, rufe. Sie schaltet sofort und dann breiten wir die Arme aus wie zwei, die sich schon zigmal gesehen haben.

Und nun sitzen wir seit fünf Stunden an einem Cafétisch, haben Blaubeer- und Topfenstrudel gegessen, geredet und geredet mit einer erstaunlichen gegenseitigen Offenheit. Dann gibt es eine zweistündige Fortsetzung des Treffens an einem Festzeltbiertisch mit Würstl, Backhendl und Blasmusik, letztere gespielt von einer Gruppe fescher junger Männer und einer einzigen feschen jungen Frau in Lederhosen. Wir lachen herzlich und oft, schweigen, wenn der Geräuschpegel allzu laut ist, leisten im Übrigen eine Menge für die Völkerverständigung.

Am Abend kommt der Moment des Abschieds.

Hilde fährt nach Hause und ich zum Campingplatz nach Spital am Pyhrn. Morgen werde ich meine Reise fortsetzen.

Sieben Stunden! Abgesehen davon, dass eine derart gründliche Redezeit über Gott, die Welt und unser beider Leben mitsamt den dazugehörigen Herausforderungen am ehesten ein Frauending ist, wo war die natürliche Hemmschwelle in der Begegnung zweier Menschen gewesen, die bislang so wenig miteinander zu tun gehabt hatten? Wo war das Eis, das gebrochen werden musste? Die Antwort ist: Beides war nicht da, respektive äußerst niedrig und dünn gewesen. Und weshalb war das so?

Vielleicht hatte der zwei Jahre dauernde Handykontakt peu à peu eine Art Vertrauensbasis hergestellt. Oder es lag an der gemeinsamen Liebe zu den Bergen. Oder, wie Hilde vermutet, an unserer Neugier, die sie und ich auf die jeweils eigene Art in eine Begegnung mitbringen. Oder es war schlichtweg Sympathie.

Bis zum Zubettgehen denke ich über das Sieben-Stunden-Phänomen nach, Freundschaften und Begegnungen meines Lebens lasse ich Revue passieren. Manche waren nur flüchtig und wirkten dennoch nach. Andere Beziehungen haben über Jahrzehnte Bestand, wenn nicht gar ein Leben lang. In meinem Alter nimmt man nicht mehr alles als selbstverständlich hin. Ich schätze die

Begegnungen, die mir geschenkt sind, das gegenseitige Vertrauen, das damit verbunden sein kann.

Eine Reiseverkehrskauffrau, die in der Welt wahrlich viel herumgekommen ist, sagte mal in einem Gespräch: „Es waren stets die Begegnungen, die mir bei meinen Reisen das wichtigste waren, unabhängig davon, in welchem Land ich mich aufhielt'. Kurt Haberstich, ein Schweizer Maler und Lyriker, formulierte es so: ‚Nicht weil Kälte unter den Menschen herrscht, wagen wir die Begegnung nicht. Weil wir die Begegnung nicht wagen, herrscht Kälte unter den Menschen'.

Hilde und ich hatten Kälte in den sieben Stunden keine Chance gegeben. Nach dem Abschied blieb bei uns beiden ein warmes Gefühl zurück, ohne vorhersagen zu können, ob wir uns je wiedersehen werden.

Vor zwei Monaten meldete sie sich mit einer Neuigkeit. Für September plane sie eine Reise nach Amsterdam, erzählte sie, wo eine alte Schulfreundin lebt. Im Zuge dessen sei ihr aufgefallen, dass mein Westfalenstädtchen nicht weit von Amsterdam entfernt läge... ob sie mir einen Besuch abstatten dürfe?

Natürlich darf sie das.

Und im nächsten Jahr werden wir uns in Bischofswiesen treffen. Denn wo ein Wille ist, ist auch ein Weg.

Hilde
Treffpunkt Sperrinsel im Friaul

10

Zwischen Himmel und Erde

Spital am Pyhrn/Oberösterreich

∞

Es war mein Lebenstraum
auf den höchsten Bergen der Erde zu stehen,
dafür kannst du ungeahnte Kräfte mobilisieren.

Gerlinde Kaltenbrunner

Es gibt Briefe – und seit einem viertel Jahrhundert Emails –, die nie abgeschickt werden. Im Laufe meines Lebens habe ich etliche verfasst und nun ist es wieder soweit. Wobei es wohl darauf hinauslaufen wird, dass der Brief, den ich gleich schreiben werde, aus vielen Fragen bestehen wird.

Worum geht es?

Ich habe heute ein Museum besucht, in das es mich seit langem gezogen hat: ‚Zwischen Himmel und Erde: Gerlinde Kaltenbrunner – Die Welt der Achttausender'. Damit sind die höchsten Berge des Planeten gemeint, die des Himalaya und des Karakorum. Mit Gerlinde Kaltenbrunner, Adressatin meines Briefes, ist eine Österreicherin gemeint, die von Leuten, die sie kennengelernt oder die von ihr gehört haben, als ‚faszinierend' bezeichnet wird. Dem will ich mich unbedingt anschließen.

Wann hatte ich zum ersten Mal von ihr gelesen?

Vor ungefähr 25 Jahren. In einem Beitrag des DAV-Panorama-Magazins. Ich erinnere mich an den prägnanten Titel: Frauen on the top. An das dazugehörige Foto habe ich eine diffuse Erinnerung: zwei Bergsteigerinnen in ‚Zivilkleidung': die Österreicherin Gerlinde Kaltenbrunner und die Baskin Edurne Pasaban, die im

Begriff waren, *ohne* Zuhilfenahme von künstlichem Sauerstoff die höchsten Gipfel der Welt zu besteigen, vierzehn an der Zahl, allesamt über 8.000 Meter hoch. Später kam noch die Südkoreanerin Oh Eun-sun dazu, von ihr war, soweit ich mich erinnere, in dem Artikel noch nicht die Rede.

Ob es unter den Frauen Wettkampfehrgeiz gegeben hatte – welche steht als erste auf ihrem vierzehnten Gipfel? – war mir egal. Unabhängig davon, wie sich die Akteurinnen selbst dazu äußerten, wurde es medial so dargestellt. Zu diesem Zeitpunkt hatte mich das Höhen- respektive Extrembergsteigen nicht interessiert, obwohl die Alpen und ihre Berge in meinem Leben bereits eine wichtige Rolle spielten. Aber Karakorum und Himalaya… ach herrje, was hatte ich mit diesen Gebirgen der Superlative zu tun? Für mich aus einem Berg Gründe unerreichbar wie die tiefsten Tiefen der Ozeane.

Ein Jahr, nachdem Gerlinde Kaltenbrunner den K2 als vierzehnten 8000er bestiegen hatte – befand ich mich mit meiner Wanderfreundin Heike auf der zweiten Etappe unserer selbstkreierten Alpenüberquerung. Abends, im Gastraum einer Karwendel-Berghütte, fiel mir ein Buch in die Hand, in das ich mich sofort vertiefte. Auf dem Einband waren Frauen in einer Felsregion abgebildet, einige mit über den Schultern hängenden Hanfkletterseilen und allesamt in lange Röcke gekleidet – ein kurioses Foto aus ‚alter Zeit', ein Werk über die Historie des Frauenbergsteigens. Nachdem ich eine Stunde damit verbracht hatte, war mein Interesse an den höchsten Gipfeln der Erde geweckt. Wobei es für mich nach wie vor ohne Bedeutung war, welche Bergsteigerin in Asien ‚gesiegt' hatte. ‚Die Sache an sich' hatte mich neugierig gemacht. So fing ich daheim zu lesen und zu lernen an, mir die Liste der 8000er einzuprägen wie einst als Schulkind ein Morgenstern-Gedicht: Cho Oyu, K2, Annapurna, Mount Everest, Broad Peak, Manaslu, Kangchendzönga, Shisha Pangma… und sechs 8000er mehr, die meisten Namen in nepalesischer Sprache. Und ich fing an, mir eine Expedition mit aller Gewaltigkeit, Schönheit, Irrationalität, allen Strapazen, Gefahren und Tourismussünden vorzustellen. Dabei ergab es sich von selbst, dass mein größtes Interesse der ehemaligen Krankenschwester Gerlinde Kaltenbrunner galt. Neben den (oft bärtigen) Männergesichtern wirkte ihres sanft und mädchenhaft, mit einem Lächeln, das mir den Eindruck vermittelte, dass sie mit sich und der Welt, in der sie sich bewegte, vollends glücklich war. Kürzlich habe ich in einem Artikel gelesen, Bergkameraden hätten ihr den Spitznamen ‚Cinderella Caterpillar' gegeben. Caterpillar? Wer oder was ist das? Ein Baugerätehersteller, besonders bekannt für die Entwicklung der ersten Planierraupe. Gerlinde Kaltenbrunner: eine zierliche Planierraupe ohne Kilowatt und PS, die mit schwerem Gepäck in über 8.000 Metern Höhe, der sogenannten Todeszone, hüfthohen Schnee vorgepflügt hat.

Berge, die 4.000 Meter höher als der höchste der Alpen sind!

Ich kenne ihre Namen, ihre Fotos, habe ein bisschen darüber gelesen. Meiner Fantasie bleibt es überlassen, mir die Eisflanken, gigantischen Höhen und Tiefen, die weißen Wolken herabdonnernder Lawinen, das Heulen des Windes, den gepeitschten Schnee, das Geräusch einstürzender Eistürme und brechender Séracs vorzustellen – Fantasien einer kalten, lebensfeindlichen Welt, die für viele Bergsteiger die letzte Ruhestätte geworden ist. An den gefährlichsten Bergen Kangchendzönga, Annapurna I und K2 stirbt jeder dritte bis vierte.

Oft höre ich die Meinung, dass der Mensch in solch extremer Höhe, wo der niedrige Luftdruck viel zu wenig Sauerstoff in die Lungen pumpt, nichts verloren hat. Offenbar doch! Insbesondere auf dem Gipfel des Everest hoffen tausende etwas zu finden. Der höchste Berg der Welt – hier stirbt jeder siebte - ist der Gefahren zum Trotz ein Gipfelstürmer-Hotspot geworden, erkennbar an den wartenden Menschenschlangen vor den Engstellen, dem Müll und Dreck, den die Massen hinterlassen: verbrauchte Sauerstoffflaschen, Schlafsäcke, ausgediente Zelte, Fäkalien…

Was mich betrifft, werde ich auch im nächsten, im übernächsten und im überübernächsten Leben, zwei-, dreitausend Meter vom Rand der Stratosphäre entfernt, auf keinem 8000er stehen. Ich werde nicht gottgleich über die Erde blicken, den Glanz der gekrümmten Horizontlinie sehen – dass das auf zwei Beinen möglich ist! –, werde nie den Glücksrausch erleben, auf dem Dach der Welt zu stehen. Auf ihrem letzten 8000er, dem pyramidenförmigen K2-Gipfel, war für Gerlinde das Glück überwältigend, nachdem sie sich in den Vorjahren dreimal gezwungen sah, vor dem Ziel abzubrechen, bis es beim vierten Mal geklappt hatte. Sie muss ein äußerst geduldiger, zuversichtlicher, hochmotivierter Mensch sein, der auch sinnbildlich um die Kraft der kleinen Schritte und des langen Atems weiß; ein Mensch, der seine Gipfellust unter Kontrolle hat und sich von Rückschlägen eher angespornt als entmutigt fühlt. Denn das steht fest: Wenn von ‚bezwingen‘ – ein aggressiver Begriff! – die Rede sein soll, dann bezwingt nicht der Mensch den Berg, sondern sich selbst. In diesem Punkt spreche ich als bescheidene Alpenwandergesellin aus eigener Erfahrung.

Auch die gnadenlosen Kontraste dieser ultimativen Bergregionen sind nur Gedankenspiele für mich: Was in dem einen Moment stolz macht, kann im nächsten in blankes Entsetzen umschlagen. Hinter heller Glückseligkeit kann schwarze Todesangst lauern, denn wirklich oben waren nur die, die lebend ins Basislager zurückgekehrt sind. Der heilige ehrfurchtgebietende Berg kann zum Ort der Verzweiflung und Trauer werden.

Auch Gerlinde Kaltenbrunner war davor nicht gefeit.

Alle 8000er fordern Menschenleben, häufig selbstverschuldet. Gründe gibt es einige: zum Beispiel wegen unzureichender Akklimatisation oder der fehlenden Einsicht, kurz vor Erreichen des Gipfels umzukehren, nachdem man sich vom über 5.000 Meter hoch liegenden Basislager weitere 3.000 Höhenmeter hochgekämpft hat. Alleingänge, Unerfahrenheit, Selbstüberschätzung, Erfolgsdruck und noch mehr kann zum Sterben an diesen Orten führen. Bei aller Professionalität in der Vorbereitung und Durchführung, allem technischen Können, aller physischen wie mentalen Stärke, allem Respekt, den man diesen Bergen im besten Fall entgegenbringt, gehört Glück und – ich erinnere an Hans Hannibal – das Einverständnis des Berges wohl auch dazu.

Irgendwann fasste ich den Entschluss, dorthin zu reisen, wo für Gerlinde Kaltenbrunner alles begonnen hatte, wo sie ihre bergsteigerischen Wurzeln hat: nach Spital am Pyhrn in Oberösterreich. Hier befindet sich das Museum ‚Zwischen Himmel und Erde: Gerlinde Kaltenbrunner und die Welt der Achttausender'.

Und nun wird es Zeit, dass ich meine Fragen stelle.

Liebe Gerlinde!

Was alles ging dir durch Kopf und Herz, als Du nach der Rückkehr von der erfolgreichen K2-Besteigung allein auf diesem Felsplateau gesessen hattest? Das im Museum ausgestellte Bild hat mich berührt und nachdenklich gemacht, sodass ich lange davor gestanden habe: ein winziger Mensch, umrahmt von einer gewaltigen Bergkulisse, der versucht das Geschehene zu begreifen: siebzehn Jahre deines Lebens, in denen du einen 8000er nach dem anderen bestiegen hattest, manchen zweimal über unterschiedliche Routen, oder weil dir der Gipfel, auch unter dramatischen Umständen, verwehrt geblieben war. Und am Ende das Erreichen des K2-Gipfels!

Ich stelle sie mir vor – soweit überhaupt möglich –, die kraftzehrenden, auslaugenden Aufstiege, die Luftnot, die Todesangst am Dhaulagiri, als euch eine Lawine verschüttet hatte, den tödlichen Absturz eines Gefährten, die überall lauernden Gefahren. Lässt dich das alles jemals los? Und auch das Beglückende und Großartige, die göttliche Schönheit der Weitblicke, die die Natur für Menschenaugen nicht vorgesehen hat, das unerhörte Gefühl, über der Welt zu stehen, dem Himmel so nah wie nirgends sonst – wie entwirrst du die Fülle, die Größe so vieler Ausnahmeeindrücke, und wie hast du nach jeder Heimkehr ins ‚normale‘ Leben zurückgefunden? Gibt es eigentlich einen Tag, an dem du nicht an ‚deine‘ Berge denkst, an die kostbaren Minuten auf den Gipfeln der Welt? Sie sind doch bestimmt ein Teil deiner selbst geworden.

Seit 1994 begleiten auch mich ‚meine Berge‘ an jedem Tag, vielleicht, weil sie auch für mich Orte der Sehnsucht sind, Orte, für die ich bereit bin alles zu geben, was mir an Kraft und Können zur Verfügung steht. Wie schwer ist mir die Rückkehr aus den Alpen oft gefallen! Tagelang zu Hause, war das Herz noch immer dort. Ist das Empfinden ähnlich, wenn man im Himalaya war? Oder warst du einfach nur froh, das Ziel erreicht und überlebt zu haben? Ist das eine überhaupt mit dem anderen vergleichbar?

Ich bin froh, dass ich nun endlich das Museum besucht habe. Vier Stunden war ich dort. Ich habe viel gelesen, nachgedacht, mir vorzustellen versucht. Zum Beispiel zum Thema ‚Angst‘, die, da bin ich sicher, an diesen Giganten der Welt eine gewichtige Rolle spielt: Angst davor zu verunglücken, Angst vor den lebensgefährlichen Krankheiten – Angst vor Versagen. Angst, über die man vielleicht nicht spricht und die man lieber für sich behält.

Es ist bekannt, dass die 8000er-Expeditionen nicht nur viel Zeit, auch viel Geld kosten. Manchmal sind Sponsoren im Spiel, sicherlich gibt es auch Erfolgsdruck, durch andere oder selbst auferlegt. Wer will schon mit dem Gefühl und der trüben Nachricht heimkehren, die triumphalsten Minuten der Bergbesteigung ver-

passt zu haben? Hat das den Geschmack einer Fehlinvestition, rausgeworfenen Geldes? Und woher die Mittel nehmen, irgendwann einen neuen Versuch zu starten? Wobei die Entscheidung auf den Gipfel zu verzichten, unter bestimmten Umständen lebenswichtig und die einzig richtige ist, was mich vermuten lässt, dass innere Konflikte wie offene Kontroversen unter den Expeditionsteilnehmenden keine Seltenheit sind.

Was die Rückkehr zum Basislager betrifft, stelle ich es mir wie ein ‚Sammellager' der Gefühle vor: Erleichterung, Dankbarkeit, Stolz, Enttäuschung, Erschütterung, Verzweiflung… Wenn es Unglücke gegeben hat, tritt vielleicht im Nachhinein der Augenblick des ersehnten Gipfelerlebnisses in den Hintergrund?...

Einige Fotos habe ich länger auf mich wirken lassen als andere, wie zum Beispiel dieses: eine erschöpfte Gerlinde Kaltenbrunner im Rückweg vom K2. Auf beide Stöcke gestützt, weit nach vorn gebeugt, an der Hüfte verschiedene Karabiner aus Edelstahl befestigt, auf dem Rücken ein regelrechter Berg Gepäck: über dem Rucksack gegurtet Schlafsack, Zelt und mehr. Ein Eispickel war auf dem Foto nicht zu sehen, gehört natürlich dazu. Was hatte diese Last gewogen? 25 Kilo? Ich weiß es nicht. Jeder Schritt mit einem Minimum an Sauerstoff eine Willensleistung, ein Kraftakt bei eiskaltem Wind und extrem hohen Minusgraden. Nicht viele Menschen können nachvollziehen, weshalb man diese ‚Quälerei' freiwillig auf sich nimmt. Es gibt auch nicht viele Menschen, die verstehen, wie leidenschaftlich man für eine Sache brennen und daran wachsen kann. Von der Italienerin Nives Meroi, die später ebenfalls im Alpinstil alle vierzehn 8000er ohne Hilfen wie Hochträger und künstlichen Sauerstoff bestiegen hat, ist zu lesen, dass sie die Gipfelbesteigungen in Asien ‚nicht als Leidenswege empfunden hat, sondern als Wege des Glücks'.

Im Leben ist alles eine Frage der inneren Einstellung und der Perspektiven. Auch das haben mir die Berge nachhaltig vor Augen geführt.

In Erinnerung an das Buch, in dem ich auf der Karwendel-Berghütte gestöbert hatte, hielt ich mich lange in dem Bereich des Museums auf, der einen Einblick in die Geschichte des Frauenbergsteigens gibt. Zu der Zeit, als es für Frauen noch Benimm-Regeln am Berg gab, als sie sich mit langen Röcken durch Steilwände bewegen mussten, dass sie aussahen wie Fledermäuse, hätte man Gerlinde als ,wildes Bergweib' tituliert. Und was ich wirklich witzig finde, sogar mich! Allein die Lust, sich über Fels und Stein bis weit hinauf bewegen zu wollen, war suspekt, einer Frau unangemessen. ,Das Weib ist zum Bergsteigen nicht geeignet, da körperlich zu kraftlos, nicht willensstark genug, zu empfindlich, technisch nicht in der Lage dazu' lautete das männliche Vorurteil. Zudem verliert es am Berg seine ,weiblich zarte Schönheit'. Tatsächlich gab es eine Zeit, als starke Männer schöne, ,schwache' Frauen in Sänften bergauf, bergab getragen hatten.

Jedoch blieb es nicht dabei. Auch im Bergsteigen wurde eine Männerdomäne geknackt. Es gab Vorkämpferinnen, die sich von ihrer Sehnsucht leiten ließen, die in den Bergen herrlich abgelegene Orte sahen, gesellschaftlichen Vorgaben zu entfliehen: siehe die Französin Marie Paradis (erklomm 1808 als erste Frau den Montblanc – im langen Rock?), die Deutsch-Schweizerin Hettie Dyhrenfurth, die zu Anfang des letzten Jahrhunderts ihren Höhenweltrekord zwanzig Jahre lang gehalten hatte, die Südtirolerin Paula Wiesinger, Mitte des letzten Jahrhunderts Kletterspezialistin und Skirennläuferin, die Polin Wanda Rutkiewicz, Pionierin an hohen Bergen des Himalaya, um nur einige der ,Bergweiber' zu nennen, die an die Kraft ihrer Träume geglaubt und sich seit dem 19. Jahrhundert gegen alle Widerstände durchgesetzt und Großes am Berg geleistet hatten.

...Meinst du nicht auch, Gerlinde, dass man ‚Großes am Berg' auf das Leben übertragen kann? Berge erklimmen, Berge versetzen, Berge überwinden, die entmutigend hoch oder unverrückbar zu sein scheinen, wenn wir davor stehen und glauben, es nie zu schaffen. In deinem Berufsfeld Krankenhaus hattest du das sicherlich häufig erlebt. Berge, für die es keine Vorbereitungszeit gibt, die sich plötzlich auftürmen und keine Umgehung erlauben. Berge, die ohne Zeichen und Wegweiser mit überwucherten Pfaden aufwarten, von denen man nicht weiß, wohin sie führen.

Auf meinen Wandertouren kamen mir ‚meine' Alpenberge oft wie unbarmherzige Energiefresser vor, um schon bald festzustellen, dass das, was ich gegeben hatte, vervielfacht zu mir zurückkehrte. Auch die Berge des Lebens haben mir neue, ‚ungeahnte' Kraft geschenkt. Berge, die bis zur letzten Stunde bestiegen werden wollen, mit dem Lohn, so weit blicken zu können wie noch nie. Für mich ein tröstlicher, Mut machender Gedanke.

Sicherlich stimmst du mit mir überein, wenn ich feststelle, dass Berge die großen Meister sind. Und wir? Sind die lernbegierigen, schweigenden, reich beschenkten Schüler, nicht wahr?

Mit lieben Grüßen
Gabriele

K2 – zweithöchster Berg der Erde 8.611 m
Karakorum, Pakistan

11

Leben wie Gott im Buschenschank

Sausaler Weinstraße/Südsteiermark/Österreich

∞

Jedermann hat die Erlaubnis,
die von ihm selbst erzeugten Lebensmittel,
Wein sowie Obstmost zu allen Zeiten des Jahres,
wie, wann und in welchem Preise er will,
zu verkaufen oder auszuschenken.

Zirkularverordnung zum Buschenschank,
im Aug. 1784 erteilt von Kaiser Josef II.

Natürlich hätte ich in all den Jahren meiner Alpenliebe Empfehlungen folgen oder im Internet surfend nach Anregung und Inspiration suchen können. Gelegentlich tat ich das auch. Recht früh aber fing ich an, eine andere, etwas ungewöhnliche Methode zu verwenden: Auf der Suche nach Wander- und Radtouren, nach Orten und Geschichten, die mich bewegen und lebenslang bei mir bleiben, ließ ich den Zeigefinger über die Seiten 44 und 45 meines alten Diercke-Atlasses wandern, wo der 1.200 Kilometer lange Alpenbogen abgebildet ist. Hin und her wanderte die Fingerspitze, über die vielen Gebirgsgruppen, über deren Täler, Flüsse, Alpenstädtchen, solange, bis immer das gleiche geschah: der Finger blieb stehen, irgendwo, und es war klar, was er mir sagen wollte: Halt, Mädchen, hier ist der Ort, der nach dir ruft, hier mach dich auf die Suche nach unvergesslichen Eindrücken, unvergesslichen Herausforderungen, unvergesslichen Genüssen, unvergesslichen Menschen.

Und eines Tages blieb der Finger am südöstlichsten Alpenzipfel stehen, dort, wo Slowenien einen Steinwurf und Ungarn keine hundert Kilometer entfernt ist, wo Mur und Drau nah beieinander fließen und die Berge der Alpen ein Stückchen fortgerückt sind, dort rührte sich der Finger nicht mehr weg, dort war der Schriftzug ‚Steirisches Hügelland' zu lesen.

Der Buschenschank im Sausal

An einem sonnigen Sonntagnachmittag im September reise ich, vorbei an Graz, der Landeshauptstadt der Steiermark, aus Oberösterreich an. Als ich bei der Weinstadt Leibnitz die Autobahn verlasse und in westliche Richtung weiterfahre, geht mir flüchtig das am Alpennordrand liegende, weit entfernte bayrische Vorland durch den Sinn, wo sich hinter Weide- und Wiesenhügeln felsgrau und hoch die Berge erheben und die Gipfel vom Herbst bis zum Frühjahr schneebedeckt sind. Umso gespannter bin ich auf die Landschaft der Sausaler Weinstraße, die mich als eine der acht steirischen Weinstraßen im südöstlichen Alpenvorland erwartet.

Beim Wandern und Radeln benutze ich das GPS nicht.

Hier, hinterm Steuer meines Autos sitzend, lotst es mich mit seinen emotionslosen Anweisungen über die schmalen fremden Straßen, durch ein welliges liebenswertes Land, deren Hügelhänge weich in die Täler sinken, um sich sanft oder kräftig ansteigend wieder zu erheben. Hier und da stehen sich wiegende Pappeln, groß und schlank wie Schwestern der Zypressen, und ich verstehe, weshalb dieses sonnenreiche Hügelland ‚Toskana Österreichs' genannt wird.

Im munteren Auf und Ab schlängelt sich das Landsträßchen dahin, nahezu autofrei, was mir erlaubt, bei gemächlichem Tempo mit abgesenkten Fensterscheiben die Räder rollen zu lassen, Sonne und Wind im Gesicht zu spüren und von den Hügelrücken die Ausblicke auf die von Waldstreifen durchzogenen Kürbisäcker und Rebflächen zu genießen. Lieber würde ich allerdings radeln oder wandern – die Natur ist um ein Vielfaches spür- und nahbarer, bewegt man sich auf eigenen Füßen –, doch hier gilt, was so oft im Leben gilt: alles zu seiner Zeit. Meine Wanderjahre sind vorbei und Fahrrad Lupina ist diesmal zu Hause geblieben, hebt sich seinen Einsatz für einen späteren Zeitpunkt auf.

Gleich der Verästelung der Weinstöcke verzweigt sich der Weg immer wieder, führt mich mit jeder Minute tiefer hinein in die heiter-beschauliche Idylle der Sausaler Weinstraße. Die großen Touristenströme scheinen an diesem Fleck Erde vorbeizuziehen.

Ein letzter Abzweig, eine letzte Kurve, dann endet die Fahrt in einer Sackgasse. Hier also versteckt er sich! – wo es mir in allen Farben entgegen grünt, rankt und blüht von Rudbeckia, Rosen, Kapuzinerkresse, Efeu, Ringelblume, Blauregen, Begonien, Cosmea... Hier schmiegt er sich an einen Hügelhang: der Buschenschank ‚Schneiderannerl‘.

Das Haus wirkt ungemein einladend. Verwinkelt gebaut mit Natursteinmauern, einem althölzernen Dachvorsprung, Rundbögen, Steintreppen und einer maisgelb und grau getünchten Fassade. Vom Fuß der seitlichen Außentreppe aus erspähe ich an ihrem oberen Ende, in Höhe des ersten Stockwerks, ein dickbauchiges Fass, dahinter etwas Verheißungsvolles: den Rand einer weinberankten Terrasse... ah... da kommt Vorfreude auf!

Bis zu jenem Augenblick, als der auf der Atlaskarte spazierende Finger dort stehengeblieben war, wo sich das Steirische Hügelland und das Sausal befinden, wusste ich nicht wirklich, was ein Buschenschank ist. Entsprechend klüger geworden, zog es mich dorthin. Der österreichische Buschenschank – beheimatet in der Steiermark, im Burgenland und in Kärnten – hat einige Verwandte, wie zum Beispiel den Heurigen in Wien, der nicht nur der Name eines süffigen Weines ist, auch ein Lokal, das ausschließlich Wiener Weine sowie dazu passende Gerichte kredenzt, den Besenbeiz in der Schweiz, die Strauß- oder Heckenwirtschaft in Deutschland. Allesamt sind saisonale Gastbetriebe der Winzer und Weinbauern, die Eigenerzeugnisse anbieten. Von diversen Vorschriften und Genehmigungen abgesehen, vereint alle Weinlokale und Wirtschaften zum Zeichen dafür, dass sie geöffnet sind, eine charmante Tradition: am Eingang oder Zugangsweg angebrachte, geschmückte Reisigbesen, Kränze, alte Wagenräder, besondere Lichter oder Zweigbüschel – Buschen genannt.

Ich stehe auf meiner Zimmerterrasse, stoße einen Wonneseufzer aus… Der exquisite Ausblick geht weniger in die Ferne als in die Höhe. Keine zehn Schritte trennen mich von den ersten Reben, den violett-blauen Trauben, die prall und reif auf die Ernte warten. In sattem Grün zieht sich der Wiesenhang empor, darauf Rebzeile neben Rebzeile. Am oberen Rand ist der Weingarten, soweit erkennbar, von Wald begrenzt.

Morgen werde ich hinaufwandern, beschließe ich. In diesen Tagen der Muße will ich nur einem Motto folgen: Geh, wohin es dich gelüstet, esse, trinke nach Herzenslust, verweile dort, wo die Seele am köstlichsten baumelt! Und wohin gehe ich jetzt? Auf die Sonnenterrasse oder lieber an einen der lauschigen Laubentische? Ich entscheide mich für letzteren und hier sitze ich nun und blättere – zunächst oberflächlich – in der Speisekarte.

Wie viele habe ich in meinem Leben schon gesehen? Tausend? Einige glänzten mit schicker, edler Aufmachung, doch nach der Bestellung wurden mir im Sinne von Mehr-Schein-als-Sein Gerichte serviert, die bestenfalls langweilig waren. Die Gestaltung dieser mehrseitigen Buschenschankkarte erinnert mich auf den ersten Blick an die laminierten DIN-A4-Zettel mit den fettgedruckten Buchstaben in heimischen Dönerbuden und Schnellpizzerien. Aber man soll sich nicht blenden lassen, weder in der einen noch in der anderen Richtung, also bitte kein vorgefasstes Urteil! Also fange ich zu lesen an…

…und bin von der ersten Seite an gefesselt.

Diese mehrere Seiten umfassende Karte ist weit mehr als die Auflistung des Speisenangebots, sie erzählt von Traditionen und Familienzusammenhalt, von leidenschaftlichem Engagement wie von zeitgemäßer Nachhaltigkeit. Drei Generationen, so lese ich, leben und arbeiten unter einem Dach, die betrieblichen Aufgaben sind unmissverständlich verteilt. Der Großvater selcht beziehungsweise räuchert die Fleisch- und Fischspezialitäten, eine alte Konservierungsmethode, der das Einlegen in Salz, Pökeln oder Beizen vorausgeht. Seine Frau ist für die Pflege der Gartenanlagen und Blumen zuständig, Hausherr Erich für die Weingärten und die Herstellung der Weine und Weinbrände, Sohn Christoph hilft im Weinkeller und im Schank, Tochter Sandra und deren Freund bei der Gästebewirtung. Tante Gerlinde unterstützt mit fleißigen Händen, wo immer sie kann, und Helga – Hausherrin, Organisatorin, Köchin, Bäckerin und zig Funktionen mehr – findet in dem von ihr persönlich zusammengestellten Karteninhalt nur bescheidene Erwähnung.

Die Zauberworte lauten: hausgemacht, regional, nachhaltig.

Noch nie habe ich mit einer Gastronomie zu tun gehabt, wo wirklich alles, was auf den Tisch kommt, vor Ort hergestellt wird und überdies so vielfältig ist. Holunderblütensaft, diverse Obstsäfte, ‚Ang'setzte‘ wie Resches Dirndl, Lärcherlgeist, steirischer Weinbrand, Kürbiskernöl-Eierlikör, vier Sorten Perlweine – Frizzante –, um nur einige der Getränke zu nennen. Das wichtigste von allem: Wein! Zwölf Sorten Weiß-, zwei Sorten Rosé-, drei Sorten Rotweine, gekeltert aus den Weinbeeren, die die sechzig Millionen Jahre alten Schiefer- und Urgesteinsböden hervorbringen.

Das Selbstherstellen der Speisen und Getränke ist das eine, die Erzeugung der Grundstoffe das andere. Schweinefleisch, Fische, Schafkäse, Gemüse, Mehl, Gewürze und anderes mehr wird von bäuerlichen Betrieben aus der Umgebung bezogen. Auf Cola, Kaffee & Co. hofft der Gast vergeblich, diese Erzeugnisse stammen nicht aus der Steiermark. Über eine einzige Ausnahme darf ich mich als Hausgast freuen: den Kaffee zum Frühstück. Für die Versorgung mit Eiern, so lese ich, sind 200 hauseigene ‚Hühnerdamen' in Freilandhaltung zuständig, die selbstbestimmt in unterschiedlicher Stückzahl unterschiedlich große Eier legen.

Ich blättere weiter, komme zu den Speisen.

Zu Hause hatte ich gelesen, dass in den Buschenschänken ausschließlich kalte Gerichte angeboten werden dürfen. Wer denkt, dass das unbefriedigend und eintönig ist, wird beim ‚Schneiderannerl' eines Besseren belehrt. Kübelfleisch, Lendlbratl, luftgetrockneter Osso-Collo, Schweinsbrüstl, Schwart'l-Sulz, rotweingereiftes Schweinsfischerl, steirisches Wurzelfleisch, Selchspeck und so fort. Abgesehen davon, dass ich von den meisten Bezeichnungen nicht weiß, was sich dahinter verbirgt, läuft mir das Wasser im Munde zusammen. Und das einer ‚Flexitarierin' wie mir, die im Normalleben maximal zweimal pro Woche eine kleine Portion Bio-Fleisch auf dem Speisezettel hat. Woran liegt es also? Ist es das angehängte ‚l', das die Namen so gewinnend klingen und die Schlachtungen der Tiere vergessen lässt? Ist es das Erahnen der Mühe, die hinter den Zubereitungen steckt, der Respekt vor den vielen überlieferten Rezepten?

Allerdings zwingt mich diese Speisekarte nicht zum Fleischkonsum, auch muss ich nicht das Fischsülzchen, den Wels, den Karpfen, die Räucherforelle oder die Fischmousse essen, ich darf gerne vegetarisch genießen: zum Beispiel den Käferbohnensalat mit Rettich und Kren, die Sausaler Salatschüssel, den Winzersalat, den Steirischen Biokäse-Teller, die vegane Brotwurst, das

Rote-Rüben-Carpaccio, den würzigen Österkronkäse oder einen Salat aus Eiern der Freilandhühner.

Ich habe verstanden: dies wird ein sinnlich-kulinarischer Aufenthalt! Und jetzt muss ich zur Bestellung schreiten und mich entscheiden. Normalerweise geht das bei mir zügig – hier nicht. Noch einmal überfliege ich alle Gerichte.

Wie wäre es mit den Aufstrichen? Ich liebe Dips und selbst gerührte Aufstriche… Am besten bestelle ich den Teller mit sechs verschiedenen. Oder soll es doch etwas anderes sein? Je länger ich mich mit dem Inhalt dieser magischen Speisekarte beschäftige, desto stärker wünsche ich mir, statt drei mindestens dreißig Tage Zeit zu haben, um jedes, wirklich jedes Gericht und jedes Getränk zu kosten.

Als Sandra, die Tochter des Hauses, zu mir an den Tisch tritt und nach meinen Wünschen fragt, entscheide ich mich für den gemischten Aufstrichteller. Dazu ein Viertel ‚Schlagerbluat‘, der rein gar nichts mit Schlagern zu tun hat.

Warum mich dieser Wein am meisten lockt, erklärt seine Beschreibung. Professor Schlager, Leiter einer Weinbauschule, hatte die Rebsorte mit hohen Ansprüchen an Lage und Bearbeitung in den vierziger Jahren gezüchtet. Der Ertrag war gering, sodass sich die Sorte nicht etablierte. So geriet der dunkelrote Wein – fast! – in Vergessenheit. Trotz seiner Jugend wird er als samtig, beerig, vanillig und mild beschrieben.

‚Wie ein Lebenswasser ist der Wein für den Menschen‘, heißt es in der Bibel, im Buch Jesus Sirach, ‚wenn er ihn mäßig trinkt. Was ist das für ein Leben, wenn man keinen Wein hat, der doch von Anfang an zur Freude geschaffen wurde?‘

Sandra bringt einen Teller, dessen Anblick mir einen Ruf der Begeisterung entlockt. Ehrlich gesagt, klatsche ich sogar kurz in die Hände. Der Grund für diesen Überschwang: ein Déjà-vu.

Vor 58 Jahren, als ich ein knicksendes Schulmädchen war, trug uns unsere nicht sonderlich beliebte Kunstlehrerin auf, die Wasserfarbkästen herauszunehmen, um ‚Wunderblumen' zu malen, jedes Kind eine einzige nur, auf einem großen weißen Blatt. Das Ergebnis waren 32 Fantasiegebilde, die wir in langer Reihe an die Klassenzimmerwand pinnten. Keines sah wie das andere aus, kindliche Träume voller Farben.

Und nun steht mir mein Werk, das ich mit Hingabe gestaltet hatte, wieder vor Augen. Der Teller, rund und farbenfroh wie die Fantasieblume von einst, ist ein Stillleben. Jeder Bestandteil hat seine Rolle, ist fein arrangiert zu einem harmonischen Ganzen: sechs Aufstriche, mit einem Löffel zu Kugeln geformt, angeordnet zum Kreis, wohlplatzierte Dekorationen aus Gemüse- und Obstscheibchen, Keimlingen und Sprossen, die die Aufstriche ergänzen und mitverspeist werden wollen, einschließlich der Kapuzinerblüte, die den gelben Mittelpunkt bildet.

Als ich zu Messer und Gabel greife, zögere ich, das Kunstwerk zu zerstören, das nicht nur zum Bewundern da ist. Derweil säuselt über dem Laubendach der Abendwind, Lichtreflexe funkeln im tiefroten Wein. Das kleine Glück... so groß und so wertvoll.

Wo die Seele köstlich baumelt

Auf keinen Fall darf ich versäumen, zu erzählen, welcher Art die Aufstriche waren, die ich gestern zum hausgebackenen bäuerlichen Brot aß, obwohl drei davon meinen Ernährungsprinzipien heftig widersprachen. Warum also aß ich sie trotzdem? Weil sie unfassbar gut schmeckten. Mitunter bin ich bereit, Prinzipien über den Haufen zu werfen, sofern der Genuss von Schweinefett nicht zur Gewohnheit wird. Schließlich ist es ratsam, als gesundheitsbewusster Mensch ausufernde Cholesterinwerte und Herzverfettung zu vermeiden.

Und so sah die ‚Wunderblume' der steirischen Spezialitäten aus: mintgrüner Kürbiskern-Topfen-Aufstrich mit Kürbiskernöl; Leberaufstrich mit Kräutern nach einem Familienrezept; mehrere Ingredienzen enthaltender Liptaueraufstrich; Verhackert aus luftgetrocknetem Speck, klassische Darbietung eines Buschenschanks; Grammelaufstrich aus vom Opa geselchtem und klitzeklein gewürfeltem Speck, und – ich kann noch immer nicht fassen, dass ich ihn gegessen habe –, zartschmelzender Brat'lfett-Aufstrich.

Am Morgen, im Laubenwintergarten sitzend, blicke ich auf ein Festmahl zurück, dem hier und jetzt ein neues folgt. Das Frühstücksbuffet bietet mehr hausgemachte Köstlichkeiten als ich kosten kann, und es ist viel dabei, das die abendlichen Sünden ausbügelt, wie zum Beispiel Joghurt aus melkfrischer Milch, hergestellt im Joghurtbereiter, strotzend von gesunden Milchsäurebakterien; in Kräuter und Öl eingelegter Bauernschafskäse; feinherber Ingwer-Aronia-Sirup, das Naturmittel gegen Diabetes, Allergien, Bluthochdruck, Darmkrankheiten und Symptome der Wechseljahre; von Kernöl grünlich gefärbtes Rührei, ungewöhnlich wie eigenwillig; frisch gepflückte Trauben mit zarthäutigen Beeren; Winzerweckerl, Nussbrot, Kerntlstangerl, natürlich alles im Brotofen der Buschenschankküche gebacken... und, wie ich sehe und höre, stoßen Hausgäste am Nachbartisch um neun in der Frühe mit Frizzante an: Prost, dass die Gurgl net verrost't! Ach, es ist eine Schlemmerei sondergleichen.

Heute will ich in den Weinberg gehen.

In meinem Tagesrucksack befindet sich allerlei Nützliches: eine Frischhaltebox mit Obstsalat, ein gekochtes Ei, ein belegtes Winzerweckerl – nicht mit Brat'lfett! –, eine Miniaturflasche Haselnussschnaps, die mir Uschi aus Landsberg mit auf den Weg gegeben hatte, eine Flasche Wasser und ein dünnes Taschenbuch:

Hermann Hesses ‚Peter Camenzind', das Werk, das ihm mit 27 Jahren zum literarischen Durchbruch verholfen hatte. Seit meiner Studentenzeit bin ich eine glühende Anhängerin seiner Texte und ohne Buch gehe ich sowieso nirgends hin, wo ich mich länger aufhalten möchte.

Ruhigen Schrittes steige ich zwischen den Rebzeilen bergan, über das leuchtende Gras, auf das die Schattenflecke der Rebstöcke fallen, die schwer an ihren mit Weinbeeren besteckten Trauben tragen. Im Kontrast zum opulenten Grün des Landes glänzt darüber der strahlende, mit weißen Wölkchen verzierte Himmel. Eine vollkommene Symphonie in Grün und Blau!

Je höher ich steige, desto weiter öffnet sich der Blick zu der hinter Hügeln und Tälern langgestreckten Silhouette der Südostalpen – keine hohen Berge, keine spitzen Gipfel. Dieses südliche Alpenvorland sieht ganz anders aus als das nördliche.

Stehen bleiben, die Augen schließen, lauschen…

Die Natur atmet, ich höre es, spüre es. Alles, was lebt, atmet. Wie wohltuend die Stille, der Sonnenschein, der warme liebkosende Wind! Dankbar bin ich, dass es mich an diesen herrlichen, fruchttragenden Ort verschlagen hat.

Oben angekommen, wandere ich den Waldsaum entlang. Hier bewege ich mich nicht lautlos über weiches Gras, hier raschelt trockenes Laub unter den Schuhsohlen. Eine Bank oder andere Sitzgelegenheit finde ich nicht. Die Bäume ziehen sich rechtsseitig bis zum Buschenschank abwärts, zur anderen Seite sind die Hänge offen und, soweit überschaubar, setzten sich die Weinhänge fort. Knieschonend taste ich mich Schrittchen für Schrittchen das steile Gelände am Wald entlang abwärts, wende mich dann wieder den Rebgassen zu und halte Ausschau nach jenem vortrefflichen Sitzplatz, den ich beim Aufsteigen entdeckt hatte.

Es dauert nicht lange, bis ich finde: Tisch und Bank aus in der Länge halbierten Baumstämmen, naturnaher und uriger geht es nicht. Ich nehme an, dass dieses versteckte, von Wein umstandene Ruheplätzchen den Erntehelfern zur Pause dient.

Was mich betrifft, bin ich momentan alles andere als fleißig. Das einzige, was ich heute ‚geleistet' habe, ist, diesen Weinberg und das Leben zu lieben, den Tag in Muße zu verbringen, zu essen, zu lesen und Uschis Nussschnäpsle zu genießen. ‚Doch ahnte ich', lese ich in ‚Peter Camenzind', ‚dass zu allen Zeiten Menschen... ihr Tagewerk verlassen und die Stille aufgesucht hatten, um dem Liede der Schöpfung zu lauschen, das Ziehen der Wolken zu betrachten und in rastloser Sehnsucht dem Ewigen anbetende Arme entgegenzustrecken.'

Am Abend suche ich mir einen anderen Laubentisch, Auswahl gibt es reichlich und schön ist es überall.

Über meinem Kopf hängen, wie im Schlaraffenland, mit der Spitze nach unten, Trauben, als wollten sie jede Sekunde herabfallen, geradewegs auf meinen Teller. Ihre Stiele sitzen jedoch fest am Ast, insofern bleiben sie, wo sie sind.

Ich habe mich für den Erzherzog-Johann-Teller entschieden.

Ein Name mit Geschichte. Der Erzherzog, auch der ‚Steirische Prinz' genannt, hatte im 19. Jahrhundert Güter in der Steiermark gekauft. Leider hat meine Entscheidung für diese Speise auch einen traurigen Beigeschmack. Wie gesagt, würde ich gerne nach und nach alles kosten und testen, was in der Karte zu finden ist. Da aber meine Aufenthaltsdauer noch nicht einmal reicht, um die Gerichte einer halben Seite zu probieren, bleibt nur, mich für das eine zu entscheiden und das andere zu lassen. Im ‚Schneiderannerl' ist das mein Schicksal.

Serviert wird ein Prachtteller mit fünf würzigen Käsesorten einer Bio-Käserei, dazu hausgemachtes – was sonst? – Osso-Collo und sauer eingelegter Kürbis. Osso-Collo ist der Schopf, das letzte Teilstück des Schweinerückens, welches unterhalb des Kopfes an die Schulter anschließt. Nun kann ich bestätigen, dass dieses Stück besonders aromatisch und saftig ist. Ich hebe mein Glas goldgelben Muskatella und stoße wie Miss Sophie mit imaginären Tischgefährten an: Auf dich, Erzherzog Johann, auf dich, Kaiser Josef II., auf dich, Helga, und deine ganze fleißige Familie! Auf diese herzerwärmende Kulinarik, die Leib und Seele fest zusammenhält.

Auf dem Absatz eines oberhalb der Terrasse liegenden Wiesenstücks sind drei Hollywoodschaukeln in einer Reihe aufgestellt: aus Holz gebaute Logenplätze. Buschenschankwirtin Helga legt mir ans Herz, diesen Ort für den, wie sie meint, ‚schönsten Sonnenuntergang der Welt' aufzusuchen. Das Weinglas könne ich gerne mitnehmen.

Zum sanften Schaukeln fehlt nur noch ein Wiegenlied. War das ein Tag! Dahinrieselnd wie ein Bächlein im Gebirge. Und wie gut, dass er noch nicht vorbei ist. Ein Pippi-Langstrumpf-Zitat geht mir durch den Sinn: ‚Faul sein ist herrlich! Und dann muss man ja auch noch Zeit haben, einfach dazusitzen und vor sich hin zu schauen'.

Ich schaue… auf meine auf und nieder schwingenden Füße… dem Laubendach der Gästeterrasse aufs Haupt… auf die rosafarbenen Rosen, von denen sich einige so hoch strecken, als wollten auch sie den Abgang der Sonne beobachten… auf den Gebirgszug der Koralpe, hinter der sie sich anschickt, mit dem ihr typischen Spektakel zu versinken. Nach und nach breitet sich ihre Feuersbrunst über den westlichen Horizont aus, darüber stehen, wie respektvoll wartend, lila-graue Wolken.

Und dann ist es soweit. Flammensprühend taucht sie ein in das Meer der Berge, der Himmel brennt und selbst der Wein in seinem Glas fängt dieses rotgoldene Licht ein.

Die Mutter der Weinstraße

Nach dem Frühstück stöbere ich in dem vollgestopften Bücherregal für die Hausgäste, das sich auf dem Flur gegenüber meiner Zimmertür befindet. Helga hat mir einen Text- und Bildband aus den Neunzigern empfohlen, der dort zu finden sei: ‚Die Mutter der Weinstraße' verfasst von der Grazerin Heidelore Strallhofer-Hödl. Es braucht etwas Zeit, bis ich das Buch in den Stapeln gefunden habe und den Untertitel lese:

‚Weinbau, Menschen, Buschenschanken in der Steiermark'.

Auch dieser himmelblaue Tag plätschert warm und still dahin wie der vorhergehende. In der Nacht sind die abendlichen Wolken davongezogen und wieder leuchtet das Grün der Wiesen und Weingärten. Noch einmal zieht es mich zu meinem idyllisch versteckten Sitzplatz zwischen den Rebstöcken. Dieses Mal lese ich in dem gefundenen Bildband, vertiefe mich in die alten Jahre der Südsteiermark, tauche ein in das Leben und Wirken der Emmy Bullmann.

Wo sich heute die Weinstraßen kurvenreich bergauf und bergab winden, mussten sich früher Karren ziehende Ochsen über Schotterwege plagen. Nach dem II. Weltkrieg war die Steiermark britische Besatzungszone. Die Weinstraßen, wie es sie heute gibt, existierten noch nicht. In der armen Grenzregion gab es keine großen bäuerlichen Betriebe und die kleinen, zwischen Wiesen, Wald und Ackerflächen eingebetteten Höfe, versorgten sich selbst. Weinbau spielte noch keine bedeutsame Rolle.

Dann aber änderte sich die Zeit mit Emmy Bullmann, ‚Mutter der (südsteirischen) Weinstraße'. Sie hatte sich mit großem Einsatz um die Erschließung der Gegend durch eine Straße bemüht, nicht zuletzt deshalb, weil sie selbst regelmäßig mit dem Auto nach Graz hatte fahren müssen. Und weil sie stets gute Kontakte zum Grenznachbarn Jugoslawien pflegte, also zum heutigen Slowenien, verfügte sie über eine kostengünstige Bezugsquelle für Pflastersteine. 1955 war es soweit: die ersten Autos rollten über die erste steirische Weinstraße.

Der Umbau der Schotterwege brachte den Startschuss für den Ab-Hof-Verkauf und für die auswärtigen Gäste die Gelegenheit für Ferien auf dem Bauernhof. Allerdings dauerte es noch seine Zeit, bis die Zugangswege zur Weinstraße in angenehm zu befahrende Straßen umgebaut wurden, und dennoch, wie am Beispiel des ,Schneiderannerl' zu sehen, liegen nach wie vor viele Höfe und Buschenschanken abseits der Hauptwege in den reizvollsten Winkeln. Der romantische Zauber der Südsteiermark ist ungebrochen, auch dank der von der Bevölkerung erfolgreich verhinderten Straßenverbreiterungen und –begradigungen.

Am frühen Nachmittag, als die Sonne durch die Blätter des Laubendaches blitzt, sitze ich wieder beim ,Schneiderannerl'. Sandras Tante Gerlinde stellt eine Sacherschnitte vor mich hin, gekrönt mit Rahm und einem gelben Ringelblümchen. Dazu gibt es ein Glas Frizzante, gewissermaßen als Kaffeeersatz.

Von meiner lieben luftigen Laubenterrasse geht es eine Etage höher auf die Schaukel, unterm Arm mein Leihbuch ,Die Mutter der Weinstraße'.

Der süße Müßiggang ermüdet mich. Ich schlendere hinüber in mein Zimmer, stelle vorsichtshalber eine Weckzeit ein – bloß nicht zu viel Zeit verschlafen! –, schmiege mich in die bäuerlichen Kissen, seufze und schließe die Augen.

Bis zum Abendessen ist noch Zeit. Ich bummle durch das Haus und versuche nachzuvollziehen, wie sich der Buschenschank im Lauf der Jahrzehnte gewandelt hat. Wobei Spuren von Modernisierung bewusst weniger zu finden sind als Erweiterungen der

Räumlichkeiten. Alle Eigentümergenerationen waren bemüht, Geschichte und Charakter des Schanks zu erhalten.

Im Kaminraum gibt es hundert Jahre alte Holzbalken, handgeschlagene Mauerziegel und antike Bauernmöbel. Ich gönne mir den Spaß und lese die Sprüche und Weisheiten der an den Wänden hängenden bestickten Wandbehänge, wovon mir einer wegen seiner Zeitlosigkeit besonders zusagt: ‚Oftmals wollt' ich schon verzagen und ich dacht', ich trüg' es nie, und ich hab' es doch getragen, aber fragt mich nur nicht, wie'.

In der Ur-Stube von 1830, Heimat von sechs Generationen, bin ich allein, als ich eine Weile an einem der langen alten Holztische sitze, an denen so mancher Becher, mancher Teller geleert, wo gesungen, gelacht, gefeiert wurde. Acht kleine zweiflüglige Fenster zähle ich, verteilt über zwei Außenwände, behängt mit weißen, bestickten und mit Spitzenbesatz verzierten Baumwollgardinen – liebevoller geht's nicht.

‚Ein lustiger Gast fällt nie zur Last', steht auf einem Spruchband an der Wand. Hier hatte alles begonnen. Dieser Raum mit einer offenen Feuerstelle, der sogenannten Rauchkuchl, war mal die einzige Gaststube gewesen.

Was ich leider versäume zu sehen, ist der Barrique-Keller. Die Speisekarte erzählt, dass das alte Gewölbe des ehemaligen Kuhstalls im 18. Jahrhundert von italienischen Kirchenmaurern, die es auf der Walz hierher verschlagen hatte, gebaut worden war. Der Keller bleibt also bedauerlicherweise unbesucht. Aber ich bemerkte ja schon, dass meine Zeit beim ‚Schneiderannerl' zu kurz ist. Viel gäbe es noch zu betrachten, zu lernen, zu essen, zu trinken, zu genießen. Viele Anlässe gäbe es noch, die Seele köstlich baumeln zu lassen.

Nun muss ich ein letztes Mal übers Essen berichten, zuvor eine kleine Erinnerungsreise in meine Kindheit unternehmen, nämlich zur Schweinssülze – schlicht: Sülze – die unsere Mutter zur Weihnachtszeit herstellte. Ich sehe noch den Kochtopf, wie es darin brodelte, die Schwarten, ‚Pfötchen und Öhrchen‘, die mich schauderten, machten sie ja unzweifelhaft klar, was da mit Lorbeerblättern, Piment- und Pfefferkörnern im Topf schwamm. Sie seien unerlässlich für die Gelierfähigkeit der Brühe, erklärte unsere Mutti. Und ich erinnere mich daran, wie sie das erkaltete Fleisch geduldig in kleine Stücke schnitt. Statt chemierosa war die hausgemachte Sülze naturgrau, eben die Farbe, die Schweinefleisch annimmt, wird es lange gegart. Mutter konservierte es nicht, gab auch kein Geliermittel hinzu. Sie schmeckte es mild mit Essig ab, füllte das Fleisch in kleine flache Gefäße und goss so viel Flüssigkeit darüber, bis es bedeckt war. Im Kühlschrank erstarrte die Brühe, es bildete sich eine dünne Schmalzschicht. Rüttelte man vorsichtig an den Gefäßen, schwappte nichts über, unsere weihnachtliche Delikatesse war schnittfest und verzehrfertig. Remoulade gab es dazu und mit fünf Personen war innerhalb eines Festabends alles aufgegessen. Wir liebten diese Speise! Zu Silvester gab es in manchen Jahren eine Wiederholung, dann wurden wir von unseren Großmüttern Anna und Mimi mit hausgemachter Sülze beliefert und unserer Mutti blieb die nochmalige Zubereitungsprozedur erspart.

Und nun bietet sich die Chance, an die Erinnerung dieser Familientradition anzuknüpfen mit der Schwart'l-Sulz, hausgemacht nicht nur die Sulz, auch der aus dem landestypischen Schilcherwein hergestellte Schilcheressig. Weitere Zutaten: hauchdünn geschnittene Zwiebel und – Kürbiskernöl. Eine Zutat, die in den sechziger Jahren den Ruhrgebietshausfrauen unbekannt war.

Ach, das Kernöl! Das ‚Erdöl‘ oder ‚Schwarze Gold‘ der Steiermark. Beim ‚Schneiderannerl‘ kommt es großzügig zum Einsatz, hat mir Sandra erzählt. Bei der Anreise hatte ich nicht nur die Weingärten, auch Kürbisfelder gesehen, die orangegelben Kugeln des Ölkürbis, die in der Steiermark zu tausenden auf den Feldern liegen und in etwa zwei Wochen, im September und Oktober, geerntet werden. Zeichen der Reife sind abgestorbene Blätter und Ranken sowie der vertrocknete Stiel. Selbst vom Autofenster aus hatte ich das bräunlich verwelkte Kürbisgrün, mit dem die Äcker bedeckt waren, erkennen können. Seltsam sahen sie aus, diese überdimensionalen Früchte, wie gesichtslose Köpfe, die vor lauter Schwere auf der Erde liegen müssen, während um sie her alles verrottet.

Kürbiskernöl ist sehr gesund. Eines der wertvollsten Speiseöle überhaupt, ein regelrechtes Heilmittel. Es schmeckt angenehm süßlich und da die dunkelgrünen Kerne vor der Pressung geröstet werden, nussig. Für einen Liter Öl werden zweieinhalb Kilogramm Kürbiskerne benötigt, gewonnen aus etwa 35 Früchten. Zudem kommen für die Erntearbeit nicht nur Maschinen zum Einsatz, das Herauslösen der Kerne erfolgt nach wie vor in Handarbeit. Was erklärt, warum das feine Öl ziemlich teuer ist.

Die Schwart'l-Sulz schmeckt wunderbar! Sie erinnert tatsächlich an meine ‚Kindheitssülze' und harmoniert erstaunlich gut in der Kombination mit dem Kernöl. Ich nehme mir vor, zu Hause den Gebrauch des Öls zu erweitern.

Wie viele Anregungen habe ich im Laufe der Jahre aus anderen europäischen Ländern und Regionen mit heimgenommen! Gerichte und Speisen, die ‚Lebensbegleiter' wurden. Daheim habe ich einen kleinen blauen altersspeckigen Ordner, in dem ich bereits als junge Frau begonnen hatte, Rezepte zu sammeln. Natürlich könnte ich im Internet suchen, das darauf spezialisiert ist, so viele Geheimnisse wie möglich zu lüften. Lieber ist mir meine alte blaue Mappe. Sie ist eine Art Lebenstagebuch geworden.

Den restlichen Abend verbringe ich mit einem Glas Schlagerbluat auf der Logenplatztribüne. Es fühlt sich ein wenig wie eine

Theatervorführung an, die sich in aller Stille vollzieht. Die Sonne steht tief, bereit für das feurige Finale. Auch die Hügel, auf die ich herabblicke, sind bereit, und die Bühne der Koralpe auch.

So werde ich noch einmal ‚den schönsten Sonnenuntergang der Welt' erleben.

Morgen, nach dem Frühstück, ist es Zeit für die Weiterreise.

Gern wäre ich länger geblieben, der Abschied wird nicht leicht. Würde ich Wehmut nicht erleiden wollen, hätte ich nicht kommen dürfen.

An der Sausaler Weinstraße – Steiermark

12

Nur ein Augenblick

Triglav Nationalpark/Slowenien

∞

Dein Vergangenes ist ein Traum,
und dein Künftiges ist ein Wind;
hasche den Augenblick, der ist
zwischen den beiden, die nicht sind.

Friedrich Rückert

Die notgedrungen kurze Zeit, die ich im Triglav-Nationalpark verbrachte, könnte ich als misslungen in den Sperrmüll der Erinnerungen schieben. Große Erwartung am Anfang, große Enttäuschung am Ende – also weg damit. Doch ich habe mich anders
entschieden. Auch von dieser Reise durch eine prächtige Berglandschaft habe ich etwas Unvergessliches mitgebracht: einen
einzigen kostbaren Moment.

Im südlichen Kärnten, zwischen Villach und Arnoldstein, setze
ich den Autoblinker nach links und zweige in Richtung westliche
Karawanken ab. Die vielfach ausgebesserte Straße führt hinauf
zum Wurzenpass, der bis zur Eröffnung des Karawankentunnels
ein wichtiger Grenzübergang nach Slowenien beziehungsweise
zum früheren Jugoslawien war.

Immer weiter arbeitet sich der Motor bergauf, immer weiter
und größer wird die Landschaft.

Vom Wurzenpass geht es auf slowenischem Boden mit bis zu
achtzehnprozentiger Steigung Richtung Vršič-Pass, vorbei am Fe-
rienort Kranjska Gora, mit weiteren 500 Höhenmetern und 50
Haarnadelkurven. Deren Kehren sind kopfsteingepflastert, die

gerade verlaufenden Straßenabschnitte asphaltiert. Was könnte der Grund für diese ungewöhnliche Straßengestaltung sein?

In einer kleinen Parkbucht stelle ich das Auto ab und steige aus. Um besser zu erfassen, wo ich bin, muss ich mit beiden Füßen auf der Erde stehen.

Am Rand der Parkfläche fällt der urwüchsige Berghang hinab in eine tiefe Schlucht. Die gegenüberliegende Seite – gefühlt nur einen kräftigen Steinwurf entfernt – ist von den senkrechten Felswänden mir unbekannter Berge begrenzt. Sie gehören zum westlichen Teil der Julischen Alpen, die sich nach Süden den Karawanken anschließen, somit auch zum Triglav-Nationalpark.

Ich drehe mich um und blicke die Straße zurück. Von hier kann ich sie noch sehen, die Kehre, die ich soeben durchfahren habe. Die Pflasterung ist alt, wahrscheinlich sehr alt. Warum hat man sie nicht durch Asphalt ersetzt? Ich ziehe mein Handy zurate.

Man nennt sie ‚Russenstraße'. Die Pflasterung ist, sofern sie nicht erneuert oder ausgebessert wurde, 108 Jahre alt. Zur Zeit des I. Weltkriegs wurde die Passstraße für militärische Zwecke angelegt – ein Todeskommando in unerschlossenem Berggelände. Wo ich heute munter durch die Gegend fahre, hatte es Tote über Tote gegeben, die meisten von ihnen russische Kriegsgefangene. Mehr als 400 starben infolge eines Lawinenabgangs, die anderen waren verunglückt, verhungert, erfroren, an Krankheiten gestorben. Es spricht also viel dafür, dass die Restpflasterungen Mahnmale sind, Erinnerungssteine an diesen erbitterten Gebirgskrieg, an diesen erbarmungslosen gefahrvollen Straßenbau.

Ich denke an meine Alpenüberquerung mit Heike, als wir am Gardasee ein Stück auf dem Sentiero della Pace, dem Friedensweg, gelaufen waren, der vom Ortler bis zu den Ostdolomiten verläuft und ehemals die Frontlinie des I. Weltkriegs war. Auf diesem prächtigen Bergweg treffen Wandernde immer wieder auf alte Befestigungsanlagen und Schützengräben, auf Militärgerät und andere Kriegszeugnisse.

Von den sich stetig weitenden Ausblicken habe ich als hinterm Steuer Sitzende nicht viel. In der nächsten leeren Parkbucht halte ich noch einmal an, steige aus, stehe, schaue und lasse mir den Wind um die Nase wehen.

Ich mag es gar nicht aussprechen, aber mir geht es nicht gut.

Mal ist mir kalt, mal zu warm, ständig kitzelt es in der Nase, dass ich nießen muss... schlechte Vorzeichen.

Ich beschließe, optimistisch zu sein. Diese ersten Anzeichen eines Infekts werden sich rasch in Wohlgefallen auflösen. Dass ich in den letzten Tagen bei Dauerregenwetter im klammfeuchten unbeheizten Auto geschlafen habe, verdränge ich lieber.

Weiter geht es, nun vom Pass abwärts, zunächst über die verhältnismäßig gerade verlaufende Straße, dann ist wieder erhöhte Vorsicht angesagt bei zwanzig dicht aufeinanderfolgenden Haarnadelkurven. Tausend Höhenmeter Abfahrt mit nicht enden wollendem atemberaubendem Ausblick.

Das Ziel ist erreicht: der Campingplatz ‚Kamp Triglav' im Trenta-Tal. Ich bin umgeben von Bergen und ungezähmter Natur.

Keine fünf Kilometer nach Osten befindet sich der höchste und berühmteste Berg Sloweniens und der Julischen Alpen: der Triglav. Es heißt, dass er mit seinen für ihn typischen drei Gipfeln aus Distanzen von hundert Kilometern erkennbar ist, sogar aus Teilen Kärntens, und es heißt, dass seine imposante Nordwand zu den höchsten der Ostalpen zählt und der legendären Watzmann-Ostwand durchaus ebenbürtig ist.

Nur fünf Kilometer! Trotzdem habe ich den Triglav nicht gesehen. Das bekannteste Nationalsymbol Sloweniens ist mir bei der langen Bergabfahrt vom Vršič-Pass entgangen. Ich bin alles andere als fit und wach, stattdessen rechtzeitig zu meiner Ankunft krank. Nun, da die Anspannung der Gebirgsfahrt nachlässt, kann ich nicht mehr leugnen, was mit mir los ist.

Zeitpunkt und Ort für Erkältung, Grippe und Co sind denkbar ungünstig. Weit und breit gibt es hier kein Dorf, keine Apotheke, keinen Arzt. Ich bin eine kranke Alleinreisende, die sehen muss, wo sie bleibt. Dabei habe ich doch so viel vor! Möchte, soweit mich meine Knie tragen, über den ‚Slowenischen Bergweg' an der Soča wandern, freue mich auf die Schönheit des Flusses und des Trenta-Tales.

Ich bin an einem grandiosen Ort und habe nichts davon.

Neben mir haben sich Marit und Nils niedergelassen. Junge, nette Leute in den Flitterwochen. Sie zeigen ein wenig Mitgefühl für die verschnupfte Nachbarin, der sie ein Päckchen Taschentücher abtreten. Eigentlich wissen sie nicht, was sie morgen und übermorgen unternehmen wollen, vielleicht eine Wanderung, vielleicht auch nicht. Die beiden genießen ihre Liebe und die Freiheit, sich treiben zu lassen.

Meine Bedürfnisse sehen anders aus.

Stündlich wandere ich mit denselben Dingen zum Stromanschluss der Sanitärhütte: einer Babywärmflasche, einem Wasserkocher, einem Teebecher nebst Beutel. Am Abend sitze ich, warm eingewickelt und dennoch fröstelnd, im Campingsessel und schlürfe ein heiß aufgegossenes Asiasüppchen aus der Tüte. Zum Glück habe ich kein Fieber, es würde mich zur Tatenlosigkeit verdammen.

In der Nacht knipse ich die Handylampe an und die Wanderungen zur Steckdose setzen sich fort. Ich muss gut aufpassen, es gibt einige Löcher und Stolperstellen. Auch dem WC statte ich infolge der Flüssigkeitsmenge, die ich zu mir nehme, öfter als üblich meinen Besuch ab.

Krank, traurig und versöhnt

Es versteht sich von selbst, dass ich die Nacht hindurch Zeit zum Husten, aber auch Zeit zum gründlichen Nachdenken habe.

Als der Tag hereindämmert, die ersten Sonnenstrahlen über den Bergspitzen blitzen, weiß ich, was zu tun ist: Ich muss diesen abgelegenen Paradiesort verlassen, solange ich in der Lage bin, konzentriert über die Pässe zu fahren. Da ich im Anschluss an meinem Triglav-Aufenthalt sowieso nach Kärnten fahren wollte, macht es Sinn, in Villach einen Arzt aufzusuchen – der Husten gefällt mir nicht – oder zumindest eine Apotheke. Und ich muss ein Quartier finden, das mir so lange wie nötig zur Verfügung steht. Lust zum Kranksein habe ich zwar nicht, doch wenigstens Zeit dafür. Da das Wetter trocken und warm und mein Autobett bequem ist, wäre ein Campingplatz mit guten Sanitäranlagen und Stromanschlüssen an den Parzellen in Ordnung, lieber jedoch wäre mir ein Hotel.

Zuerst aber heißt es, heil über die Berge zu kommen. Hoffentlich wird die kurvenreiche Traumstrecke nicht zum Albtraum, so unausgeschlafen und angeschlagen wie ich es bin.

Ganz mit meinen sorgenvollen Gedanken beschäftigt, starte ich den Motor, setze das Auto rückwärts, in der Absicht zu wenden, prüfe den Rückspiegel, den rechten Außenspiegel, vergesse den linken und – ramme einen Baum. Das Geräusch ist fürchterlich. Ich steige aus und fluche.

Wo kommen plötzlich all die Männer her?

Das Aufprallgeräusch hat sie aus Zelten und Campingbussen gelockt. Fünf stehen im Halbkreis vor meinem Auto, diskutieren und begutachten, was ich angerichtet habe. Einer öffnet die beschädigte Schiebetür, schiebt sie wieder zu und nickt zufrieden, weil der Schließmechanismus noch funktioniert.

„Alles in Ordnung, ärgere dich nicht", sagt er und die anderen vier stimmen ihm zu, „nur ein Blechschaden, halb so schlimm. Eine Beule, mehr nicht. Die Tür lässt sich öffnen und schließen. Die Hauptsache ist, dass du unverletzt bist, lass dich nicht unterkriegen, das geht vorbei…"

Sie meinen es gut, ihre Fürsorge rührt mich, aber ich würde es bevorzugen, sie gingen dorthin, wo sie hergekommen sind. Meine Schlafmützigkeit auf offener Bühne ist mir peinlich – und das schöne italienische Auto! Damals, als es meines wurde, hatte ich es ‚Il rosso piccolo' getauft. Nun hat es eine scheußliche Delle und der Baum steht da, als hätte er nichts damit zu tun.

Der Zusammenstoß hat mir Beine gemacht, die Lethargie ist erst einmal wie weggepustet. Ich bin hellwach, im wahrsten Sinn des Wortes wach*gerüttelt*. Mitunter bringt das größte Malheur einen unerwarteten Nutzen. Also: Zurück in die ‚Zivilisation', wo es Häuser, Medizin und Arztpraxen mit Stethoskopen und Rezeptblöcken gibt und Unterkünfte mit Toiletten, die ich in der Nacht ohne Taschenlampe finde. Erst dann darf ich mich fallenlassen, krank sein und mich und mein Gefährt bemitleiden.

In dieser Höhe muss es doch eine Möglichkeit geben, zum Abschied einen letzten Blick auf die Naturwildnis des Parks zu werfen! Es wäre ein Trostpflaster.

Immer, wenn auf der gegenüberliegenden Seite eine der Minihaltebuchten auftaucht, bin ich schon vorbeigerollt. Rückwärtsfahren oder halsbrecherisches Wenden ist natürlich das letzte, was ich tun darf. Also bleibt nur, konzentrierter vorauszusehen und noch langsamer zu fahren, ohne den zum Vršič-Pass aufwärts rollenden Verkehr zu behindern, auf dem wenige Autos, dafür umso mehr Motorräder unterwegs sind. Allerdings: Sollte es gelingen, rechtzeitig die Fahrbahn zu verlassen, kann es passieren, dass der Ausblick durch das wildwachsende Grün versperrt ist. Mit anderen Worten: Ich suche eine Haltemöglichkeit mit freiem Blick.

Dann eine Rechtskurve. Ich folge ihr.

Was war das? Eine Zufahrt auf der linken Seite?

Noch ehe ich reagieren und den Blinker setzen kann, liegt sie bereits zurück. Eine Zufahrt an dieser Stelle kann nur bedeuten, dass sie zu einem Aussichtspunkt führt. Ich möchte unbedingt dorthin, suche angestrengt den Straßenrand nach einem Stellplatz ab. Schon nach hundert Metern ist er da, ausreichend für ein bis zwei Fahrzeuge. Die Bahn ist frei, ich lenke das Auto hinüber auf die andere Seite und stelle den Motor aus. Dann gehe ich am Straßenrand zurück, biege sofort in die Zufahrt ein und schlinge mir im Gehen ein Tuch um Kopf, Hals und Ohren.

Heftig weht es mir entgegen.

So fühlen sich nur Bergwinde an!

Meine Augen füllen sich mit Tränen, dünnhäutig, wie ich nach meiner rundum unglücklichen Abreise bin.

Es handelt sich um eine Beobachtungsplattform am geologischen Wanderweg ‚Slowenischer Bergweg'. Die Fläche ist mit Holzbalkengeländern eingefasst und es scheint, als schwebte sie über der Landschaft. Berge… mit dem Wind fliegt euch mein Herz zu, der Blick verfängt sich nicht im Detail, er umfasst die Welt, die sich zu meinen Füßen ausbreitet.

An der linken Plattformseite ist eine Tafel in slowenischer und englischer Sprache angebracht, übertitelt mit: *Vrhovi nad izvirom Soče* – Gipfel über der Quelle der Soča. Gemeint sind siebzehn, das Quellgebiet umstehende Gipfel. Der Fluss entspringt im Gebiet Jalovec, Šit, Travnik und Mojstrovka, wo er aus einem unterirdischen kleinen See gespeist wird und aus einer Felsspalte hervorsprudelt.

Unter mir erstreckt sich das kaum einsehbare Zadnja Trenta-Tal, eine Bergwildnis, in der es noch Urwälder gibt. Geschätzten 7.000 Tierarten, darunter Luchse und Bären, ist das UNESCO-Biosphärenreservat ein Zuhause.

Der Wind ist stark, der Himmel blau und die Luft warm. Heftig bläst mir der Atem der Berge ins Gesicht, zerrt an meinem Tuch, will mir das Haar zerzausen. Laut rauscht es um mich her, wie von tausend großen Vogelschwingen, während die Landschaft ruhig daliegt und ihre Geheimnisse verbirgt. Man kann sie nicht sehen und eigentlich sind sie flüchtig, dennoch habe ich viele Erinnerungen an sie: an den brüllenden, schwarzen Wind am Gafalljoch, den disharmonischen, ungestümen am Blasergipfel, den Wolken treibenden Finalwind über dem weiten Inntal, den zärtlichen, die Veilchen der Toten Alpe streichelnden Wind, den heiteren, mit den Wiesenblumen des Engadins spielenden... und nun dieser: der Wind vom Zadnja-Trenta-Tal.

Zwei Stunden später bin ich dort, wo es Stadtgetümmel, Arztpraxen und Medizin gibt – und jede Menge Hotelbetten zum Auskurieren und Träumen.

Unsichtbarer Wind vom Zadnja-Trenta-Tal

13

Die Schlucht

Flattach/Kärnten/Österreich

∞

Der ist der Herr der Erde,
wer ihre Tiefen misst.

Novalis

Ist dies derselbe Bach, der anderenorts so typisch lieblich durch Wiesen und Wald murmelt? Dort unten schäumt die Gischt, in nicht enden wollenden Fontänen sprüht und stäubt es zu mir herauf, die Luft ist erfüllt mit allerfeinsten Wassertropfen. Der Bach ist ungehalten, hier in der Schlucht, wo er eingezwängt, zum Herabstürzen und Springen gezwungen ist. Darum tobt und brüllt er, veranstaltet einen ohrenbetäubenden Krach, und ich stehe gebannt da, sperre Augen und Mund auf, spüre den eiskalten Sprühnebel in meinem Gesicht. Dieses in die Enge gepresste Element gebärdet sich furchterregend und faszinierend zugleich. Ein zum Schaudern schönes Monster, das mich auf der Stelle verschlingen würde, fiele ich dort hinein. Also muss ich darauf vertrauen, auf den ‚schwebenden' Stegen in Sicherheit zu sein. Doch Vorsicht! Das feuchte Holz ist etwas rutschig.

Ich bin in Österreich, dieses Mal in Kärnten, hineingestiegen in die Raggaschlucht. Steil aufragende Felswände rechts und links von mir, kalt und nass, und so eng beieinander, dass ich den Himmel entweder gar nicht oder nur als hellblauen Fleck sehen kann. Ich befinde mich in einer tiefen Felsrinne, die das Wasser über einen schier endlosen Zeitraum geschürft, geschliffen, geformt hat. Das sind Kräfte der Natur, die nichts zu übertrumpfen vermag: ihre Beharrlichkeit, ihr unerschöpfliches Zeitkontingent. Das sind die Kräfte des Wassers: seine Fließgeschwindigkeit und die Wucht, mit der es schieben, aufprallen und mitreißen kann. Stets dabei und unermüdlich arbeitend die sogenannten Erosionswaffen: Steine, Sand und Geröll.

Mit Stegen und Treppen strebt die Steiganlage stetig bergauf, um überhängende Wände aus Paragneis und Glimmerschiefer, durchzogen von querlaufenden rostbraunen und weißen Streifen, in denen Kristalline glitzern. Fels stapelt sich in geborstenen Sedimentschichten auf und ich stehe bewundernd davor, strecke die Hand aus, um sie zu berühren. Hier offenbart die Erdkruste ein Stück ihres Inneren, mit ihrer Ursprünglichkeit ist die Schlucht ein El Dorado für Geowissenschaftler aller möglichen Spezialgebiete.

Seitenwechsel.

Soeben hat mich der Steig über eine kurze, aufregende Brücke geführt, auf der ich einen Moment stehenbleibe und beobachte, wie der tobende Bach sein schäumendes Wasser bis zu meinen Füßen heraufspritzt. Ich hebe das Kinn, richte den Blick auf das Ende der Stegpassage, die nun vor mir liegt und neben der mir das Wasser über eine ungefähr zehn Meter hohe Felsstufe entgegenstürzt. Die Schluchtwände stehen dort oben so nah beieinander, dass es aussieht, als könne man beide gleichzeitig mit gestreckten Armen anfassen. Dieser bisher steilste, wegen der Enge stufenlose, Stegabschnitt presst sich unmittelbar neben dem Wasserfall schräg geneigt zur Wand, windet sich oben in das schwarze Loch der Felspforte hinein, unter der der Bach hindurchschießt und einen Baumstamm hinabschleudert, als sei er nichts weiter als ein Holzknüppel.

Ein Meisterwerk von Menschenhand ist die hölzerne Steiganlage, ohne die kein Menschenauge dieses Naturtheater jemals sehen würde. Ein Wunder, dass es hier überhaupt einen ‚Weg' gibt. Durchgängig ist er in den harten, glatten Wänden mit Stahlträgern, Felsankern und Schrauben befestigt. Für die Montage an besonders unzugänglichen Stellen hat man vermutlich kleine Sprengungen vorgenommen, nicht so für den Luxus irgendwelcher Sitzplätze. Da es auch keine natürlichen Felsabsätze gibt, müssen alle, denen das stete Aufsteigen zu schaffen macht, im Stehen ausruhen.

Nach jeder Biegung zieht sich der Steig weiter voran, bis er sich erneut hinter einem Felsvorsprung dem Blick entzieht. Der Lärm des tosenden Wassers nimmt nicht ab, unaufhaltsam und verbissen sucht es nach Auswegen aus allen Ritzen und Gumpen, um sogleich davonzustürmen, als peitsche es der Teufel selber vor sich her. Ich dagegen komme nur in kleinen Schritten vorwärts, wegen des oftmals schlüpfrigen Untergrunds und weil ich alle paar Meter stehen bleibe, um wie paralysiert in das strudelnde Wasser zu starren, wo jetzt ein einsames Zweiglein einen verzweifelten Tanz aufführt. Ich sehe ihm dabei zu, bis es, vom Sog erfasst, auf Nimmerwiedersehen davongetrieben wird.

Einen Augenblick verharren. Die Augen schließen, spüren, wo ich bin. Kalt ist es... und die Luft, ah! Tief inhalierend lächle ich in den herauffliegenden Wasserstaub hinein – herrlich! Ein Jungbrunnen für die Lungen. Mich erfasst das seltsame Gefühl, als sei ich der erste Mensch auf Erden.

Im Jahre 2018 wurde die Steiganlage durch ein Unwetter mit Sturzregen zerstört. Ein Höllenspektakel muss hier getobt haben, vom Himmel gesandt. Material, das in die wütende Sintflut stürzte, wurde mitgerissen oder verkeilte sich in Durchlässen und Nischen. Ein Jahr später hatte man die technisch aufwändige Anlage wieder hergestellt, mit Finanzmitteln aus einem Katastrophenfonds.

Schlucht und Klamm. Worin besteht der Unterschied? Tatsächlich ähneln sich die Merkmale: Beide haben senkrechte Wände, Schluchten größtenteils, Klammen nahezu ausschließlich. Beide sind weltweit die steilsten Talformen. In der Raggaschlucht sehe ich senkrechte Felswände zuhauf, daher wundert es mich, warum sie nicht als Klamm gilt.

Oft befinden sich Schluchten und Klammen an den unteren Enden der Seitentäler, dort, wo sie auf die Haupttäler stoßen. Das hat einen erklärbaren Grund: Musste mit dem Abschmelzen der Eiszeitgletscher aus den Seitentälern fließendes Gewässer mit starkem Gefälle eine große Barriere aus hartem Stein überwinden und wurde nicht am Fortfließen gehindert, führte das häufig zur Entstehung einer Klamm. Das unablässig nachdrängende Wasser schlug mit der ihm gegebenen Zeit eine Schneise hindurch, grub und schliff sich selber tiefer, ohne die begrenzenden Felswände in nennenswertem Umfang abzutragen. Zwar schabte es auch an ihnen Tag für Tag, Nacht für Nacht, Jahr für Jahr, zehntausende von Jahren lang, dennoch widerstand ihm der harte Fels und die Erosion war nur gering. Diese fiel bei der Entstehung von Schluchten stärker aus, da Fels und Stein nachgiebiger waren und die Ränder bröckelten. In den Alpen sind die Klammen und Schluchten vorwiegend nach der Eiszeit entstanden, als die Kräfte der Schmelzwassermassen wirkten.

Der Raggabach ist ein Kind des Mölltals und des Mittagspitz im Kreuzeck-Gebirge des Nationalparks Hohe Tauern. Seine außergewöhnlich enge Schlucht wurde am Ende der siebziger Jahre zum Naturdenkmal erklärt. Weiter unten, bei der Gemeinde Flattach, mündet der Bach in die Möll, die ihrerseits am Fuß des Großglockners entspringt. Diese fließt nach Süden der Drau zu, die sich später nach Osten wendet und in Kroatien in die Donau mündet, sodass die Wasser des Raggabachs ihr Ziel im Schwarzen Meer finden. Ist das nicht großartig eingerichtet? Flusssysteme sind das Adergeflecht der Erde: was in die eine Richtung gepumpt wird, kommt aus der anderen zurück. Mich begeistert das. Mal schauen, vielleicht werde ich im nächsten Leben Flussmorphologin. Einen schönen Traum ist es wert.

Der Schluchtsteig ist eine ‚Einbahnstraße', man darf und kann ihn nur aufwärts begehen, der Rückweg erfolgt durch den anliegenden Wald. Konzentriert tasten sich meine Füße voran, nicht nur ich gehe langsam und mit Bedacht, die Gefahr auszugleiten ist stets präsent, hier, wo allein das Wasser sein heftig sprühendes Regiment führt. In umgekehrter Richtung, insbesondere auf den steileren Stegen, wo statt Stufen quer aufgeschraubte Hölzer für den nötigsten Halt sorgen, wären im Abwärtsgehen Unfälle vorhersehbar. An manchen Stellen ist der Steg sehr schmal, für mehr Breite ist kein Platz da und schon gar nicht für entgegenkommende Personen. Ausweichen ist nicht möglich und ein Verlassen des Weges sowieso nicht. Wer sich in die 800 Meter lange Schlucht begeben hat, muss sie komplett durchlaufen. Geländer sind natürlich montiert, aus zwei oder drei längslaufenden Balken, die Abstände dazwischen sind aber relativ groß. Ein Grund mehr, mit Kleinkindern hier nicht unterwegs zu sein. Bei Gewitter und Sturm ist der Steig gesperrt.

Das bergwärts liegende Ende der Schlucht kündigt sich an. Dann liegt die spektakuläre Steiganlage hinter mir, ich habe ‚festen Boden' unter den Füßen. Himmel und Sonne sind wieder da, hell und warm ist es und – still. Oder doch nicht? Das konstante, alles übertönende Geräusch des Wassers ist noch im Kopf, nicht im Gehör. So laut es ist, scheint es sich innerhalb der Felswände zu verfangen und dringt nicht bis hierher.

Kräftig ansteigend führt ein Weg in drei, vier Serpentinen hinauf zum angrenzenden Waldrand. Das Aufwärtsgehen ist unter der Sonnenhitze anstrengender. Oben stoße ich auf eine geebnete Fläche, auf der ein paar Bänke stehen. Obwohl alle besetzt sind, redet niemand. Als er mich nahen sieht, rückt ein älterer Herr zur Seite, deutet auf die freie Stelle neben sich. Ich nehme das Angebot für eine Verschnaufpause gerne an.

Wir unterhalten uns nicht. Wie die anderen Besucher hänge ich meinen Gedanken nach. Die in der Schlucht erlebte Sprachlosigkeit wirkt nach. Menschen werden kleinlaut, tauchen sie in die Größe und Gewaltigkeit der Natur ein.

Mir kommt es vor, als sei ich der Unterwelt entstiegen. Ich habe etwas gesehen, gehört und gespürt, was abertausende Jahre allein der Natur überlassen war, wo menschliches Können und menschliche Gesetze keine Rolle gespielt hatten. Ich habe – mal wieder – die Kreativität der Schöpfung erlebt und außerdem einen Hauch Erdgeschichte.

Und jetzt fühle ich mich wie betäubt, höre vom Wald her Vögel singen und noch immer wie einen Nachhall das Wasserrauschen in meinem Kopf. Allmählich wird es leiser werden, dann ganz verstummen, und irgendwann, heute oder morgen, wird es Erinnerung sein.

So oder so braucht alles seine Zeit.

In der Raggaschlucht

14

Der Bergsteigerfriedhof
von Heiligenblut

Kärnten/Österreich

∞

Das Geheimnis, um die größte Fruchtbarkeit und
den größten Genuss vom Dasein einzuernten, heißt:
gefährlich leben.

Friedrich Nietzsche

Im Jahre 914 kam ein dänischer Prinz auf der Rückreise von Konstantinopel, dem heutigen Istanbul, ins Großglocknergebiet, wo ihn eine Lawine erfasste und unter sich begrub. Seinen wertvollsten Besitz, eine Ampulle mit dem Blut Christi, trug er bei sich. Als Schutz gegen Überfälle hatte er sie in eine seiner Waden einwachsen lassen. Und nun ereignete sich Wundersames: dort, wo unter den Schneemassen sein Leichnam lag, sprossen drei Ähren hervor. Als man sie fand, dauerte es nicht lange, bis auch der Prinz entdeckt wurde. Und noch einmal geschah Seltsames: Beim Versuch ihn zu bestatten, sträubte sich das Bein, in dem das Fläschchen steckte, unter der Erde zu bleiben. Es dauerte seine Zeit, bis die Ursache dafür entdeckt wurde.

Seither wird das Blut Christi im Sakramentshaus der Pfarrkirche aufbewahrt. Diese befindet sich in Heiligenblut.

Das Dorf am Ende des Tales

Wie lange ist es her? Wohl zwanzig, dreißig Jahre. Als meine geschätzte Montafoner Zimmerwirtin erzählte, in Heiligenblut geboren und aufgewachsen zu sein. Wo sich dieser Ort befände, hatte ich nachgefragt, denn am Anfang meiner Alpenzeit war er mir noch unbekannt. In den Hohen Tauern, ganz in der Nähe des Großglockners, in fast 1.300 Metern Höhe, hatte Ida erklärt, und es war nicht zu übersehen, dass sie stolz auf ihre Herkunft war.

Heute möchte ich ihr Heimatdorf besuchen, in wenigen Minuten bin ich da. Gleich sehe ich, was ich auf vielen Fotos bewundert habe, und wo wie eh und je die Blutreliquie aufbewahrt ist: die berühmte Pfarrkirche des Heiligen Vinzenz.

Und da steht sie, malerisch umgeben von Bergen. Wie zu der Zeit, als hier die kleine Ida das Licht der Welt erblickte, reckt die Kirche im Zentrum des Dorfes die Spitze ihres schlanken Turms himmelwärts. Und er, seine Majestät der Tauern und des östlichen Alpenhauptkamms, ist unübersehbar: Über dem Kopf des Mölltals überragt seine Gipfelpyramide alle anderen: der Großglockner! Mit knapp 3.800 Metern der höchste Berg Österreichs und der Ostalpen. Ihm zu Füßen steht das im 15. Jahrhundert errichtete Gotteshaus an einem Hang, mit der umgebenden Kulisse unzählige Male abgelichtet, gemalt und gezeichnet. Die einzige Straße, die von hier fortführt, außer der, über die ich durch das Mölltal heraufgefahren bin, ist die Großglockner-Hochalpenstraße. Da diese im Winter gesperrt ist, wird die verbleibende Zufahrt zur Sackgasse. Ein Zustand, der für Bergdörfer in ähnlicher Lage nichts Ungewöhnliches ist. Sollte es unter diesen Umständen zu Naturereignissen wie Überschwemmungen, Geröll-, Schlamm- oder Schneelawinen kommen, kann es nicht nur unter den Ereignissen selbst, auch in anderer Hinsicht um Leben und Tod gehen. Im Jahre 2019, als Heiligenblut im Schneechaos versunken war, musste ein dreijähriges Kind, am Blinddarmdurchbruch erkrankt, minutenschnell in ein Klagenfurter Hospital geflogen werden. Bevor der Transport durchgeführt werden konnte, hatte man mit Hilfe von Dorfbewohnern in dramatischer Eile eine Landefläche für den Helikopter präparieren müssen.

Wie viele Zu- und Ausfahrten meine westfälische Heimatstadt wohl hat? Bisher hatte ich noch keinen Grund sie zu zählen.

Heute, mitten im Monat September, gibt es keinen Schnee in Heiligenblut. Der ausgehende Bergsommer steht an der Schwelle zum Herbst. Ich bin froh, dass es mir, trotz des späten Nachmittags, gelungen ist, eine bestimmte Telefonnummer – dazu später mehr – und eine bescheidene Bleibe zu ergattern. Es geht doch nichts über die Gewissheit, die Nacht geschützt und behaglich verbringen zu können.

Als ich mich eingerichtet habe, widerstehe ich dem Bedürfnis, mich, müde, wie ich von den Erlebnissen und Eindrücken dieses Tages bin, für ein Stündchen ins Bett zu legen. Stattdessen verlasse ich das Haus. Auch ohne Tatendurst reicht es noch für einen kleinen Dorfbummel, ein gutes Essen und ein Glas Rotwein, gern mit Blick auf den Glockner.

Morgen, nach dem Frühstück, möchte ich mich auf den Weg zur Kirche machen. Nein, es geht mir nicht um den Schatz des Prinzen, vielmehr um Verstorbene der Region, die Schätze ganz anderer Art mit ins Grab genommen haben.

Schließlich ist es nicht allein der Anblick des Großglockners, der mich hierhergezogen hat, auch der Friedhof.

Auf den Spuren Pallavicinis

Eine Frau hat verwelkte Blüten abgezupft und da es seit einer Woche nicht mehr geregnet hat, wässert sie die Blumen… Tagetes, Eisbegonien, Steinkraut, Geranien.

Wohin ich schaue, auf jedem Grab blüht es: Rot-, Rosa- und Orangetöne dominieren die Bepflanzungen, ein Teil der Gräber schmiegt sich wie schutzsuchend an die Kirchenwand. Den fernen Hintergrund der anderen Gräber bildet die zerklüftete Felswand der gegenüberliegenden Talseite. Wie auf Alpenfriedhöfen üblich, steht auf jedem Grab ein landestypisches Kreuz aus filigran gefertigtem Schmiedeeisen, manche zusätzlich mit Gold verziert.

Die Frau heißt Elisabeth. Einer kleinen Unterhaltung mit mir ist sie nicht abgeneigt. Sie hat die Gießkanne auf dem Boden abgestellt, den Rücken gerade aufgerichtet und erzählt, ohne dass ich danach frage und so, als entschuldige sie sich dafür, eine Zugereiste zu sein. Wann und warum es sie hierher verschlagen habe, erkundige ich mich. Vor bald vierzig Jahren habe sie einen Heiligenblutler geheiratet. Auch die längste Ortsansässigkeit, so lerne ich im Stillen, macht Zugereiste nicht zu Einheimischen; so sind nun mal die Gepflogenheiten in einem Bergdorf. Ida: geboren in Heiligenblut/Kärnten, zugereist in Tschagguns/Vorarlberg.

„Ein wunderschöner Platz!" schwärme ich und blicke mich um, „die letzten Ruhestätten zu Füßen des Großglockners."

„Ja, die Lage könnte schöner nicht sein. Jeden Tag komme ich hierher, jeden Tag sehe ich ihn. Leider ist er nicht mehr so weiß, wie er mal war –"

„– wegen der Gletscherschmelze?"

„Ja. Es tut weh, das zu beobachten. Jahr für Jahr wird der Berg dunkler. Von der Pasterze ist nicht mehr viel übrig."

Die Pasterze am Großglockner: größter Gletscher in den Ostalpen.

„Bei meinen Wandertouren habe ich das Sterben zweier Gletscher mit eigenen Augen verfolgt", erzähle ich, „man will nicht glauben, dass sie nach nur wenigen Jahren unwiderruflich weg sind."

„Schlimm ist das, und besonders, wenn man täglich dabei zusieht. Ein Abschied ohne Wiederkehr."

Das Eis der Berge löst sich viel zu schnell auf. Was nützt uns eine neue Eiszeit in 5.000 Jahren? Der Planet hat Zeit, er selbst ist der Friedhof der Gletscher mit grauen Schutt- und Geröllgräbern und 5.000 Jahre sind für ihn ein kurzes Husten. Ich verstehe Elisabeths Traurigkeit. Was soll ich ihr Tröstendes sagen – es besteht jederzeit die Möglichkeit, dass sich neue Gletscher bilden, sollte es kälter auf der Erde werden? Oder: Alles wird gut? Wie so oft weiß ich nicht, was damit eigentlich gemeint ist.

Ich sage gar nichts.

Elisabeth reicht mir die Hand: „Auf Wiedersehen, noch eine schöne Zeit in Heiligenblut."

Dann bückt sie sich, greift die Gießkanne und geht davon.

Langsam gehe ich zurück in Richtung des Eingangs. Für das, was sich dort befindet, möchte ich mir viel Zeit nehmen. Im Angesicht des Großglockners steht hier, auch aus der Ferne erkennbar, ein ganz anderes Kreuz: die Nachbildung eines Gipfelkreuzes. Vor dem Berghintergrund hoch und frei aufragend, ist es aus mattglänzendem Stahl gefertigt, kunstvoll mit stählernen silbergrauen Edelweiß- und Enzianblüten verziert. Im unteren Teil des Kreuzes sind, ebenfalls aus Stahl, ein Eispickel und ein Kletterseil angebracht. Davor liegt auf einem Felsblock ein großes Buch aus Eisen mit umblätterbaren Seiten, darin eingraviert eine Chronologie im Großglocknergebiet verunglückter und verstorbener Bergsteiger.

Der Buchdeckel trägt den Titel: *Den Opfern unserer Berge.*

Die Auflistung mit den Geburtsdaten beginnt mit Personen, die Ende des 19. Jahrhunderts geboren wurden. Oft sind deren Berufe, die Unglücksorte und Unglücksgründe verzeichnet. Vereinzelt tauchen Frauennamen auf, Ilse, Anna, Maria, Martha… als Ehefrau von…. – zum Ende des 20. Jahrhunderts vermehrt sich geringfügig die Nennung von Frauennamen.

Zum Großglocknergipfel führen vier Wege.

Den niedrigsten Schwierigkeitsgrad weist die sogenannte Normalroute auf, woraus sich nicht ableiten lässt, dass sie im Handstreich zu bewältigen ist und keine Todesfälle kennt. Welzen-bachroute, Nordwestgrad, Berglerrinne, Pallavicinirinne, Gröger-rinne... auf jeder Buchseite tauchen diese Bezeichnungen auf, überall hatte jemand sein Leben verloren. Dabei fällt auf, dass die Pallavicinirinne relativ oft als Unglücksort aufgeführt ist.

Pallavicini? Den Namen habe ich doch soeben gelesen?

Ich drehe mich um, suche... und finde das auffällige Grabmal in unmittelbarer Nähe der Gedenkstätte: Alfred Markgraf von Pal-lavicini, geboren am 26. Mai 1848, gestorben am 26. Juni 1886. Was hat es mit dieser Rinne auf sich, mit diesem Mann, dessen Namen sie trägt, und der, betrachte ich die aufwändige ehrwür-dige Ruhestätte, in der Glocknerregion für den Alpinismus of-fensichtlich von großer Bedeutung gewesen war?

Bis zum Ende des Deutschen Krieges – Juni bis August 1866 – war der aus einer italienisch-österreichischen Adelsfamilie stam-mende Pallavicini Leutnant im Alpenjägerkorps, später Offizier beim Tiroler Kaiserjägerregiment. Sein leidenschaftliches Inte-resse galt dem Bergsteigen. Insbesondere erlangte er Bekannt-heit durch Erstbesteigungen im Dachsteingebirge, in den Dolo-miten, an der Königspitze der Ortlergruppe und – durch die Erst-begehung einer steilen und hohen Eisrinne am Großglockner. Da es zu jener Zeit noch keine Eishaken gab, die, in die Eiswände getrieben, ein etwas weniger mühevolles Aufsteigen ermöglich-ten, schlugen Pallavicini und seine Gefährten 2.500 Stufen mit dem Eispickel heraus. Eine kaum zu begreifende Zahl, die bis heute Bewunderung hervorruft.

Doch dem großen Triumph folgte großer Schmerz. Ausgerech-net in der Glocknergruppe, wo er seinen spektakulärsten Erfolg hatte, ereilte den Abenteurer mit 38 Jahren das Unglück: Bei der Besteigung des Berges Glocknerwand, ein dem Großglockner be-nachbarter Gipfel, stürzten er und seine Begleiter kurz vor Errei-chen des Ziels auf einer abbrechenden Wechte in den Tod. Die von Sturm und Wind geschaffenen verdichteten Schneeverwehungen an den Fels- und Abbruchkanten der Gipfelregionen sind von tückischer Schönheit.

Mittlerweile gibt es in der Pallavicinirinne neue Probleme: die Steinschlaggefahr hat sich durch den schwindenden Permafrost erhöht, Blankeis ist nicht immer von griffigem Firn bedeckt. Wobei die Palette der Gefahren im Gebirge ohnehin groß ist: Steinschlag, Lawinen, ausgebrochene Felsgriffe, gerissene Seile, sich lösende Kletterhaken, Wetterstürze, Schneehagel, Blitzschläge, Gletscherspalten und so fort… lauter Vorkommnisse, die bergsteigenden Menschen das Leben kosten können. Einige davon sind als Todesursachen in dem eisernen Gedenkbuch erwähnt. Franz-Josef, Heinrich, Paul, Willy, Theresia, Alfred, Magnus… der Großglockner und seine Toten. Das Wort Absturz taucht auf jeder Buchseite mehrmals auf, ab und zu der Begriff Herzschlag.

Nicht jeder Mensch, der am Berg stirbt, ist in Felswänden kletternd unterwegs, auch Wandernde verunglücken. Ich kannte eine Frau, die aus Unachtsamkeit rückwärts aus fünf Metern Höhe abgestürzt war. Sie kam mit Prellungen und Knochenbrüchen davon, der Kopf blieb unverletzt, was ein großes Glück war, üblicherweise tragen Wandernde keine Schutzhelme.

Ich selbst hatte beim Bergwandern Situationen erlebt, die böse hätten ausgehen können: drohendes Abrutschen im Geröll, nicht zu ortende kollernde Steine im Nebel, plötzliche Tagesfinsternis und sturmartiger Wind…

Da stellt sich doch die Frage: Warum tut man etwas freiwillig, das gefährlich ist, beziehungsweise gefährlich sein könnte? Warum nimmt man etwas freiwillig auf sich, das sehr anstrengend ist? Weshalb klettert jemand Eiswände hinauf und hackt unfassbare 2.500 Stufen heraus? Der Antriebsmotor ist klar: aus Leidenschaft, die ,Leiden' in Kauf nimmt. Ohne Leiden ist das höchste Glück oft nicht zu haben.

‚…eine ausgeprägte Passion für eine bestimmte Tätigkeit, der man sich mit Hingabe widmet', ist eine Teildefinition von Leidenschaft. Die Begriffe Draufgängertum, blinder Ehrgeiz, Kopflosigkeit kommen in der Definition nicht vor. Ich erinnere an Gerlinde Kaltenbrunner, deren Lebenstraum es war, auf den höchsten Bergen der Erde zu stehen. Viele Träume lassen sich nur mit Hingabe verwirklichen und die fragt nicht, wie viel Mühe etwas macht, wie schwer oder leicht etwas zu erreichen ist. Vielmehr ist es die Leidenschaft, die für ‚ungeahnte Kräfte' sorgt.

Was Herrn Pallavicini und die anderen Gipfelstürmenden betrifft: Vielleicht wird diese Glückswirkung durch die Gefährlichkeit des Tuns noch intensiviert, quasi auf die Spitze getrieben. Vielleicht wird sie durch das an Professionalität gewinnende Können und die wachsende Kraft gesteigert. Vielleicht kommt angesichts der besonderen Anforderungen im Gebirge noch Besessenheit dazu. Vielleicht ist es die Sehnsucht nach dem Gipfel des Glücks, dem nur der Sprung in den Himmel folgen kann, den es aber unbedingt zu verhindern gilt.

Fast unbemerkt hat sich vorsichtigen Schrittes eine alte Dame neben mich gestellt. Sie wartet, will mich nicht beim Lesen des Gedenkbuches stören.

Wir kommen ins Gespräch, lesen gemeinsam in dem eisernen Buch. Sie heißt Ursula, lebt in Ulm und hält sich mit einer Seniorengruppe in Heiligenblut auf. Keiner ihrer Mitreisenden habe Lust gehabt, den Friedhof zu besuchen, also sei sie allein gegangen, erzählt sie. Was sollen wir uns einen traurigen Friedhof ansehen, wo nur Tote sind, die wir noch nicht einmal gekannt haben? hätten sie gefragt. Sie interessieren sich für nichts, klagt Ursula, nicht für die Toten und auch nicht für die Leute, die hier leben. Dabei muss man sie doch ansprechen, die Unterhaltung suchen, fährt sie fort, wer das nicht will, wird's schon sagen.

Ich mag Ursula, ihre wachen, blitzenden Augen. Sie ist offen, herzlich, herrlich jung mit ihren 82 Jahren. Und ich kann ihr nur vollumfänglich zustimmen: Man muss mit den Menschen reden, sonst bleiben wir einander fremd.

Nachdem ich mich von Ursula verabschiedet und den Friedhof verlassen habe, suche ich eine etwas abseits gelegene Bank, wo ich ungestört telefonieren kann. Als sie gefunden ist, nehme ich das Handy heraus und wähle die Nummer, die mir gestern im Informationszentrum gegeben wurde. Es ist die von Peter, seit Jahrzehnten Bergführer, folglich ein Großglockner-Experte. Noch ein Mensch – und Heiligenblutler dazu –, mit dem ich reden, oder besser: dem ich zuhören möchte.

Peter erzählt, dass der Friedhof eigentlich ein Bergfriedhof mit vielen Familiengräbern ist, also einer wie andere. Das Grab des berühmten Bergsteigers Pallavicini und die Gedenkstätte haben ihn zum ‚Bergsteigerfriedhof‘ gemacht. Dann wechselt mein Gesprächspartner das Thema und kommt auf den im Jahre 1870 in Heiligenblut gegründeten Bergführerverein zu sprechen, dem er angehört. Obwohl der Glockner erstmalig und nachweislich im Jahre 1800 erklommen wurde, finden erst seit den 1920iger Jahren verstärkt Gipfelbesteigungen in der Glocknergruppe statt. Gefühlte 99 Prozent aller Verunglückten, so schätzt Peter, waren Auswärtige, die in ihre Heimatorte respektive Heimatländer zurückgeführt werden mussten. Aktuell erlebt der Bergriese Österreichs, dem ungebrochen der Ruf des Mythos anhaftet, 5.000 Besteigungen pro Jahr, was nicht darüber hinweg täuschen darf, dass jede einzelne eine Herausforderung ist. Von dem bergsteigerisch oftmals unterschätzten Glockner sind bis dato etwa 450 Menschen nicht lebend zurückgekehrt.

„Wie siehst du die Situation der Gletscher?" frage ich.

„Während Schnee die Sonnenstrahlen reflektiert", erläutert er, „zieht dunkler, schneeloser Fels die Strahlen an, erwärmt sich, wodurch frischer Schnee nicht liegen bleibt. Dieser Vorgang hat sich auch am Glockner verselbstständigt. Nur an den Stellen, wo es keine direkte Sonneneinstrahlung gibt, bleibt von den Felskanten und –rippen gewehter Neuschnee in den Karen und Zwischenräumen liegen."

Das reicht nicht für neue Gletscherbildung.

Was Peter als Pensionist mehr am Herzen liegt als andere, sagt er, hörbar bewegt, am Ende unseres Gesprächs: Nie habe er als Bergführer ein Unglück mit schweren Verletzungen oder Todesfolge erlebt. Grund für eitle Überheblichkeit sei das nicht, sondern ein Grund zur Dankbarkeit, fügt er hinzu.

Oh ja, das Thema wiederholt sich mit jedem Menschen, der sich den Bergen verschrieben hat: Man kann sich noch so bemühen, noch so geübt sein, noch so konsequent an alle Regeln halten, der Mensch ist und bleibt am großen Berg ein verletztliches Wesen. Das erwanderte, erkletterte, errungene Glücksgefühl schließt auch immer das schicksalhafte Glück mit ein. Dieses von Gott, dem Leben oder dem Berg selbst zu erbitten, erfordert Demut.

Immer haben mich im Gebirge die unaufhörlich wechselnden Perspektiven fasziniert. Von hier unten schaue ich hinauf zum Großglockner und Kleinglockner, der nur wenig kleiner ist als der große Bruder, und die zusammen einen Doppelgipfel darstellen. Wie großartig muss es sein, dort oben zu stehen! Wahrhaft erhebend und weitsichtig. Mit 220 Kilometern gilt die Sicht vom Großglockner als die weiteste sämtlicher Ostalpenberge. Je nach Himmelsrichtung reicht sie zum Böhmerwald, zur schwäbischbayrischen Ebene, zum Ortler, zum Rand der Poebene, zum slowenischen Berg Triglav, zum Toten Gebirge.

Nach meinem Gespräch mit Peter gehe ich zurück zur Kirche, um dort eine Kerze anzuzünden. Dieses Ritual versäume ich nie, egal, wo ich bin und welche Kirche ich betrete. Es gibt immer einen Grund für das Entzünden eines neuen Lichts.

Bergsteigerfriedhof von Heiligenblut –
im Hintergrund der Großglockner, 3.798 m

15

Die Schafhütte
Zillertal/Tirol/Österreich

∞

Und wenn du allein sein wirst,
wirst du ganz dein sein.

Leonardo da Vinci

Ein Merkmal der Idee ist das Überfallsartige.

Plötzlich zuckt er durch den Kopf, der Geistesblitz, und vermag im Bruchteil einer Sekunde das Herz zu erhitzen. Und da ist sie, die Lust auf ein Experiment: einmal in der Bergnatur abtauchen, ohne mich vom Fleck zu rühren. Allein in einer Berghütte wohnen, die einzige menschliche Gesellschaft: ich selbst. Kein Aufbrechen, keine Tagesziele. Bleiben, wo ich bin.

Aber ist das ein guter Einfall für eine leidenschaftlich Weiterreisende wie mich? Ich werde es wissen, wenn ich die Erfahrung gemacht habe.

Angst vor der Angst

Ein Tag im Mai. Soeben bin ich eingetroffen, am Schwendberg im Zillertal. Hier will ich mich einnisten, auf die elementarsten Dinge beschränken, mich reduzieren, wie es so schön heißt. Das Nötigste im Koffer, das Nötigste im Kühlschrank.

Sieben Tage... ist das eine lange Zeit oder eine kurze?

Bäuerin Gerda und ich ziehen einen Leiterwagen mit meinen sorgsam zusammengestellten Habseligkeiten über einen vom tagelangen Regen aufgeweichten, hügeligen Weg. Meine Vermieterin, gertenschlank, muskulös und von beneidenswerter Zähigkeit, hat in den Jahren des landwirtschaftlichen Familienbetriebs ihre optimale Technik entwickelt, den Wagen beim Bergabrollen zu bremsen, indem sie sich mit ihrem ganzen Leichtgewicht gegen die Zugstange stemmt, und ich, die ihr mit unflexiblen Knien und städtischer Unbeholfenheit die Anstrengung nicht erschweren will, sehe mit bewundernden Seitenblicken zu und halte ihr Tempo mit.

Und da ist sie! Die Schafhütte.

Seit Monaten habe ich auf diese Begegnung gewartet. Keine moderne Ferienhütte aus frischem gelbem Holz, das nach Harz duftet, sondern eine altersgeschwärzte und – fensterlose?

Kann es sein, dass sie keine Fenster hat? Ich sehe keines... Gott bewahre! Schief steht sie da, mutterseelenallein vor dem Hintergrund eines nahgelegenen Tannenwaldes, an einem von Butterblumen und Löwenzahn übersäten Wiesenhang.

Sie wartet auf mich. Ja, ich bin mir sicher, sie wartet.

Gerda hatte mir am Telefon erzählt, dass sie früher ein Unterstand für Schafe, Ziegen und Kühe war. Der Stadel darüber diente der Einlagerung von Heu, solange, bis dieser zum Berghüttenheim umfunktioniert wurde, für Gäste, die abtauchen, naturnah Energie tanken wollen, für die Besitzer, die mit ein wenig Tourismus das Einkommen aufbessern wollen.

Bergidylle... so schön, so einsam.

Will ich das wirklich tun, hier ganz alleine wohnen? Hätte ich meinen Geistesblitz nicht lieber verglühen lassen und auf andere Geistesblitze warten sollen? Ich schiebe die aufkeimenden Zweifel beiseite, ahne aber, dass sie wiederkommen werden.

Auf der anderen, vom Weg her nicht zu sehenden Seite der Hütte befindet sich eine Außenstiege. Wir schleppen meine Dinge dort hinauf und gelangen auf eine überdachte, talwärts gebaute Veranda. Von hier geht es hinein in die Stube.

Wie entzückend!

Mehr Bergromantik geht nicht. Alles ist gemütlich und klein, die Böden sind mit Flickenteppichen ausgelegt. Die Küchenecke hat einen Holzofen, den ich – erfolgreich! – werde befeuern müssen. Er ist meine Heizung und mein Kochherd. Klein ist auch die Ess- und Klönecke, keinen Zentimeter zu groß die Bettnische in der Schlafkammer. Toilette und Dusche sind am linken Ende der Veranda mit einer zweiten Außentür erreichbar. Was mich am meisten erfreut: Es gibt vier Sprossenfensterchen, von denen zwei auf die Veranda, also zur Talseite hinausgehen, die anderen zur Bergseite und seitwärts zum Wald.

Mein Refugium im Zillertal.

Gerda und ich wickeln das Geschäftliche ab, dann reden wir uns, da die Chemie stimmt, am Esstisch über diverse Lebensereignisse fest. Aus meinem mulmigen Gefühl mache ich keinen Hehl, im Gegenteil. Zu meiner eigenen und der Beruhigung meiner Familie kündige ich an, der Bäuerin jeden Nachmittag ein telefonisches Lebenszeichen zu geben – Handyempfang ist mir gewiss! Hört sie nichts von mir, darf sie schlussfolgern, dass ich unter die Räder gekommen bin.

Und was genau könnte mir zustoßen an diesem Ort des Naturfriedens? Auf der Veranda über die unebenen rohen Dielenbretter stolpern, unglücklich fallen und liegenbleiben, bis man mich unterkühlt am nächsten Abend findet? Schlafwandlerisch den Berghang hinabstürzen? Könnte der Hemdärmel Feuer fangen, wenn ich Fußbodenheizungsverwöhnte am Ofenloch mit dem ,Stocheisen' hantiere und die Funken sprühen? Oder könnte nachts ein ,böser Mann' mit verschlagenem Blick und struppigem Bart aus dem dunklen Wald treten, in mein Refugium eindringen, um was auch immer mit mir tun? Und noch ein Gedankenspiel: Was ist, wenn eine Spinne über mein Deckbett stolziert? Ich habe ja ein ernstes Problem mit Kriech- und Krabbeltieren aller Arten. Wie hoch ist die Wahrscheinlichkeit, dass mir eines dieser oder anderer Übel zustößt?

Gerda ist mit der geleerten Karre zurück zum Hof gezogen.

Nun bin ich allein. Allein mit tausenden von Tannen in meiner Nachbarschaft und dem Frühlingswiesenhang, an dem meine Hütte steht. Was hatte mein alter Vater gesagt, als ich ihm von dem Schafhüttenexperiment berichtete? Meine Tochter ist verrückt und ich kann nichts dagegen machen. Eine Freundin wählte eine drastische Formulierung: Ich würde sterben, müsste ich das tun. Selbstsicherheit vortäuschend hatte ich amüsiert darüber hinweggelächelt.

Nun, da ich hier bin und Gerda fort, lassen sich meine Zweifel nicht mehr verdrängen. Du musst das nicht tun, rede ich mir zu, du kannst in ein nettes Hotel umziehen. Deine Anwesenheit hier ist vollkommen freiwillig, niemand hat dich gezwungen. Stimmt! Aber es widerstrebt mir, gleich in den ersten Minuten zu kneifen, das ist, wie ich an anderer Stelle bemerkte, nicht meine Art.

Das Beste ist wohl, mich mit ‚Arbeit' abzulenken, der bewährten Medizin gegen alles Mögliche. Also räume ich meine Dinge ein, in den Kleiderschrank, den Kühlschrank, postiere einen Hocker vor meiner Schlafstätte, damit er mir als Nachtisch diene, lege das Schlafzeug aufs Kopfkissen, stelle auf der Küchenfensterbank Lebensmittel bereit, die ich zum Kochen benötige.

Danach gehe ich die Verandastiege hinunter – vorsichtig, bloß nicht fallen! – zum Holzschober, fülle den Korb mit frisch gespaltenen Scheiten. Mein Blick fällt auf die Schneide des Beils, das im Hauklotz steckt. Ob ich wohl fähig wäre, mit meinen 69 Jahren das Holzhacken zu erlernen? Mit aller Wucht das Beil treffsicher niedersausenlassen, ohne dass es auf dem Stück Holz abrutscht? Dieses Werkzeug mit seiner scharfen Schneide flößt mir mehr Respekt ein als die Handkettensäge, mit der ich im heimischen Gärtchen mitunter hantiere. Die schaltet sich wenigstens ab, bevor ich irgendeinen Teil meines Körpers erwische.

Ich denke an Marlene Haushofers Buch ‚Die Wand‘, an die Erkenntnis, die ich beim faszinierten Lesen dieser Lektüre gewann: Wer muss, lernt alles – wer will, ebenfalls. Hier muss ich nicht. Und was das Brennholz betrifft, hat Gerdas Sohn für Vorrat gesorgt. Ich murmele einen Dank vor mich hin.

Zurück in der Hütte stelle ich fest, dass das von Bäuerin Gerda entfachte Empfangsfeuer fast heruntergebrannt ist. Ich lege ein Scheit auf, öffne die Belüftungsklappe. Prompt fängt es im Ofen zu knistern an. Ein behagliches Geräusch, das mich an den Küchenkohleofen meiner Kindheit erinnert.

Ich trete hinaus auf die Veranda, beuge mich über das Geländer aus astdicken Balken voller Altersfurchen. Mein Gott, ist es hier schön! Nebel schweben in der Windstille, hauchzarte Schleier... warum preist alle Welt immerzu den blauen Himmel? Dieses geheimnisvolle Wetter habe ich in den Bergen schon immer geliebt. Sonne, ein klarblauer Himmel und weite Ausblicke stimmen euphorisch, frühmorgens kribbelt es in den Füßen vor Laufbegierde; Regen, Nässe, wolkenverhangene Höhen und die typischen Bergnebel erden. Alles scheint noch langsamer, friedvoller, geradezu lautlos vonstatten zu gehen, das Geräusch unter den Wanderschuhen klingt gedämpfter, unter meinen Schritten fühlt es sich weich an. Die Natur atmet tief ein und aus, das Leben schöpft neue Energie. Erinnerungen an Regenwanderungen sind mir nicht weniger wertvoll als die im Sonnenschein.

Unten in der Tiefe, hinter dem jungen hellgrünen Mischwald, rauscht ein Bach talwärts. Ich weiß, dass er am Ende seines Weges in den Ziller münden wird, der seinerseits dem Inn zustrebt. Weiter geht es zur Donau, die nur ein Ziel kennt: das Schwarze Meer. Das Wasser wird in Wolken zurückkehren und auf dieses

Bergland herabregnen. In der Natur hat alles sein System, seine Ordnung, nichts steht für sich allein. Auch wir Menschen nicht.

Einige Vogelstimmen höre ich, verhaltenes Zirpen im Gras.

Nach heißen trockenen Maitagen ist es nicht nur feucht, auch kalt. Ich schließe die Augen, lausche auf mein Atmen, spüre, wie sich der Brustkorb hebt und senkt, hebt und senkt. Hinter den geschlossenen Lidern stelle ich mir die lautlos ziehenden Nebelgespinste vor. Ich habe das Gefühl weit weg zu sein, viel weiter, als es sich in Kilometern oder Stunden messen lässt. Etwas fällt von mir ab, ebenfalls lautlos. Ich weiß nicht, was sich da gelöst hat, muss es auch nicht wissen. Gerade erst angekommen, wirkt dieser Ort bereits.

Ich öffne die Augen.

Weiter hinten, über den Wiesen und Wäldern, ist alles in dicke grauweiße Watte gepackt. Ich freue mich schon darauf, wenn sie preisgibt, was sie verbirgt.

Zuerst aber muss ich mit dem Alleinsein zurechtkommen, also mit mir selbst. Zuhause führe ich gerne Selbstgespräche, hier sage ich kein Wort, seltsam...

Je näher der Abend rückt, desto unruhiger werde ich. Es ist die Nacht, die darüber entscheiden wird, wie es Morgen weitergehen wird. Ich bemühe mich, die Unruhe zu ignorieren, bereite mit Liebe meine abendliche Brotzeit zu: Roggensemmel mit Tiroler Schinkenspeck, Tomaten, Gurke, Radicchio, Bergkäse. Blaufränkischer gluckert ins Weinglas – alles gut! Der Ofen bollert, verströmt eine wunderbare ungewohnte Wärme. Es scheint so, dass ich mein Hüttenleben im Griff habe.

Jetzt muss ich nur noch mich selbst in den Griff bekommen.

Gerda hatte von vielen Gästen erzählt, die hier allein gewohnt haben, manche drei, vier Wochen lang – Polizisten, Ärzte, Pastoren, Lehrer, Firmenmanager, Künstler, insbesondere Maler. Inspiriert und gesundet an Körper, Seele und Geist wären sie nach Hause gefahren. Blasse Großstadtgesichter mit trübem Blick hätten sich in gebräunte mit strahlenden Augen verwandelt.

Ich kenne sie, die Heilkraft der Berge. Sie geben uns uns selbst zurück, lassen uns wieder spüren, wer wir sind, so hatte ich es bei meinen Touren erlebt. Sie ließen mich abheben, schenkten mir zugleich Bodenhaftung, ließen mich teilhaben an ihrer allgegenwärtigen Gegensätzlichkeit. Sie forderten mich…

Doch hier ist alles anders, hier werde ich keine Schwimmerin im großen Wasser sein, hier werde ich in einem Boot sitzen, das auf dem Wasser treibt. Kein Schwitzen, kein Auseinandersetzen mit dem eigenen Körper, ich werde nur da sein und den Tag im Gebirge seinen Lauf nehmen lassen. Deshalb bin ich ja hier.

Du wirst schon sehen, hatte Gerda gesagt, bei dir wird es auch nicht anders sein als bei den anderen Gästen.

Tatsächlich? Obwohl ich unbedingt bleiben möchte, will die Unruhe nicht weichen. Mache ich mir nichts vor: Ich habe Angst. Und ich weiß auch, wovor. Ich habe Angst vor mir selbst. Kurz nach der Jahrtausendwende war ich an einer Depression erkrankt, begleitet von einer Angststörung. Monate hatte ich gebraucht um ins Leben zurückzufinden. Und jetzt habe ich Angst, dass ich, so wie damals, eine faktisch unbegründete Angst vor einem Krankheitsereignis entwickle, die ich nicht kontrollieren kann, und kein Mensch da ist, der mir das Gefühl von Halt gibt, und sei es auch nur durch seine bloße Gegenwart. Wer hätte gedacht, dass mich dieser harmlose Hüttenaufenthalt vor solche Anforderungen stellt? Was alles habe ich auf meinen Bergtouren erlebt und bewältigt! Bis auf eine kurze Gefahrensituation hatte ich stets Respekt, aber niemals Angst verspürt.

Die Nummer des österreichischen Notrufs kenne ich. Da ich Handyempfang auf der Hütte habe, kann ich darauf vertrauen, jemanden zu erreichen. Wie schnell ist ärztliche Hilfe hier oben, wie kommt Arzt oder Ärztin, womöglich in der Nacht, über den matschigen Fußweg hierher? Wo kann an diesem steilen Hang ein Hubschrauber landen? Gar nicht!

Denn es wird nicht nötig sein. Niemand wird kommen müssen, um mich zu retten, und ich werde mir zu helfen wissen.

Über dem Kühlschrank hängt ein sehr kleiner Fernseher an der Wand. Überall hängt einer, in jedem Hotel, jeder Pension, jeder Ferienwohnung, jedem Privatzimmer, in vielen Wohnmobilen – und sogar in dieser alten Holzhütte, die Gäste beherbergt, die den Lebensbegleiter Notebook zu Hause gelassen haben, der ihnen zur tonnenschweren Last geworden ist. Fernsehgeräte, und seien sie nicht größer als ein Frühstücksbrett, sind heutzutage ein unverzichtbares Serviceangebot.

Während meiner Reisen habe ich kein Verlangen nach Fernsehunterhaltung, schon gar nicht in den Bergen, wo die spannendsten Filme vor meinen Augen ablaufen und ich außerdem die Protagonistin bin. Zigmal hatte ich mir daheim mein Leben auf der Hütte ausgemalt, ein Fernsehgerät kam in diesen Bildern nicht vor.

Zum Teufel mit meinen Prinzipien! Alles, was hilft, dieses lauernde Angstgefühl loszuwerden, ist gut. Ich muss mir die Illusion verschaffen, in Gesellschaft zu sein.

Obwohl der Apparat auf Standby geschaltet ist, bleibt der Bildschirm schwarz. Ich zappe eine Reihe von Kanälen durch, nichts. Jetzt, da ich ihn brauche, tut er es nicht.

Gerade suche ich auf meinem Smartphone nach einer ‚King of Queens'-Folge, als es kräftig an der Tür klopft. Du meine Güte, wer oder was kann das sein, am dämmernden Abend? Etwa das, vor dem man mich daheim, statt es konkret zu benennen, unheilschwanger gewarnt hatte, das Schreckgespenst eines Bartträgers mit Händen wie Schraubstöcke? Raubtiere oder Wildschweine würden ja wohl kaum anklopfen.

Die Tür ist noch nicht verschlossen. Das wollte ich erledigen, nachdem ich im Bad war, in das ich ja nur über die Veranda gelangen kann. Insofern steht der Eingang jedem und jeder offen. Einfach die Klinke drücken und schon ist die neue Hüttenbewohnerin nicht mehr allein.

Der Schürhaken liegt in der Ofenschublade, ihn kriege ich nicht schnell genug zu fassen. Mit anderen Worten: Ich habe nichts, womit ich mich verteidigen könnte. Aber vielleicht ist das gar nicht nötig, vielleicht sollte ich mich freuen, dass ein Mitmensch nach mir schaut. Noch bevor ich ein mutiges ‚Ja, bitte' hervorpressen kann, geht schon die Tür auf.

Ein junger Mann in Gummistiefeln und Parka tritt über die Schwelle, füllt mit seinem Körpervolumen die halbe Stube aus. Als geübte Menschenkennerin prüfe ich sofort seinen Gesichtsausdruck – freundlich! Aber was will er?

Der Unbekannte reicht mir einen schmutzigen Zettel, klein wie ein Kassenbon: ein Seilbahn-Gutschein. Er habe ihn draußen vor der Treppenstiege auf der Erde gefunden und kombiniert, dass ich diejenige sein könnte, die ihn verloren hat.

Das habe ich nicht. Ich hatte auch nicht vor, mit der Seilbahn zu fahren. Meine Absicht war, mich hier nicht vom Fleck zu rühren, das Leben einer Einsiedlerin zu führen. Keine Fahrt ins Dorf, kein Kauf im Supermarkt, kein Stöbern im Souvenirladen, kein Zapfhahn an der Tankstelle. Meinen Berg will ich erst verlassen, wenn die Zeit hier oben zu Ende ist. Dessen ungeachtet ist es sehr aufmerksam, mir den Gutschein zu bringen, wofür ich meinen abendlichen Besucher lobe.

„Darf ich fragen, wer Sie sind?"

„Ich bin der Bauer."

„Ah so, welcher Bauer?"

„Der Sohn Ihrer Vermieterin."

„Natürlich, ich sehe die Ähnlichkeit! Nun, da Sie hier sind, dürfte ich Sie bitten, den Fernseher anzustellen? Ich kriege kein einziges Programm rein."

Er prüft die Anschlüsse der Kabel, angelt eine zweite Fernbedienung vom Regalbrett, drückt allerlei Knöpfe. Es erscheint ein Bild, jemand spricht. Wie schön! Ab jetzt bin ich nicht mehr allein, Fernsehmänner und -frauen sind bei mir. Ihnen zuzusehen ist nicht zwingend erforderlich, die Hauptsache ist, dass sie anwesend sind und... reden.

Ich bedanke mich herzlich bei dem Jungbauern, auch für den Vorrat an Kleinholz, worauf er sich verabschiedet und geht.

So passend es mir gelegen kam, dass er hereingeschaut hat, so klar ist, dass die Tür heute Nacht verschlossen sein muss. Allenfalls werde ich mir bei jedem knarrenden Geräusch die Bettdecke über den Kopf ziehen und vor Furcht einen Infarkt erleiden.

Zehn Minuten lang wähne ich mich in der Illusion, in menschlicher Gesellschaft zu sein, da knipst sich das Gerät von selbst aus und lässt sich durch keinen Knopf bewegen, den Betrieb wieder aufzunehmen. Ich glaube kaum, dass der Jungbauer noch einen zweiten Gutschein findet.

Dann eben nicht, es muss ohne Fernseher gehen.

Seit bald dreißig Jahren bin ich Alleinwohnende, also mehr als gewöhnt daran. So groß ist der Unterschied zwischen dem heimatlichen Alleinleben und dem in dieser Hütte nicht, rede ich mir zu, also Gabi, sei nicht albern, morgen beginnt ein neuer Tag und die erste Schafhüttennacht wird hinter dir liegen.

Sie ist nicht leicht. Ich schlafe zwar, wache aber oft auf, lasse die Dunkelheit über mich ergehen, bemühe mich, die Angst vor der Rückkehr der Angst zu unterdrücken. Das Licht schalte ich nicht ein, weil es das Angstgefühl verschlimmert. Wieso eigentlich?

Weil ich mich unsichtbar machen will. Deshalb führe ich keine Selbstgespräche. Damit niemand belauscht, dass ich hier bin. Ich verstecke mich wie ein Tier in seiner Höhle.

Erst gegen fünf, als das fahle Morgenlicht in mein Häuschen zieht, drifte ich hinüber in einen tiefen Schlaf. Als ich die Augen öffne, ist mein erster Gedanke: Es ist vorbei, ich lebe noch! Kein Überfall, keine in Erscheinung getretene Spinne, keine nächtliche Rettungsaktion. Stolz und glücklich schmiege ich mich in die warmen Kissen, genieße meinen Triumph. Nicht lange, denn der Ofen ist kalt, die Hütte auch. Ich muss Feuer machen, bevor ich das Kaffeewasser aufsetzen kann und das Frühstück zubereite.

Bleiben, wo ich bin

In der zweiten Nacht wache nicht mehr so häufig auf, in der dritten ist es noch besser. Ich wachse an meiner Aufgabe.

An das Seitenfenster trete ich nur heran, um die Vorhänge auf- oder zuzuziehen. Von hier kann ich den dunklen Eintritt in den Wald sehen und der ist mir nach wie vor unheimlich. Warum? Wälder sind doch herrlich, von unschätzbarem Wert, Balsam für erschöpfte Körper und wunde Seelen. Sie hauchen der Erde mit ihrem Atem Leben ein. Bäume sind standhafte, friedliche Persönlichkeiten. Bereits als Kind mochte ich sie. Eine bestimmte Birke hatte ich in mein Herz geschlossen, über Jahre hinweg beobachtet, wie sie vom zarten Jungbäumchen zum erwachsenen Baum heranwuchs. Ich stöberte gern durch Wälder, wann immer ich mich als Großstadtkind dort aufhalten durfte, sammelte Moos, Baumrinde, Zweige, Farn, Federn, kniete auf dem Waldboden und baute Wurzelhäuschen.

Wälder sind märchenhaft, voller Gerüche und Geräusche, im fernöstlichen Asien glaubt man, in jedem Baum wohne ein Geist. Jeder Baum hat eine Geschichte zu erzählen, man muss sie nur hören wollen. Oh ja, ich liebte Wälder als Kind und ich liebe sie heute, daran hat sich nichts geändert. Keine Berglandschaft ohne Wald. Weshalb also meide ich den Fensterausblick? Ist es die Urangst vor dem Verborgenen, vor der Dunkelheit? Was könnte dort lauern, was fürchte ich wirklich? Gewiss nicht die Lebewesen, die dort zu Hause sind, einschließlich der Baumgeister.

Seien wir ehrlich, es sind die Menschen und ihre Taten, vor denen sich der Mensch am meisten fürchtet.

Um halb acht beginnt der Tagesablauf, wie ich ihn in diesen Tagen erleben werde: den Ofen beheizen, rechtzeitig (!) Holz nachlegen, Kaffee aufbrühen, Milch erwärmen, auf der kleinen schiefen Verandabank frühstücken… lesen, schreiben, Fotos senden… kochen, essen, Holz holen, den Ofen aufs Neue befeuern, weil er ausgegangen ist, ein wenig umherbummeln, vorbei an Mückenschwärmen, die im Sonnenlicht Wiener Walzer tanzen, den Duft der Kräuterwiesen atmen, mit den Rindern sprechen, ihren Halsglocken und ihrem stoischen Grasrupfen lauschen.

Wieder auf der Verandabank sitzen, die Aussicht und das Konzert der Bergmusik tief in mich aufnehmen, auf das es noch daheim in mir klingen wird. Und im Übrigen: da sein, einfach nur da sein, ohne einen Hauch von Langeweile zu empfinden, stattdessen Geborgenheit.

Alles geht gemächlich vonstatten, das Leben ist übersichtlich.

Ja, ich bin keine Schwimmerin im großen Wasser, stattdessen sitze ich im Boot und lasse mich treiben. Hüttenleben und Bergwandern. So verschieden beides ist, gibt es auch etwas Verbindendes: Ich bin der Natur ganz nah, höre, sehe, rieche sie, spüre ihre heilsame Kraft. Ich fühle mich mit ihr verbunden, unterwegs sowieso, aber auch, wenn ich still auf meiner Verandabank sitze.

Bewundernd schaue ich hinüber zum weißen Ahornspitz und seinen Nebengipfeln, freue mich, dass diese Schönheiten auch für mich, die Hergereiste, da sind. Ich beobachte, wie die Tageszeiten und Wetterverhältnisse das Aussehen der Berge verändern, wie riesige Wolkenschatten kurz über ihnen verweilen, als hielte jemand eine mächtige Hand über sie. Ich sehe, wie sie im Sonnenschein leuchten und zum Ende des Tages unnahbar werden und sich schließlich geisterhaft zurückziehen.

Ich beschränke mich in jeder Beziehung auf die für mich nötigsten Dinge, hier an meinem Sehnsuchtsort. Der Fernseher gehört nicht dazu, der Bildschirm bleibt schwarz. Keine Unterhaltung, keine Informationen und Diskussionen, keine künstlichen Geräusche und, da nicht nötig, kein rituelles Abschalten vom Tagesgeschehen. Im Gegenteil: Ich nehme den Tag mit in die Nacht und schlafe ohne Angst.

Am siebten Tag warten Gerda und der Leiterwagen unten am Weg, um mich abzuholen. Als ich mit Koffer und Tasche über die alte Veranda hinüber zur Stiege gehe, knarrt das Holz, ein liebgewonnenes, nach so kurzer Zeit schon vertrautes Geräusch.

Es wird mir fehlen.

'Meine' Schafhütte im Zillertal

16

Ehrfurcht im Museum
Bozen/Südtirol/Italien

∞

In Wirklichkeit ist der andere Mensch
dein empfindlichstes Selbst
in einem anderen Körper.

Khalil Gibran

Seltsam, wie sich mitunter Dinge aneinanderfügen, als folgten sie einem geheimen Plan: Hätte mich meine heutige zu lang geratende Fahrradetappe nicht bis nach Terlano geführt, hätte ich nicht das Bedürfnis gehabt, einen weniger aktiven Reisetag einzuschieben. Hätte ich nicht kurz zuvor einen Südtirol-Krimi gekauft und gelesen – Tatort: ein Gletscher –, wäre ich nicht nach längerem Zögern – stressende Stadtbesuche meide ich eigentlich – von Terlano nach Bozen geradelt, hätte ich ihn womöglich nie gesehen.

Natürlich ging im Jahre 1991 die Sensationsnachricht aus den Alpen nicht an mir vorbei, rund um den Globus sprach man darüber. Wirklich erreicht hatte mich das Thema nicht, in dem Sinne, dass ich mich mit dem gebührenden Interesse damit befasst hätte.

Aber jetzt bin ich hier. Jetzt bin ich neugierig.

Bevor ich mich auf den Fahrradsattel hebe, suche ich mir ein ruhiges Plätzchen, nehme das Smartphone zur Hand, tippe den Namen ‚Ötzi‘ ein und lese. Es kann nicht schaden, mir wenigstens einen kurzen Einblick in seine Fundgeschichte zu verschaffen. Schon nach ein paar Minuten fallen mir die Unstimmigkeiten in den Berichtdetails auf, was zeigt, wie viel sich überschlagende Aufregung das Ereignis verursacht hatte. Und wo Aufregung über etwas Unfassbares die Runde macht, ist der Weg frei für Spekulationen und Geschichten. Experten aus der ganzen Welt wurden nach und nach hinzugezogen und dann mussten die tatsächlichen Untersuchungsergebnisse den Weg in die Öffentlichkeit finden.

Es gibt Nachbildungen an anderen Orten, der originale Ötzi befindet sich in Bozen, nachdem es ein jahrelanges Gerangel um den Fundort gegeben hatte, der sich im Grenzgebiet Südtirol/ Italien und Tirol/Österreich befand. So landete die Mumie zunächst in der Gerichtsmedizin der Universität Innsbruck, wo der zuständige Mediziner in Erwägung zog, sie zur Bestattung freizugeben, was eine Tragik sondergleichen gewesen wäre. Jahre später wechselte der Tote nach Bozen, in die Landeshauptstadt Südtirols, sodass ich mich glücklich schätzen darf, keine Kopie, sondern den echten Ötzi zu sehen, was meine erwartungsvolle Neugier noch steigert.

Wie kann es sein, dass ich mich für diesen Schatz nie interessiert hatte?

Eine halbe Stunde später stelle ich das Fahrrad in der Innenstadt Bozens ab und gehe hinüber zum Eingang des Südtiroler Archäologiemuseums, das sich ausschließlich mit der Geschichte des Steinzeitmenschen befasst.

In der Tat: Manchmal fügen sich die Dinge wie nach einem Plan oder, wenn man so will, sind sie von glücklichen Umständen und Zufällen dirigiert. Es begann damit, dass in der Kupfersteinzeit ein getöteter Mann in einer Mulde zwischen den Bergen zu liegen kam, setzte sich fort mit Schneemassen, die ihn zudeckten und nach und nach zu Eis gefroren. Für den entstandenen Gletscher bedeutete die geschlossene Mulde Bewegungslosigkeit und für den darin liegenden Körper optimalen Schutz. So blieb es bis zum Jahre 1991 n. Chr. Da wehten kräftige Winde heißen Wüstensand aus der Sahara herüber, der auch die Gletscher bedeckte, sodass das Eis noch rascher schmolz als zuvor. Zu dieser Zeit kam ein bergsteigendes Ehepaar aus Deutschland vorbei, das nicht nur vom Weg abgekommen war, ausgerechnet diese Stelle kreuzte und die Mumie entdeckte. Hätten Sonnenhitze und Sand mehr Zeit gehabt, den Verwesungsprozess der Leiche zu beschleunigen, hätten sie zerstört, was der Welt all die spannenden Rückschlüsse auf das Leben dieses Zeitalters ermöglichte. Ein Toter im Eis! Eine schaurige, schockierende Entdeckung.

Nach der Bergung sollten sich Geheimnisse und Fragen in Hülle und Fülle ergeben. Es ging nämlich nicht nur um die Herkunft, die Todesursache und Identifizierung dieses Menschen, es ging um viel größere Dinge, nämlich um ein Stück Menschheitsgeschichte. Man könnte auch sagen: Dieser Fund war ein Segen – und ein Wunder außerdem.

Wer war er? Seit wann lag er dort?

War er ein Ermordeter, ein Fall für die Gerichtsmedizin, oder ein verschollener Schneetourengeher des 20. Jahrhunderts, der unglücklicherweise von einer Lawine verschüttet worden war? Oder war er viel älter, ein Fall für die Archäologie? Stammte er womöglich aus dem Mittelalter? In diesem Fall wäre der Fund 500, 1.000 oder noch mehr Jahre alt gewesen. Als das wirkliche Alter beziffert wurde, sprengte es jede Vorstellungskraft: 5.300! Was Zufälle hier zutage gefördert hatten, war eine männliche Gletschermumie, bestehend aus dem vollständigen Skelett und der gesamten… Haut! Eine sogenannte Feuchtmumie. Keine einzelnen Knochen oder sonstigen Fragmente, die in Puzzlearbeit zugeordnet und zusammengesetzt werden mussten, sondern ein vollständiger Mensch samt Finger- und Fußnägel, den das Eis ‚tiefgefroren‘ hatte. Ein konservierter Bote der Kupfersteinzeit, der zweifelsfrei getötet und dank des Umstands, dass der Leichnam nicht lange nach dem Tod unter dicken Schneeschichten begraben wurde, in die Gegenwart – die fortgeschrittene Neuzeit – katapultiert wurde. Ein gewaltiger Sprung! Bewirkt von einer Zeitmaschine aus Eis.

Die älteste, weltweit jemals entdeckte menschliche Leiche.

Wie in einem Safe hatte sie das Gletschereis 5.300 Jahre lang eingeschlossen und in einer radikal anderen Zeit freigegeben. In einer Zeit, in der es der Menschheit nicht flott genug zu gehen scheint, sich von den Temperaturen der Eiszeit endgültig zu verabschieden, die sie, solange sie überhaupt existiert, am Leben gehalten hatte. Ohne auf die neue, für sie gefährliche Zeit halbwegs gut vorbereitet zu sein.

Natürlich musste der Mensch aus der Jungsteinzeit, respektive Kupfersteinzeit, wie alle anderen Menschen auch, einen Namen haben. Ich weiß nicht, wie viele Vorschläge und Ideen es gab, jedenfalls entschied man sich für: ‚Ötzi'.

In der ersten Etage des Museums ist das Fotografieren verboten, hier sind die Besitztümer des Zeitreisenden ausgestellt: alle Bekleidungsgegenstände, eine Rückentrage, eine mit nützlichen Dingen gefüllte Gürteltasche, ein Glutbehältnis, ein Kupferbeil, ein Dolch, Pfeile und Bogen. Wie schutzbedürftig und wertvoll dies alles ist, belegen die Sicherheitsglasabdeckungen und dass jedes Teil separat ausgestellt ist.

Erstaunlich, wie zügig viele Museumsbesucherinnen und –besucher daran vorbeigehen, an den altersdunklen, teils zerrissenen Kleidern des Steinzeitmenschen. Mitunter bleibt jemand länger davor stehen, im Versuch, das Unbegreifliche zu begreifen. Das Überleben dieser Dinge allein wäre schon sensationell, aber hier gibt es noch den Menschen, dem das alles gehörte, mit Händen, die mit diesen Dingen zu tun hatten.

Auf meinem Gang über die Museumsetage komme ich nun in einen dunkleren Bereich, in dem sich seltsamerweise keiner aufhält. Statt der Ausstellungskästen sehe ich hier nichts weiter als ein Innenfenster an der Wand, etwa einen viertel Quadratmeter groß, davor zur Wegpassage aufgestellte Geländer, die den Besucherandrang kanalisieren sollen, sodass jede Person die Möglichkeit hat, einzeln und ohne Drängelei vor das Fenster zu treten. Allerdings kann von Andrang im Moment nicht die Rede sein, ich habe wohl einen günstigen Zeitpunkt erwischt.

Langsam nähere ich mich dem Fenster, bis meine Füße auf einer kleinen Metallplattform stehen, die per Knopfdruck in der Höhe verstellbar ist, damit sich jeder Besucher und jede Besucherin, einschließlich Kinder, auf Augenhöhe zur Fensterscheibe manövrieren können, um die beste Sicht auf das zu haben, was sich dahinter befindet. Wobei Scheibe das falsche Wort ist, es handelt sich um ein extrem dickes Sicherheitsglas, das wahrscheinlich nicht einmal eine Sprengung zerstören kann.

Da liegt er. Mit so wenig Abstand zu mir, dass ich ihn berühren könnte, streckte ich die Hand aus und gäbe es kein trennendes Glas: ‚Der Mann aus dem Eis‘, ‚Die Mumie vom Similaun‘, ‚Der Mann vom Tisenjoch‘. Schrecklich einsam in seiner Kältezelle.

Die Haut glänzt, als sei sie mit Lack überzogen, seine zweite, ihn ‚am Leben‘ haltende Haut aus Eis. Regelmäßig wird die Mumie mit feinem Nebel besprüht, der sofort gefriert und diese dünne Schicht bildet. Man hat alles getan, die Konservierungsbedingungen des Gletschers zu imitieren, den Verfallprozess zu unterbinden.

Der Zeitreisende liegt ausgestreckt auf dem Rücken, die Knie leicht angewinkelt, der rechte Arm mit der vom Pfeil durchbohrten Schulter streckt sich nach links quer über den Brustkorb.

Wie kam es dazu? Wie könnte die Rekonstruktion seiner Ermordung aussehen? Eine der Forschungserkenntnisse ist, dass

ihn der Pfeil nicht, wie zunächst angenommen, im Fliehen getroffen hatte, sondern während einer Rast. Geklärt ist auch, dass
er ein Schädel-Hirn-Trauma erlitten hatte, durch einen Hieb auf
den Kopf oder durch einen Sturz.

Ich versuche mir den Vorgang filmisch vorzustellen, mein eigenes Drehbuch zu schreiben: Der Pfeil trifft ihn von hinten, tötet
ihn jedoch nicht. Der Angreifer kommt heran und versetzt ihm,
da er noch lebt, einen tödlichen Schlag auf den Kopf. Spätestens
jetzt geht der Verwundete zu Boden. Im Sterben streckt er den
Arm über den Brustkorb, vielleicht um die Schulter mit der darin
steckenden Pfeilspitze zu entlasten, den Schmerz erträglicher zu
machen. In dieser Körperhaltung tut er seine letzten Atemzüge
und ,erwacht' ganz genauso im Jahre 1991.

Die Bergung der Mumie verlief in Unkenntnis ihres immensen
Werts. Wie auch hätte man wissen können, was da im Eis steckte?

Der Oberkörper hatte sich bereits gelöst und war von Schmelzwasser umgeben, der Unterkörper war im Eis festgefroren. Ihn
zu befreien war natürlich weitaus schwieriger als eine Ausgra-
bung aus Erde und Sand. Zu lesen ist, dass man dazu Pressluft-
hammer und Eispickel benutzte.

Hinter mir steht ein junges Besucherpärchen. Ich trete zur Seite, entferne mich ein paar Meter und warte ab. Vier, fünf Minuten schauen sie, flüstern miteinander, dann gehen sie weiter. Da
keine weiteren Besucher kommen, nehme ich den Platz vor dem
Panzerfenster wieder ein. Ich kann mich nicht satt sehen an diesem Menschen, finde ihn überhaupt nicht gruselig, eher würde-
voll. Auch wenn es irrational scheint, fühle ich Mitleid mit ihm,
dem das Leben so viele Härten, so viel Gnadenlosigkeit zugemu-
tet hatte. Ötzi, ein Getöteter, der in einer anderen Zeit eine Le-
bendigkeit erfährt, die vor 5.300 Jahren keine Fantasie hätte er-
sinnen können. Warum wurde er umgebracht? Aus Eifersucht,

Missgunst, Rache? Welchen Stand hatte er in seinem Stamm? Aus den Dingen, die er bei sich hatte, schlussfolgert man, dass er ein Schamane war. Bis zum Tisenjoch musste er weit laufen, bestimmte Indizien sprechen dafür, dass er aus dem Eisacktal gekommen war. Aber warum hatte er sich der lebensfeindlichen Kälte der großen Höhe ausgesetzt? Weil er wusste, dass ihm jemand folgte und nach dem Leben trachtete?

Die eingehenden Laboruntersuchungen von Experten aus der Anthropologie, Forensik, Pathologie, prähistorischen Archäologie ergaben, dass er sich mit diversen Parasiten – Flöhe, Bandwurm, Läuse – plagen musste. Sogar die Blutgruppe null konnte bestimmt werden – und dass der Hauptbestandteil seiner Nahrung wahrscheinlich aus Fleisch bestanden hatte, bei der letzten Mahlzeit nachweislich das des Steinbocks. Eine Reihe von Krankheiten hatte er: einen Bandscheibenverschleiß und Gallensteine, Karies, beginnende Paradontose, Magenbeschwerden und sogar Laktoseintoleranz (?!). Eine Borreliose durch Zeckenbisse wurde zunächst vermutet, konnte jedoch nicht eindeutig nachgewiesen werden. Tierische Kratzspuren in der Haut belegen, dass er nicht lange vor seinem Tod in Nahkämpfe verwickelt war.

Vieles wurde mit den modernen High-Tech-Methoden ans Tageslicht befördert, dass ich als Laiin vor Staunen nur den Kopf schütteln kann. Etliche Rätsel wurden gelöst, den Mann aus dem Eis selbst und seine Zeit betreffend. Am Ende sind die Forschungen noch nicht.

Die geeiste, glänzende Haut ist kupferfarben.

Ein Repräsentant der Kupfersteinzeit, aus einer Zeit, in der ich womöglich nicht einen Tag überlebt hätte. Warum in aller Welt wurde er ‚Ötzi‘ getauft? Ein Name, der dazu verführt, ihn nicht ganz so ernst zu nehmen. Weil der Fundort in den Ötztaler Alpen liegt, ja. Weil er griffig und eingängig klingt wie Siggi, Michi, Fritzi… einer wie du und ich. Trotzdem mag ich ihn lieber ‚Der

Mann aus dem Eis' nennen, dessen Schicksal durch außergewöhnliche Umstände mit dem Tod nicht endete.

Und nun sehe ich ihn noch einmal im zweiten Stockwerk.

Vor schneeweißem Hintergrund steht auf einem großflächigen schneeweißen Sockel der Mann aus dem Eis, wie er hätte aussehen können, als noch das warme Blut durch seine Adern zirkulierte. Zwei niederländische Künstler haben ihn so genial natürlich geschaffen, dass die Illusion perfekt ist: Der Mann aus dem Eis ist auferstanden in einer Zukunft, die ihn zutiefst schockieren und verwirren würde. Er steht dort, als halte er im Gehen inne, den Kopf nach links gewandt, die tränenden Augen – hatten Eis und Schnee Binde- und Hornhaut verbrannt? – zusammengekniffen, als beobachte er etwas mit geübter Wachsamkeit. Die linke Hand umfasst einen langen Holzstab, der ihm als Waffe diente, gleichzeitig als Hilfsmittel, um sich durch Walddickicht zu schlagen oder über unwirtliches Gelände den Berg hinaufzuarbeiten.

Auf 45 Jahre wird sein Sterbealter geschätzt. Sein Gesicht sieht viel älter aus: teils ergrauter, struppiger Bart, stumpfes, verfilztes Haar, die Gesichtshaut zerfurcht und sonnengebräunter als die des nackten Oberkörpers. Die niedrige Stirn ist gerunzelt, die Nase kräftig, die Wangen eingefallen, die umschatteten, tief in ihren Höhlen liegenden Augen sprechen von Leid und Schmerz.

Er trägt eine lange Hose aus zusammengenähten Fellstücken. Am Oberkörper zeichnen sich die Rippenbögen ab, die Hände, sein wichtigstes Werkzeug, sind kräftig und dunkel von eingefressenem Dreck, die Nägel holzig wie die der Mumie. Die Arme sind muskulös, weil das harte Leben in der Bergwelt sie dazu gemacht hatte. An der Lendenwirbelsäule sind grau-schwarze Striche erkennbar: eine Tätowierung. Eine von vielen anderen, die man an der Mumienhaut feststellen konnte. Zu dieser Zeit hatte man Kohle in die aufgeritzte Haut gerieben. Bemerkenswert ist, dass sich einige Tätowierungen an Punkten befinden, die heute in der Akupunktur zur Schmerzbehandlung dienen.

Mit 1,60 Meter war er nach neuzeitlichen Maßstäben von kleiner Statur, wobei die Mumie selbst durch das fünf Jahrtausende lange Liegen im Eis und dem Verlust der körpereigenen Flüssigkeit noch kleiner ist.

Die Ausstrahlung und Würde dieses nachgebildeten, lebendig wirkenden Steinzeitmannes ist faszinierend. Als sei er durch eine Tür an der Seitenwand eingetreten und auf diesen Sockel gestiegen. Nicht umsonst stehen hier Bänke, um ihn in Ruhe zu betrachten, sein Menschsein wirken und sich mitnehmen zu lassen in seine Zeit.

Viel hat man über ihn gelernt: was er gegessen hatte, mit welchen Krankheiten und Parasiten er sich hatte quälen müssen, welches Geschlecht er hatte, welche Knochensubstanz, welche Blutgruppe… und so weiter, ausschließlich den Körper betreffende Erkenntnisse. Welche geistigen Fähigkeiten und Begabungen er hatte, ist weitaus schwieriger herauszufinden. Was war, über die täglichen Überlebenskämpfe hinaus, in seinem Kopf vor sich gegangen? Hatte er in die Zukunft gedacht, von etwas geträumt, das er sich wünschte und dass es noch nicht gab?

Sein Gesicht. Seine Augen. Was verraten sie? Damals wie heute sind sie der Spiegel der Seele. Um mich von dem Steinzeitmann angesehen zu fühlen, müsste ich viel mehr Abstand nehmen, denn sein Blick geht in die Ferne, aufmerksam, aber nicht angespannt.

Das größte Geheimnis, was es nach menschlichem Ermessen wohl auch bleiben wird, ist das Wissen um seine Gefühlswelt, um seine Seele. Spüre ich dieser Frage nach, vervielfältigt sie sich. Furcht, Wut, Traurigkeit, Enttäuschung, Eifersucht, Mitgefühl, Heiterkeit, Liebe…, Gefühle, die auch in den Menschen der Steinzeit angelegt waren, oder? In wie weit sie diesen Gefühlen Raum gaben und Ausdruck verleihen konnten oder wollten, sei dahingestellt. Wieviel Zuneigung hatte dieser Zeitreisende riskiert, wo ja Gewalt ein häufiger Alltagsbegleiter war, allzeit der Tod oder ein anderes Unglück eintreten konnte? Wie stark hatten sich Mütter an ihre Kinder gebunden, die sie noch am selben Tag verlieren konnten? Die Kindersterblichkeit war extrem hoch, während der Schwangerschaften, der Geburten, der ersten Lebenswochen und -monate – vom Mutterleib an ein gefährliches Leben. Nach heutiger Kenntnis lag die durchschnittliche Lebenserwartung bei 20 bis 25 Jahren, eben weil viele Menschen die Gefahren der Kindheit nicht überstanden hatten. Daran gemessen war der Mann aus dem Eis sehr alt geworden. Die Lebenserwartung der Frauen war, im Gegensatz zu heute, niedriger als die der Männer, schon allein wegen der vielen Geburten.

Glücklich sein, ein wünschenswerter Seelenzustand. Unabhängig davon, auf welche Weise man ihn zu erlangen versucht oder was man darunter versteht. Ob Steinzeitmenschen Glücksgefühle kannten? Wo doch Leidensfähigkeit und Duldsamkeit existentielle, also unerlässliche Stärken waren, wollte man dem eigenen Dasein nicht ein Ende bereiten. Ob die Lebensbedingungen der Steinzeit Glücksgefühle überhaupt zuließen? Vielleicht hat jede Zeit, jede Epoche ihre eigenen Glücksgefühle.

Empfindsamkeit hätte Steinzeitmenschen wohl eher schwach gemacht. Deshalb frage ich mich, ob man sich Mitgefühl leisten und für sich selbst erwarten konnte, wo man ja für das eigene Überleben den Härten des Lebens mit Härte begegnen musste. Ob die Menschen geweint hatten? Wenn ja, offen oder für sich allein? Waren sie verhärtete, womöglich apathische Seelen, verurteilt, alles auszuhalten, nie nachzulassen, zu arbeiten und zu existieren, hungrig oder für den Moment gesättigt?

Steinzeitmenschen mussten viel erdulden: zum Beispiel Angst. Gewitter und Blitze, die auf das Gebirge herabfuhren, Stürme, die die Behausungen fortwehten, Donnerschläge zwischen Felswänden, die Gefahr tödlicher Lawinen, Regen, der alles durchnässte, Schnee, der Tag und Nacht fiel, Eiseskälte. Mit Empfindsamkeit kam man da nicht weit.

Statt Bergidylle wiederkehrende Weltuntergänge.

Aber vielleicht gab es doch etwas, das die Macht hatte, die Seelen zu erweichen, zumindest für Augenblicke: die Schönheit der Natur, die Schönheit der vergletscherten Berglandschaft, die die dort ansässigen Menschen für die ganze Welt hielten. Nächte, die wir heute nicht mehr kennen, mit einem sternübersäten Firmament, das keine künstliche Lichtquelle trübte, außer dem Feuer, an dem man saß, sich wärmte und vielleicht lachte.

Kein Messen der Zeit. Nicht wissen, wann man geboren, wie alt man am Tag des Todes ist. Der Fluss der Zeit, einzig erkennbar an den Jahreszeiten, am ‚Wandern' der Sonne, am Wechsel von Tag und Nacht. Der Mensch als Teil der Natur, die ihn nährt, ängstigt und vielleicht ab und zu Glück spüren lässt.

Gab es Spiritualität, Hoffnung, Sehnsüchte? Gab es die Suche nach einer höheren Macht, der man sich als Mensch unterordnen will, weil man sich der eigenen Sterblichkeit bewusst ist, der eigenen Ängste, Verzweiflung und Hilflosigkeit. Glaubten Steinzeitmenschen an eine ‚Gottheit', die den Eskapaden, der Gewaltigkeit der Natur gewachsen war, beziehungsweise diese beeinflussen konnte? Glaubten sie an Geister? Wen sonst hätten sie in ihren Nöten um Beistand bitten sollen? Seit es Berge und ihre Mysterien gibt, haben Völker an Geister geglaubt.

∞

Die junge Kellnerin muss sich beeilen, alle Tische sind besetzt. Gerade hat sie mir einen Espresso und ein Stück Mousse-au-Chocolat-Torte serviert. Ich liebe Mousse-au-Chocolat.

Meine Gedanken kreisen immer noch um ihn, um den Fundort am Tisenjoch, um die Überreste der letzten Eiszeit mit Alpengletschern, die in der Jungsteinzeit gigantisch waren. Wo das Museum steht, der Cafétisch, an dem ich sitze, wo sich in der Stadt ein Gebäude an das andere reiht und das riesige Etschtal von Norden nach Süden zieht, war alles von Eis bedeckt.

Ein paar tausend Jahre später stehen wir vor der Frage, was wir retten können vom Wert und von der Schönheit der Gletscher. Welche Geheimnisse wird das tauende Eis noch preisgeben auf unserem Weg in ein unbekanntes Zeitalter?

Ötzi, der Mann aus dem Eis – Archäologisches Museum Bozen

17

Erinnerungen im Schlaraffenland

Vinschgau/Etschtal/Südtirol/Italien

∞

,Höret zu! Ich will euch von einem guten Lande erzählen,
dahin würde mancher auswandern, wüsste er,
wo selbiges läge und hätte er eine gute Fahrgelegenheit.
Aber der Weg dahin ist weit für die Jungen und die Alten,
denen es im Winter zu kalt und im Sommer zu heiß ist.
Diese schöne Gegend heißt: Schlaraffenland...'.

Ludwig Bechstein

Eines Tages wird mein Körper müde sein. Des Lebens müde.
Vielleicht werde ich meine alten Tage in einem gepolsterten
Fernsehsessel verbringen, halb dösend in Gedanken versunken,
die Beine hochgelagert, damit das träge gewordene Blut zirku-
lieren kann. Vielleicht wird mich die Müdigkeit ins Bett zwingen,
im Leben ist alles möglich. Krank, alt, bettlägerig... ich wundere
mich über mich selbst, dass mich diese Variante der Zukunfts-
aussichten nicht schreckt. Vielleicht, weil Geist und Seele so gut
und reich genährt und bevorratet sind, vielleicht, weil am Ende
allein zählt, was an beglückenden Erfahrungen in Kopf und Herz
verankert ist, darunter die Erinnerungen an tausend Kraftmo-
mente in den Bergen der Alpen. Gewaltige Momente, die mir
fast die Brust sprengten, und Momente, die in ihrer Winzigkeit
eine erstaunliche Größe entfalteten. Sie alle werden mir auf immer erhalten bleiben, auch wenn sie irgendwann im Nebel einer
Demenz verschwimmen und sich zu einem einzigen Gefühl vermischen sollten. Dieses einzige Gefühl wird unter vielen Farben

von Rosa durchdrungen sein: rosafarbene Blüten, durchblitzt vom Sonnenlicht… Apfelblüten inmitten der Berge Südtirols.

Der erste Tag – nach Marling

Frühling im Vinschgau… solch ein Glück hier zu sein!

Gestern Abend war ich eingetroffen, vom Reschenpass, der den Alpenhauptkamm überquert und die Ötztaler Alpen von der Sesvennagruppe trennt. Am Reschenpass geht das Oberinntal in den Vinschgau über, der mich und Lupina auf angenehmstem Radweg ins Meraner Land und von dort weiter in die Region der Südtiroler Weinstraße führen soll, bis nach Salurn, wo die Weinstraße endet. Fünf Tage Zukunft. Fünf Tage Gegenwart. Fünf Tage Vergangenheit. Eine Himmelsrichtung.

Am Reschenpass verläuft die Grenze zwischen Italien und Österreich etwa zwei Kilometer nördlich der Passhöhe. Nicht weit davon befindet sich das Dreiländereck Österreich-Schweiz-Italien. Nach gründlicher Prüfung der Höhenverhältnisse habe ich mich zur Schonung der Fahrradbremsen entschieden, die Reise in Schlanders zu beginnen. Der Hauptort des Vinschgau liegt etwas mehr als 700 Höhenmeter unterhalb des Passes. Nichtsdestotrotz verbleiben noch 500 abwärts zu fahrende Höhenmeter, die die Bremsen nicht zum Qualmen bringen dürfen. In den Bergen verlangt mein Niederlandfahrrad einen sensiblen Umgang.

Da steht Lupina, sparsam bepackt, bereit für einen neuerlichen Ausflug in die Arme der Berge. Die blaue Farbe des Fahrrads wetteifert mit dem Blau des Himmels und je nachdem, wie ich mich positioniere, ergibt sich ein Postkartenmotiv erster Güte, denn im Süden erheben sich, alle anderen Gebirge überragend, die mächtigen, weißglänzenden Berge der Ortlergruppe.

Hollandrad vor Schneebergen – ein Augenschmaus.

Damit nicht genug, gibt es bereits hier die ersten Apfelplantagen und sie strotzen in ihrer Blütenpracht! Frisch erblüht, blumig duftend, ein wenig nach Maiglöckchen. Oh, meine lieben Berge, wie vollkommen in eurer Welt das Harte, Graue, Schroffe, ja, Abgründige, mit dem Farbenfrohen, Winzigen, zerbrechlichen harmoniert! Mitunter denke ich, sie rufen, damit ich komme, um ihr Reich zu bestaunen. Aber was bilde ich mir ein? Der Mensch braucht die Natur für seine Existenz, ja! Andersherum könnte die Natur besser und ungestörter ohne ihn leben, wie sie es Jahrmillionen lang getan hatte. Aber was würde das bedeuten? Kein Menschenfuß würde die Alpen betreten, kein Auto fahren, alle Lifte blieben stehen, Skifahrer kämen nicht, Pisten und Berghütten blieben leer, keine Alm wäre bewirtschaftet. Stattdessen würde die Tierwelt rasant wachsen, sich verändern, neu ordnen, die Natur würde nicht ruhen, von allem Besitz ergreifen. Aber: Kein Menschenauge würde sie liebend und mit Ehrfurcht betrachten, keine Freudenträne würde geweint. Keine Hand würde behutsam einen knospenden Enzian umfassen oder die Schattenkühle eines Felsens spüren. Die Natur müsste sich selbst genügen, wie ein Gemälde, das niemand ansieht, wie eine zubereitete Speise, die niemand isst, wie eine Musik, die keiner hört... Das ist eine deprimierende Vorstellung, finde ich.

Zu meiner Rechten fließt die junge Etsch. Sie entspringt am Reschenpass und ergießt sich, nachdem sie den gleichnamigen See und den kleineren Haidersee durchflossen hat, mit Tempo talwärts. Die Orientierung ist ein Kinderspiel. Ich muss nur dem Radweg folgen, der seinerseits in Flussnähe bleibt, auch wenn er zeitweilig außer Sichtweite ist.

Nach links geht der Blick nicht weit, dort steigt der Hang hoch hinauf zum Südrand der Ötztaler Alpen. Dort oben verläuft der Meraner Höhenweg.

Ich erinnere mich…

An eine Wanderung mit Heike. Als wir, triefend nass vom sintflutartigen Gewitterregen, über das Pfelderer Tal auf fast 3000 Metern Höhe an der Stettiner Hütte ankamen. Kaum eingetroffen, riss der Wolkenhimmel auf, die Sonne brach sich Bahn und übergoss in einem atemberaubenden Farbspiel die Gletscherlandschaft mit ihrem Licht. Ich weiß noch, dass mir damals das vielleicht berühmteste Zitat des ‚Kleinen Prinzen‘ einfiel: ‚Man sieht nur mit dem Herzen gut, das Wesentliche ist für die Augen unsichtbar‘. Allein mit den Augen betrachtet, war das alles wunderschön. Mein Herz sah mehr: eine Erde, die nicht nur genutzt, auch geachtet, und, im besten Fall, geliebt werden will.

Beim Tisenjoch, oberhalb des Niederjochgletschers, wurde Anfang der neunziger Jahre die berühmte Steinzeitmumie gefunden, die man später ‚Ötzi‘ nannte oder ‚Der Mann aus dem Eis‘ oder ‚Mumie vom Similaun‘. Vom Berg Similaun, 3.600 Meter hoch und ehemals komplett eisüberzogen, bin ich hier, auf dem Sattel meines Fahrrads sitzend, in der Luftlinie gerade mal zwölf Kilometer entfernt.

Zum Berühren nah sind mir die Weinstöcke. Jetzt ist die Zeit, wo nach dem Rebenschnitt neue Triebe für den neuen Jahrgang wachsen. Wird es wärmer, beginnen die Reben zu ‚weinen‘. Das Wasser wird von den Wurzeln bis zur Schnittstelle getrieben und kommt dort als ‚Träne‘ zum Vorschein. Eine Träne als Grund zur Freude, denn wo sie zutage tritt, beginnt es zu sprießen, Blätter entfalten sich… langsam! Junge Weintriebe brauchen Zeit. Und schon bald wird die Blütezeit der Reben beginnen, die, was die Optik betrifft, im Vergleich zur Apfelblüte ziemlich unspektakulär verläuft. Die winzigen grünlichen Blüten sind durch knopfartige Schutzkappen geschützt, die mit dem Aufblühen abspringen und den Weg für die Selbstbestäubung freimachen.

Der Vinschgau ist das am höchsten gelegene Weinanbaugebiet Südtirols. Es bietet beste klimatische Bedingungen für den Reifeprozess der Trauben: wenig Niederschläge, sonnige Steillagen, die allerdings sehr arbeitsintensiv sind. Edle Weißweine werden hier von kleinen Weinbauern produziert, in eigenen Kellereien gekeltert. Auch als Ruhrgebietsfrau, die mit Weinbau nicht das Geringste zu tun hat, ahne ich, wie aufwändig und anspruchsvoll die Arbeit im Weinberg ist, den romantischen Aspekt beiseitegelassen. Nicht zu übersehen ist das überall errichtete Stockgerüst, das aus dem alten Holz der Rebstöcke besteht. Mit einem Unterstützungsgerüst aus Pfählen und Spanndrähten versehen, kann die Weinrebe ranken und nach oben streben. In jedem Winter müssen diese Vorrichtungen kontrolliert und nötigenfalls repariert werden, eine der Maßnahmen für die ertragreiche ‚Erziehung‘ der Reben. Schon die alten Ägypter sammelten Erfahrungen in der Kultivierung der Weinpflanzen, Reberziehung war ihnen vertraut. Wichtig ist, dass die Blätter der Pflanzen unbedingt der Sonne ausgesetzt sein müssen. Befinden sie sich im Schatten, mindert das die Qualität der heranreifenden Trauben.

Weinanbau, wahrlich eine Wissenschaft.

Ebenfalls zum Berühren nah sind mir die blühenden Apfelwiesen. Im Laufe der vielen Jahre haben sie Veränderungen erlebt. Infolge intensiver Züchtungsarbeit wurden die Bäume nicht nur kleiner, auch kompakter und ertragreicher. Auf einer Fläche, die früher ein einziger Baum eingenommen hatte, stehen heute bis zu zwanzig, nicht mehr hochstämmig mit ausladenden Kronen, unter denen Vieh graste oder der Boden für Ackerbau genutzt wurde, sondern mit Stämmen, die maximal vier Meter hoch sind und ein regelrechtes Baumgerüst bilden. Die Laubkronen, sofern man sie so nennen möchte, beginnen in Kniehöhe und schlingen sich spindelartig um hölzerne Stützpfeiler. Schlank stehen sie in

Reih und Glied, so dicht, dass sie eine Apfelhecke mit kurzen Fruchtästen bilden. Aus Apfelbäumen sind im landwirtschaftlichen Anbau Buschbäume geworden, die eine leichtere Ernte im Bücken und im Stehen ermöglichen, häufig mit Hilfe von Pflückwagen, denn nach wie vor wird das Obst von Hand geerntet, traditionell mit dem ,Tschaggl', einem umgehängten Klaubkorb.

Ein Fünftel der Ernteerträge landet in Deutschland. Neben Polen ist Südtirol Europas größter Apfelproduzent, wobei die Alpenregion, bedingt durch das gebirgige Gelände, viele schwierige Anbauflächen hat. Mit Heike hatte ich sie während unserer Wanderung gesehen, die unzugänglichen Ecken und Winkel in Steillagen, die Übung und Geschicklichkeit verlangen.

Noch fast fünf Monate müssen ins Land gehen, bis aus der rosa Blütenfülle Tonnen knackig-süßer Äpfel geworden sind, mit geografischer Angabe derzeit dreizehn Sorten, darunter besonders wohlklingende Namen wie Rubens, Pinova, Topas, Morgenduft, Ambrosia...

Seit Jahren träume ich davon, eines Tages in das Blütenmeer Südtiroler Apfelplantagen einzutauchen... und jetzt ist es soweit. Ich bin hier und es ist bezaubernd. Für einen Moment stelle ich mein Fahrrad ab und trete ganz nah an einen der Buschbäume heran. Noch hat das große Blütenrieseln nicht begonnen, jedenfalls nicht bei dieser Apfelsorte respektive in dieser Höhenlage, die Blüten zeigen sich in ihrer Farbenschönheit und in ihren Entwicklungsstadien. Pinkfarben ist die geschlossene Blüte, die geöffnete hat einen rosa Ton angenommen, die gelben Staubfädchen mit den Staubbeutelchen an den Enden zittern im Wind. Fünf abgerundete Kronblättchen zieren die Blüte, durch die, voll entfaltet, das Licht hindurchscheint. In diesem Stadium könnte man die Blüte für weiß halten, bei genauem Hinsehen erkennt man die Farbe Rosa. Ein gehauchtes Rosa.

Leise seufzend stehe ich da, versunken in den Anblick der filigranen Kunstwerke, die mir im millionenfachen Überfluss in diesen Tagen begegnen werden.

Fruchtbares Bergland! Nicht nur Wein und Äpfel gedeihen hier, auch andere Obstsorten: die Vinschgauer Marille, die alte nährstoffreiche Palabirne, von den Einheimischen ,Sommerapothekerbirne' genannt, Beerenfrüchte, darunter Erdbeeren, die in alpinen Lagen sehr langsam reifen und eine erstaunliche Süße entwickeln. Hier kann man sie noch von den Stielen zupfen, während anderenorts die Erntezeit längst vorbei ist.

Die Fahrt auf dem komfortablen Radweg setzt sich fort, stetig geht es bei niedrigem Gefälle bergab, das Tal bleibt angefüllt mit Weinäckern und Apfelplantagen verschiedenen Blütestadiums. Ein kräftiger Wind bläst mir vom ersten Augenblick an ins sonnenwarme Gesicht; ich weiß, dass er mich müde machen wird. Linkerhand gleiten die Häuser der Gemeinde Tschars-Kastellbell vorbei, unmittelbar neben meinem Weg thront auf einem Felsbuckel das umfangreich restaurierte Schloss Kastellbell.

Nach einer Rast an einer Pferdekoppel nun das Dorf Staben.

Ich fahre vorbei, wie ich an vielen Orten vorbeifahre, die Aufmerksamkeit verdient hätten. Von hier wäre es nicht weit zum Schloss Juval gewesen. In der geschichtsträchtigen Burg befindet sich das Messner Mountain Museum. Der im Eisacktal geborene Abenteurer und Höhenbergsteiger Reinhold Messner hatte das Vinschgauer Schloss zu seinem Zuhause gemacht und das Museum mit einer Dauerausstellung dem ,Mythos Berg' gewidmet.

Fluss und Radweg umkreisen in einer sanften Kurve den Ort Naturns. Hier ist es wieder Zeit für eine Erinnerung. Tausend Höhenmeter den steilen, mit Weinreben bedeckten Hang des Sonnenbergs hinauf, verläuft nach wie vor der Meraner Höhenweg, der die Texelgruppe, ein Seitengebirge der Ötztaler, umrundet. Auf den Vinschgau konnten Heike und ich hinabsehen. Ungefähr hier lag die Nassereith-Hütte hinter uns, wir befanden uns auf dem Weg in Richtung Pfossental. Wie herrlich das war! Unser Zusammenhalt, das Freiheitsgefühl, die gemeinsame Begeisterung für diesen einzigartigen Panoramaweg.

Vorbei geht es nördlich von Plaus. Ich bleibe auf dem Dammweg der Etsch. Stetig rollt das Fahrrad abwärts, ich habe nicht viel mehr zu tun, als den Lenker auf Kurs zu halten.

Soeben ist links von mir der Ort Partschins zurückgeblieben, als sich etwas ändert. Ich fahre nun auf einer schmalen Straße, von der schließlich ein separater Radweg nach rechts abzweigt. Der Fluss ist nun außer Sicht. Keine blühenden Apfelplantagen mehr, keine Weinstöcke. Zwischen dichtem Strauch- und Baumbewuchs geht es kurvenreich steil abwärts.

Vorsicht ist gefragt! So verführerisch es ist, erlaube ich meinem Fahrrad nicht, ungebremst Fahrt aufzunehmen, stattdessen benutze ich die Rücktrittbremse stetig und in sachtem Stakkato; sie darf sich nicht überhitzen und das Sturzrisiko muss ich so gering wie möglich halten.

Seit mehr als fünf Stunden bin ich unterwegs, die halbe Tallänge des Vinschgaus habe ich durchradelt. In Schlanders war ich bei 700 Höhenmetern gestartet, Partschins befindet sich auf 500 Metern. Nun aber sinkt die Höhe rasch, laut Wanderkarte auf kurzer Distanz bis auf 300 Meter. Will ich die sich immer wieder neu ergebenden Ausblicke nach Osten genießen, empfiehlt es sich kleine Pausen einzulegen. Als ein Radrastplatz mit Wasserquelle auftaucht, stelle ich Lupina ab, fülle die Trinkflasche und suche den perfekten Aussichtsplatz.

Dort liegt sie in ihrem Talkessel! Die zweitgrößte Stadt Südtirols: Meran.

Wieder bestürmen mich Erinnerungen.

Im Rahmen unserer selbstkreierten Alpenüberquerung führte uns der Weg nach Dorf Tirol, von dort mit dem Sessellift hinunter nach Meran. Nachdem Heike und ich die Stadt durchquert hatten, um auf die andere Seite der Etsch zu gelangen, ging es weiter an dem Flüsschen Passer entlang, auf der von alten Bäumen gesäumten Flusspromenade, wo einst Kaiserin Elisabeth von Österreich-Ungarn flanierte, als die Stadt ein Modekurort des Hochadels war. Hingerissen von den prunkvollen Jugendstilfassaden, den Laubengängen, Gassen und Winkeln, dem südländischen Flair mit Palmen, Lorbeerbäumen, Zypressen – das alles vor der Kulisse schneebedeckter Gipfel –, nahmen wir uns für die Durchquerung der Stadt zu viel Zeit. Mit zehn Stunden hatten wir diese Tagesetappe kalkuliert, am Ende waren es zwölf.

Von meinem Aussichtsplatz habe ich einen sehr guten Überblick. Gen Norden ist das Meraner Becken durch die Texelgruppe begrenzt, somit vor kalten Winden geschützt. Die Sarntaler Alpen schirmen es gegen Osten ab, Ausläufer der Ortlergruppe nach Südwesten. Nach Süden ist es offen, mediterrane Strömungen haben über das sehr breite Etschtal freie Bahn, verfangen sich im Talkessel und sorgen ganzjährig für ein mildes Klima. Meine Begleiterin, die Etsch, ändert hier, am Fuß des Tales, ihre Richtung um neunzig Grad, indem sie sich nach Süden wendet. Ich werde ihr folgen und das schöne Meran noch nicht einmal streifen.

Lupina bewegt sich fast wie von selbst und ich, die sich, auf dem bequemen Sattel sitzend, tragen lässt, spüre Ermüdung. Wovon eigentlich?

Vom Wind, der mir unaufhörlich entgegenbläst. Von der Sonne, den intensiven Farben. Von der Bergluft. Von der Landschaft und ihren schönen Reizen, die mich seit Stunden überfluten.

Weiter geht die Abwärtsfahrt am Fluss entlang, der kaum noch Wasser führt, überall sind die am Grund liegenden Steine, Kiesel und Felsbrocken sichtbar. Es dauert nicht lange, dann habe ich den Talboden erreicht – 300 Meter über dem Meeresspiegel. Wie erwartet, wird es städtisch und laut, Bebauung rückt heran, mit ihr Straßen und Fahrzeuge aller Arten. Am Südrand von Algund treffe ich auf einen Kreisverkehr mit der Autobahn-Anschlussstelle Bozen-Meran.

Der Fluss vollendet seine Biegung, der Radweg folgt ihm. Meran liegt unmittelbar auf der anderen Seite der Schnellstraße. Ungefähr hier übergibt die Passer ihre in den Ötztaler Bergen aufgenommenen Wasser der Etsch. Zu sehen ist die Mündungsstelle nicht. Auch nicht die nahgelegene Galopprennbahn Mais. Einer der Jahreshöhepunkte, das traditionelle Haflinger-Galopprennen, hat erst kürzlich zur Osterzeit stattgefunden.

Auf der Höhe der Pferderennbahn endet der komfortable Radweg, der vergnügliche Teil dieser Tagesetappe ist vorbei. Betonwände, ein Kreisverkehr, Autos im Sekundentakt, ein riesiger, gähnend leerer Parkplatz, Unterführungen, Bordsteine hoch wie kleine Mauern – Meran zeigt in diesem Teil seiner Randbereiche ein nicht weniger hässliches Gesicht als es andere Städte tun.

Plötzlich fühle ich mich angespannt, lustlos, die hier dringend nötige Konzentration fällt schwer… und prompt ist mir der Weg abhandengekommen. Bloß keine nutzlose Sucherei! Energievergeudung kann ich mir nicht leisten. Ich frage mich durch, lasse mich von Einheimischen weiterlotsen.

Auf einmal bricht bleierne Müdigkeit über mich herein wie ein Wolkenbruch. Ich bin nicht mehr die jüngste, wie man so schön sagt. Nicht zum ersten Mal spüre ich, dass meine Kraftreserven deutlich geschrumpft sind, und, das sehe ich realistisch, weiter schrumpfen werden. Signalisiert der Körper Ermattung, will er ernst genommen werden: Hopp, hopp, Mädchen, sieh zu, dass du ein Bett findest und vorher ein nahrhaftes Abendessen!

Erfreulich ist, dass ich aus dem Betonchaos herausgefunden habe und mich nun knapp 100 Meter unterhalb des Dorfes Marling befinde. Noch erfreulicher ist, dass ich dort nicht hinauf muss, weil gleich neben der Straße ein unauffälliges Hotel steht. Das Erfreulichste jedoch ist, dass ich tatsächlich ein Zimmer bekomme. Es hat einen Balkon zur Bergseite, also ohne Weitblick.

Müde lasse ich mich in einen der Balkonsessel fallen, strecke die Beine, dehne die Wadenmuskeln. Mein Blick schweift zur kurzen Südseite des Balkons und erhascht ein Stückchen Fernsicht.

Was ich dort erspähe, lässt mich aus dem Sessel springen.

Im Süden zeigt sich eine markante Silhouette, die mir zeitlebens im Gedächtnis bleiben wird: eine Steilwand mit überspringender Oberkante, die spitz gen Osten, gen Bozen, gerichtet ist – der ‚Fingerzeig‘ eines Berges. Dieser blassblaue Schattenriss ist der des Gantkofels, nördlichster Gipfel des Mendelkamms, rund zwanzig Kilometer in der Vogelfluglinie entfernt. Ich hatte nicht damit gerechnet, ihn jetzt schon sehen zu können.

Bei seinem Anblick schießt mir ein Cocktail der Erinnerungen durch den Kopf: der pfeilgerade Pfad durch eine der Mendelkammwände, der geheimnisvolle, nebelumwobene Lärchenwald der ‚Prinzwiesen‘, meine Wandergefährtin, die in ihrem dunklen Regencape vor mir her stapft, unser Flüstern, weil wir nicht wagen mit normaler Stimme zu sprechen, Augen fremder Waldwesen, die, im Farndickicht versteckt, jeden unserer Schritte beobachten… diese Tagesetappe hatte unsere Fantasie beflügelt!

Der Mendelkamm. Der sich von Nord nach Süd ziehende lange Gebirgszug hat eine mäßig abfallende und wildbewaldete Westseite, nach Osten bricht er mit schroffen Felswänden steil ab. So erhebt sich über dem Etschtal und der Weinstraße bis weithin sichtbar das 35 Kilometer lange Gebirge mit Durchschlupfstellen für Pfade und Klettersteige. Übergänge von einer Provinz in die andere, denn längs der Abbruchkanten verläuft die Grenze zwischen dem deutschsprachigen Südtirol und dem italienischsprachigen Trentino.

So ergibt es sich, dass mir bereits in Marling ein unverhoffter Blick in die Zukunft gewährt ist, denn dem Gantkofel werde ich noch sehr nah rücken, vorausgesetzt, meine Reise nimmt weiterhin einen glücklichen Fortgang.

Den Abend beschließe ich in einem kleinen Straßenrestaurant.

Teller im Rausch der Farben: quietschgrüner Babyspinat, mit Sepiatinte gefärbte schwarze Spaghettini, knallrote Kirschtomaten, Lachs, dessen Farbe selbsterklärend ist. Während ich speise, läutet oben am Berg die Glocke der Marlinger Pfarrkirche.

Der zweite Tag – nach Andrian

Ein Radiosender läuft. Aus den Lautsprechern ist Aretha Franklin mit dem Song ‚Think' zu hören. Freedom, oh, freedom! Set me free…

Ich sprühe vor Energie und Reiselust, wie an allen Morgen, in denen ich mich in den Bergen aufhalte und den Tag über ihren Wegen folgen möchte.

Außer mir ist kein weiterer Gast da. Am Fenster steht ein Zwei-Personen-Tisch mit den Überbleibseln eines eben eingenommenen Frühstücks. Die Hotelwirtin lässt sich mit dem Abräumen Zeit und findet Muße für eine kurze Unterhaltung mit mir.

Ich frage, was die Einwohner Südtirols gegenwärtig bewegt.

„Die Flüsse", antwortet sie ohne zu Zögern, „sie sind trocken, immer weniger Wasser kommt von den Bergen herunter, das macht den Einwohnern Sorgen."

Ich erzähle ihr von den Beregnungsanlagen in Österreich, unterwegs zum Reschen. Künstliche Bewässerung im April.

„Ja. Sonne gibt es reichlich, zur Zufriedenheit der Touristen, zu unserem Leidwesen. Die trockene Erde bröckelt und bricht, die Gefahr abgehender Muren steigt, wenn es vom Himmel schüttet. Immer warten wir auf Regen. Kommt er, schwemmt er alles weg."

In Marling trenne ich mich von der Etsch und damit auch von dem leicht zu fahrenden Radweg am Flussufer. Von nun an wird es hügelig, fordernder, komplizierter. In den Talbereichen gibt es viele Wege und somit mehr Möglichkeiten den falschen zu nehmen, es sei denn, sie wären gekennzeichnet.

Ich bin nun etwa zwei Kilometer vom Fluss entfernt. Weiter geht es von einem Weinort zum nächsten, die Südtiroler Weinstraße jedoch beginnt hier noch nicht.

Im Süden der Gantkofel! Ein Stück näher gerückt, dominiert seine Gestalt die Landschaft. Andrian, das Weinstädtchen, das ich am zweiten Etappentag erreichen möchte, liegt ihm quasi zu Füßen. Heute ist der 1.768 Meter hohe Berg mein ‚Wegzeichen'.

Zunächst geht es auf Tscherms, dann auf Lana zu. Hier sind sie wieder, die Apfelplantagen. Spaliere über Spaliere rechts und links der Etsch, nicht hunderte wie im Vinschgau, tausende! Wie riesig die Ausmaße des Etschtals sind, begreift man erst, wenn man dort zu Fuß unterwegs ist. Ich weiß, wovon ich rede, denn wieder ist eine Erinnerung so präsent, als hätten sich die Dinge erst im letzten Monat ereignet...

Heike und ich auf dem Weg von Dorf Tirol nach Oberlana.

Zwölf Stunden. Trotzdem das Tagesziel nicht erreicht, weil insbesondere mir die Kraft in den Knien für den Aufstieg von Lana nach Oberlana fehlte. Am Ende ging alles gut, wir mussten nicht im Freien schlafen. Die Freiheit fernreisender Wanderer kann mitunter Obdachlosigkeit beinhalten und es empfiehlt sich, stets ein ‚Bett' im Gepäck zu haben, eine isolierende Schlafmatte.

Und jetzt bin ich wieder in Lana. Ausgerechnet hier komme ich vom Weg ab, finde mich in menschenleeren Apfelfeldern wieder und sogleich bedrückt mich das aberwitzige Gefühl, die einzige Touristin zu sein, die je die Regel ‚Benutze keine Privatwege!' gebrochen hat. Es schneit Blütenblättchen… wie schön das ist!

Ich habe mich ins Apfelblütental, ins Nangijala der Brüder Löwenherz, verirrt, in das Land, wo ewiger Frühling herrscht und die Gestorbenen ein wunderbares jenseitiges Leben führen.

Aber selbst dort gibt es die Bösen, existiert der Tyrann Tengil, der mir meine Freude missgönnt. Gleich wird er mich hinauswerfen aus meinem paradiesischen Apfelblütental, in das ich ungebeten eingedrungen bin. Dabei kann ich von mir behaupten, ein Mensch zu sein, der sich schwer mit Verbotenem tut.

Und da ist er, der Tyrann Tengil! Ein bärtiger Apfelbauer bei der Arbeit. Ein Mann, der sich allein an einem defekten Holzgerüst zu schaffen macht. Auch, wenn mein schlechtes Gewissen groß ist, bin ich doch geistesgegenwärtig genug, die Flucht nach vorn anzutreten. Noch bevor er Anstalten macht mich zu schimpfen und zu verscheuchen, gestehe ich meinen Fehler ein, bitte um Verzeihung und frage nach dem richtigen Weg, zeige ihm aufrichtige Lernbereitschaft.

Tengil ist kein Tyrann, er ist nett… und bestätigt, dass hier ein Durchfahr- und Betretungsverbot gilt, die Apfelplantage sei alter Privatbesitz – sind in Südtirol nicht alle Plantagen Privatbesitz? Bei mir allerdings würde er eine Ausnahme machen, ich dürfe weiterfahren, obwohl alles, was mir in der Plantage zustoßen könnte, versicherungstechnisch nicht abgedeckt ist. Was das genau sein könnte, lässt er offen, zwinkert nur schelmisch grinsend mit dem linken Auge und überlässt es im Übrigen meiner Fantasie, mir alle potenziell unliebsamen Ereignisse auszumalen.

Ich darf die holprige Fahrt fortsetzen, meinen blütenübersäten Weg genießen wie eine Braut, achte dabei peinlich genau auf alle herumliegenden Zweige und Steine und ganz besonders auf die Bodenlöcher. Das fehlt noch: eine Hüft-OP in Bozen, deren Rechnung keiner bezahlen will!

Irgendwann verlasse ich das Land Nangijala.

Der Plantagenweg mündet in eine schmale Straße, ich befinde mich wieder auf erlaubtem Terrain. Mein Weg setzt sich fort, in den Ortschaften geht es immer wieder mal bergauf. Dann steige ich ab, gehe zu Fuß und Lupina darf sich erholen.

Der Gantkofel ist verschwunden. Hügel, Häuser und Bäume versperren die Sicht. Irgendwann wird er wieder auftauchen, noch stärker gewachsen, denn mittlerweile bin ich recht lange unterwegs. Abgesehen von meinem Ausflug in die privaten Apfelplantagen hat das Wegfinden bisher gut geklappt.

Seit einer Weile geht es, von Vogelgezwitscher begleitet, an einem dunklen Waldhang namens Kaltbrunner Berg entlang, zu meiner Linken stehen wie gewohnt die Apfelbäume, deren Blüten sind vollständig verwelkt. Es erstaunt mich, wie selten mir gestern und heute Radfahrer und Fußgänger begegnen. Mir ist es recht, in meinen Bergen bin ich ja gern allein. Heike und ich wanderten oft mit Abstand zueinander, jede von uns war frei, das Tempo zu gehen, das ihr zur größtmöglichen Ausdauer verhalf. Und während sie hier und da fotografierend zurückblieb, ließ ich im Warten die Erhabenheit der Berglandschaft in mich hineinsickern. Wir waren nicht nur Gefährtinnen, die sich darauf verstanden, zu schweigen, wir waren Wanderschwestern. Die bleiben wir, wenn auch die Zeit des gemeinsamen Vagabundinnenlebens vorbei ist.

Die Zahl der Weinfelder nimmt zu, die Apfelanbauflächen nehmen ab. Als ich in Andrian eintreffe, bin ich sehr müde, obwohl ich nur sechs Stunden unterwegs war. Am Ortseingang springt mir ein Schild ins Auge, darauf abgebildet eine stilisierte Traubendolde mit der Aufschrift ‚Strada del vino – Südtiroler Weinstraße'. Fortan wird sich das Apfelland nach und nach in das Weinland wandeln, für das die Region Kalterer See berühmt ist.

Es dauert nicht lange, bis ich im ‚Schwarzen Adler' mit der Zimmersuche erfolgreich bin. Hier findet eine Begräbnisfeier statt, für mich bedeutet das ein langes Warten auf das Abendessen. Der Himmel hatte sich gegen Nachmittag bezogen, jetzt regnet es in schwachen Schauern, was die Trauergäste ins Haus treibt und hernach zurück an die Stehtische des Weingartens.

Etwas abseits steht unter rankender blassgelber Blütenfülle eine grüne Bank, deren Lackierung schon bessere Tage erlebt hat. Die in Büscheln wachsende Pflanze kenne ich nicht, ihre Blüte ähnelt der Moosrose – herrlich! An diesem exquisiten Sitzplatz verbringe ich eine der letzten regenfreien Stunden des Tages.

Der dritte Tag – nach Kaltern am See

Der Morgen beginnt nicht nur mit einem herzhaften Frühstück, neben Schüttelbrot und Almkäse auch mit einem Gespräch. Ich möchte mehr wissen vom Apfel- und Weinanbau und zwar aus direkter Quelle.

Mein Gegenüber ist Werner, während des II. Weltkriegs geboren, Weinbauer und Vater der Gastwirtin. Wenn sich einer mit Äpfeln und Wein auskennt, dann er. Über Jahre und Jahrzehnte hatte er die Entwicklungen des Anbaus beider Obstsorten beobachtet und mitgetragen. Auch im Ruhestand legt er die Hände nicht in den Schoß, immer noch führt ihn jeder Tag in den Weinberg der Familie.

Ich habe eine Menge Fragen. Zunächst zum Thema Wasser und Bewässerung, womit ich an das morgendliche Gespräch mit der Marlinger Gastwirtin anknüpfe.

Da wären zunächst die Waale.

Vor etwa 900 Jahren wurden im Etschtal die ersten angelegt, befestigte Bewässerungsgräben, in denen sich das Wasser aus den Bergen sammelte und von dort auf die landwirtschaftlich genutzten Flächen geleitet wurde. Das Anlegen der Waale war Gemeinschaftsarbeit und da sie Gemeinschaftsbesitz waren, der allen Bauern diente, war eine gerechte Verteilung unerlässlich. Trotz Aufsichtsperson gab es die eine oder andere Streiterei.

So segensreich die Erfindung war, brachten die Waale aber auch Probleme mit sich. Bei Starkregen liefen sie über und überhaupt waren sie arbeitsintensiv in der Pflege und Wartung. In der ersten Hälfte des zwanzigsten Jahrhunderts gab es die ersten Brunnenbohrungen, ‚Ziggel' genannt. Heute wird ausschließlich auf diese Weise bewässert. Werner hält es für denkbar, dass infolgedessen der Grundwasserspiegel sinkt. Was das zur Folge haben könnte, spricht er nicht an, und ich versäume es nachzufragen.

Die meisten ausgedienten Wassergräben wurden weder zugeschüttet noch trockengelegt, sondern zur Verlegung von Rohren genutzt, oder sie wurden mitsamt den daneben laufenden Pfaden, die der Pflege und Wartung gedient hatten, als Wasserrinnen erhalten. Heute bieten die vom beruhigenden Fließgeräusch begleiteten Wartungswege Panoramaspaziergänge von besonderem Erholungswert.

„In der Nacht hat es endlich geregnet, nicht wahr?" bemerke ich, im Glauben, dass Werner darüber Erleichterung zeigt.

„Regen?" fragt er zurück, „das war kein Regen! Jedenfalls keiner, der uns etwas nützt, tagelang müsste es regnen, aber nicht sturzartig. Apfelbäume sind, im Gegensatz zum tiefwurzelnden Wein, Flachwurzler. Die kommen nicht lange ohne Wasser aus."

Wasser ist zunehmend kostbar. Was nicht vom Berg oder Himmel kommt, muss der Erde entnommen werden. Doch an welchen Stellen? Wie tief muss gebohrt werden, wo verbergen sich Wasseradern? Bei dieser Frage kommt der Weinbauer auf Richard zu sprechen. In den vierziger Jahren waren sie Schulkameraden, später wurde Richard mit einer besonderen Begabung eine Berühmtheit in seiner Heimat.

Er war Rutengänger. Das ist jemand, der mittels Wünschelrute – meistens eine Y-förmige Astgabel oder aus einem Draht geformt – im Erdboden sich befindliche Wasseradern und Mineralien aufspürt. Richard besaß eine Rute aus Messing. Werner hält kurz im Sprechen inne, beobachtet, ob ich mich amüsiert zeige oder die Wirkung dieser ‚Zauberei' anzweifle. Da er in meiner Miene nichts als Interesse und Neugier sieht, fährt er fort.

Richard habe ein ausgeprägtes sensorisches Gefühl für Erdstrahlung gehabt, erzählt Werner, entsprechend groß wäre die Achtung gewesen, die man dem Rutengänger gezollt hatte. Oft wurde er von den Bauern zum Auffinden unterirdischen Wassers gerufen, so häufig, dass seine Hände darunter gelitten hatten. Deformiert und regelrecht verkrüppelt quälten sie ihn mit anhaltenden Schmerzen. Als er starb, hinterließ er fünf Kinder und seine Ehefrau, eine Lehrerin in Andrian.

Ich spüre den Respekt, mit dem der Weinbauer von diesem Mann spricht. Auch mich faszinieren solche Fähigkeiten. Mir ist bewusst, dass die meisten Zeitgenossinnen und –genossen nur Dinge und Vorgänge als existent akzeptieren, die nachweisbar und logisch erklärbar sind. Zur Radiästhesie, der Strahlenfühligkeit, wurde viel geforscht, mit dem Ziel, dieses merkwürdige Talent als gegeben oder nicht gegeben nachzuweisen.

Der Weinbauer wartet auf eine Antwort, einen Kommentar.

Ich überlege, bevor ich spreche: „Weißt du, Werner, es gibt eine Menge Dinge, die wir niemals werden erklären oder mit den uns gegebenen Mitteln nachweisen können, dennoch existieren sie. Die Erde, das Leben, der Tod, alles ist voller Geheimnisse, was mir persönlich Demut abverlangt. Welches ‚Schicksal' ist den Seelen Verstorbener beschieden? Werden wir das je erfahren oder gar ‚beweisen' können? Man sieht sie nicht und hört sie nicht, ist das allein der Beleg dafür, dass sie mit dem Tod ‚verschwinden'? Wer sind wir, dass wir alles wissen und nachweisen müssen, Glauben und Gespür lächerlich finden und als naiv abtun? Ist das nicht arrogant? Halten wir uns für die Herren der Welt, die erst satt sind, wenn sie alles wissen? Und warum versagen wir dann so oft? Ich denke, dass wir Menschen uns oft überschätzen. Wir werden nie alles wissen, Werner, und was wir nicht wissen, müssen wir entweder glauben oder ignorieren."

Ich hole Luft, das war eine lange Rede. Gedankengänge, die ich seit Langem mit mir herumtrage.

Der Weinbauer nickt, versteht was ich meine.

Wir schweigen eine Weile, dann schwenken wir zurück zum Apfelanbau. Für Werner ist die Landwirtschaft ein unerschöpfliches Thema. Es fällt der Begriff Frostschutzberegnung, der mich innerlich zusammenzucken lässt.

„Frostschutz?" frage ich, „kenne ich nur als Flasche, die ich an der Tankstelle kaufe, weil ich vergessen habe, sie anderswo zu beschaffen."

Werner lacht, klärt mich auf: „Die Pflanzen werden fortdauernd mit nebelfeinem Wasser besprüht. Gefriert es durch Frosteinbrüche, setzt das Wasser die Kristallisationsenthalpie frei...".

„Enthalpie... was ist das denn?"

„Erstarrungswärme. Der aufgesprühte Nebel gefriert und unter den winzigen Eisschichten kommt es zur Temperaturerhöhung, was Blüten und Blätter vor Frostschäden bewahrt."

Ich denke mit und merke an, dass dieses Verfahren nur zum Erfolg führen kann, wenn die Bauern dem Kälteeinbruch zuvorkommen.

„Ja, so ist es", sagt Werner und gedanklich ergänze ich: Wenn Wettervorhersagen, auf die die meisten von uns viel Wert legen, wirklich elementar wichtig sind, dann gewiss für diejenigen, die in der Landwirtschaft arbeiten.

Logischerweise findet die Frostschutzberegnung während der Blütezeit statt. Mit Eis Wärme erzeugen, eine geniale Methode! Die wahrscheinlich ähnlich dem Prinzip Iglu funktioniert.

Ich frage etwas, das ich schon immer wissen wollte: „Warum eigentlich werden im Etschtal die Apfelbäume mit Netzen abgedeckt? Schön sieht das nicht gerade aus."

Ich erinnere mich an Rosa, eine alte Südtirolerin, die ich damals mit Heike kennengelernt hatte und die sich bitter über das Anbringen der unansehnlichen Netze beklagt hatte. Früher habe man sie auch nicht gebraucht, hatte sie trotzig betont. Die Antwort ist einfach: Sie bieten Schutz vor Hagelschlag, ein einziges Hagelunwetter kann einen Großteil der Ernte vernichten. Wie schon erwähnt: Wo einst ein Apfelbaum stand, stehen heute bis zu zwanzig. Eine kolossale Wertsteigerung. Man darf nicht vergessen, dass die Menschen von der Apfelproduktion leben.

„Das ist der Grund, warum viele Bauern Versicherungen abschließen…", erklärt Werner, „…die aber greifen nur bei Hagelschlag, nicht bei Pflegefehlern. Beim Versicherungsschutz für Beerenfrüchte, Marillen und Süßkirschen ist es genauso…"

Eine Stunde sitzen wir schon beisammen. Ich möchte nicht zu spät starten, ein langer Tag auf dem Fahrradsattel wartet auf mich. Werner drängt es in seinen Weinberg, vorher will er noch alle Tische abräumen. Dennoch mögen wir uns nicht trennen, ohne über den Weinanbau gesprochen zu haben.

Ich lerne, dass dieser in Italien von der Handelskammer gelenkt wird. Anders als beim Apfelanbau, gibt es für den Weinanbau eine Reihe von Vorschriften. Denominazione di Origine Controllata e Garantita ist die vom Staat kontrollierte, garantierte Herkunftsbezeichnung italienischer Weine.

„Das Pflanzrecht erhält man gegenwärtig erst zwei Jahre nach der Beantragung", fügt der Weinbauer hinzu, „auch dann, wenn nur der Wunsch nach einem kleinen Weingut, einer kleinen Parzelle, besteht."

Natürlich müssen wir auch beim Thema Weinanbau über das Wasser sprechen. Rebstöcke haben, wie es in der Fachsprache heißt, eine hohe Trockentoleranz. Es soll Weinbauern geben, die ihre Felder gar nicht wässern, vorausgesetzt, dass es im Laufe des Wachstums an einigen Tagen geregnet hat. Eine Ausnahme bilden junge Pflanzen, die in den ersten drei bis vier Jahren für die tiefgehende Wurzelbildung ausreichend Wasser benötigen. Die Tatsache, dass Weinpflanzen unempfindlich gegen Trockenheit sind, bedeutet nicht, dass sie nicht regelmäßig fachkundige Pflege brauchen. Weinreben gedeihen auf fast allen Böden, sofern diese durchlässig und nährstoffreich genug sind. Allerdings sind Bukett, Aroma und Geschmack bekanntermaßen sehr verschieden. Die blau-schwarzen rundlichen Beeren des Blauburgunder zum Beispiel gedeihen nur bei optimaler Bodenbeschaffenheit. Ob im Etschtal, Überetsch, in der Region Bozen – vielerorts ist die die Blauburgundertraube anzutreffen.

Werner reicht einen Presseartikel über den Tisch, der von einem Wettbewerb zu dieser Weinsorte berichtet. Demnach wurde unter 87 verkosteten Tropfen der ,Riserva Anrar 2019' aus Andrian zum Sieger gekürt. Ich selbst mag die gehaltvolle Rebsorte Blauburgunder sehr, deren Aroma die Fachwelt unter anderem mit dem eines herbstlichen Waldbodens assoziiert.

Unser Abschied ist herzlich. Ich habe konzentriert zugehört und eifrig mitgeschrieben. Während der Weinbauer mit dem Abräumen des Frühstücksgeschirrs beginnt, klappe ich mein Notizbuch zu, zufrieden, wieder etwas gelernt zu haben. Es geht doch nichts über einen geduldigen, begeisterten Lehrer.

Erst später fällt mir auf, dass weder er noch ich Pilzbefall, Apfelschorf, Fruchtfäule, Insektenschädlinge und Co. thematisiert hatten, also auch nicht den Gebrauch von Pflanzenschutzgiften, ohne die ein ertragreicher Anbau zum Scheitern verurteilt wäre. Sollte es mich ärgern, diesem unattraktiven Aspekt keine Beachtung geschenkt zu haben? Es wäre eine Gelegenheit gewesen, abseits verführerischer Imagevideos etwas über das Ungesagte zu erfahren. Werner hätte mir bestimmt auch darüber Auskunft gegeben. Nun, die Gelegenheit bleibt ungenutzt, ärgern kann es mich nicht. Im Augenblick bin ich einfach nur glücklich darüber, dass in Zukunft jeder Biss in einen Südtiroler Apfel Erinnerungen an diese Tage wachrufen wird, in denen Lupinas Räder durch dieses Schlaraffenland rollten.

Der Gantkofel! Stunde um Stunde nimmt er an Größe zu. Bald werde ich seine, aus nördlicher Richtung landschaftsprägende Gestalt zum letzten Mal sehen. Mittlerweile kann ich den Fels und seine Strukturen erkennen, der Schattenriss gehört der Vergangenheit an.

Die Regennässe ist unter der Morgensonne verdunstet. Ich bin wieder unterwegs, das vordere Schutzblech wippt fröhlich. Auf Lupina ist Verlass, das Fahrrad ist immer guter Dinge, nimmt die Wege, die da kommen. Naja, zumindest kommt es mir so vor.

Ich befinde mich auf dem ‚Südtiroler Apfelradweg‘.

Bisher habe ich niemanden getroffen, doch nun sehe ich weiter vor mir ein älteres Fußgängerpaar, das lebhaft gestikulierend mit einem allein stehenden Baum beschäftigt zu sein scheint. Als ich herankomme, bleibe ich stehen und erkundige mich, was es Interessantes gäbe.

„Sehen Sie sich das an!" werde ich aufgefordert, „der Baum ist voller Maikäfer, sehen Sie?"

„Ich weiß nicht, ob ich das will…, Käfer sind nicht so meins."

Die Formulierung trifft es nicht. Ich habe Angst vor ihnen, vor jeglichem Krabbelgetier, von Kindesbeinen an. Ich sehe mich als Elfjährige im Garten meines Elternhauses vor den Fugen der Wiesenbegrenzungssteine hocken und mit einer mir selbst auferlegten Mutprobe Ameisen betrachten, solange ich das Gruselgefühl und die Gänsehaut auf meinen nackten Armen aushalten konnte. Hier allerdings will ich mich umgehend davonmachen, doch die beiden Herrschaften sind so furchtlos hingerissen, dass ich meinen Weglaufimpuls für den Moment unterdrücke und sogar einen genaueren Blick auf den Baum wage.

Er bebt, vibriert, surrt… mein Gott!

In seinem löchrigen Laub tobt eine Invasion braunflügeliger Käfer, die für mein Empfinden viel zu groß sind. Einige plumpsen lautstark auf den Boden, spielen tot, dann plötzlich setzen sie sich in Bewegung und heben zum Flug an, um sich gleich wieder über das Blattgrün herzumachen. Der arme Baum muss sich bei lebendigem Leib auffressen lassen, bis nichts als das abgenagte Skelett übrig sein wird. Muss das sein? Ich liebe die Natur, doch manchmal, so finde ich, übertreibt sie es.

„Sehen Sie nur, so viele!", ruft die Käferliebhaberin, „ist das nicht faszinierend?"

„Nein, tut mir leid, ich finde sie erschreckend", antworte ich mit einer Miene, die meine Rede bekräftigt, worauf mich ein verständnisloser Blick der Furchtlosen trifft.

Ich verstehe ihre Irritation. Maikäfer sind nicht giftig, stechen nicht, saugen kein Blut, gar nichts habe ich durch sie zu befürchten. Dennoch versetzt mich ihre Nähe in Panik. Meinen Enkeln habe ich noch nie Schokoladenmaikäfer geschenkt. Stattdessen greife ich zu den niedlichen roten mit den schwarzen Pünktchen. Marienkäfer, das einzige Insekt, das ich als Kind an meine Haut herangelassen hatte.

„Nehmen Sie es mir nicht übel, ich muss hier sofort weg. Ehrlich gesagt, beneide ich Sie für ihre Unerschrockenheit."

Eigentlich ist es ein Glücksfall, die Tiere überhaupt zu Gesicht zu bekommen, Maikäfer gibt es nur alle vier Jahre, wenn sie sich zur Erdoberfläche durchgraben und die galaktischen Köpfe herausstrecken... eine Horrorfilmsequenz für Leute mit Insektenphobie. Bis dahin hatten sie ihr Leben zwischen Baum- und Graswurzeln als gefräßige Larven verbracht, was viele Pflanzen zum Absterben verurteilte.

Den Käfern selbst drohen aber auch Gefahren.

In den letzten Jahren ist viel vom Insektenverzehr die Rede. Sie sind wahre Proteinbomben für uns Menschen und gar nicht gesundheitsschädlich, sofern keimfrei gezüchtet. Bis zur Mitte des zwanzigsten Jahrhunderts hatte man schmackhafte Suppen aus Maikäfern gekocht, manche wurden kandiert. Mit anderen Worten: Einer ihrer Fressfeinde war der Mensch. Was mich betrifft, will ich sie nicht essen, nicht anfassen, nicht kauen und schlucken, nicht pürieren, nicht mit Zucker oder Salz bestreuen. Den Südtiroler Exemplaren, die sich hier wie besessen am Grün des Baumes laben, wünsche ich, dass sie die sieben Wochen Lebenszeit, die ihnen oberhalb der Erde vergönnt sind, genießen.

Darum rufe ich ihnen beim Abschied zu: Maikäfer, fliegt!

Der Apfelradweg mündet bald in die Weinstraße. Den Namen behält er, italienisch: Ciclabile della mela sudtirolese... und noch einmal: ciclabile della mela sudtirolese... ah! Die Sprache klingt wie eine immerwährende Opernarie. Zur Talsohle mit der inzwischen wieder wasserführenden Etsch liegt der Abstand bei etwa zweieinhalb Kilometern.

Zum Greifen nah ist der Gantkofel.

Eine viertel Stunde später ist meine riesenhafte Wegmarkierung fort, ich befinde mich unmittelbar zu Füßen des Berges, sehe die Wand neben mir aufragen. Für mich und mein Fahrrad geht es nun 200 Höhenmeter hinauf in die Dorflandschaft Eppans. Als das Fahren im ersten Gang an seine Grenzen kommt, steige ich ab und laufe.

Es ist Mittagszeit, die Frühlingssonne brennt vom wolkenlosen Himmel, der Anstieg ist anstrengend. Hitzeempfindlich, wie ich bin, muss ich mich zum langsamen Gehen ermahnen und auf die Atmung konzentrieren.

Eppan an der Weinstraße, Appiano sulla Strada del Vino...

Drüben, links der Etsch, liegt Bozen.

Der Fluss Eisack des gleichnamigen Tales durchquert die Stadt, gesellt sich parallel zur Etsch und wird bald darauf mit ihr zusammenfließen und seine in den Stubaier Alpen aufgenommenen Wasser übergeben. Ich befinde mich nun im Überetsch, in einer sich über der Niederung des Flusses erhebenden, hügeligen Moränenlandschaft. Nach Westen steigt das Gelände kräftig an, bis Wiesen und Wald dort enden, wo sich die Mendelwand zwischen den Höhen Bergner Kreuz und La Forcolana senkrecht in die Höhe streckt. Zu beiden Punkten führen Klettersteige. In der Wand erkenne ich Bänder aus jungen Bäumen und Büschen.

Ein prüfender Blick in die Wanderkarte bestätigt, was ich bereits weiß: Dort hinauf, schnurgerade und diagonal durch die Wand, führt der ‚Neue Weg‘, so steil, dass mir damals, als Heike und ich dort unterwegs waren, Fersen und Waden schmerzten. Im Schneckentempo gingen wir Schritt für Schritt voran, mit den Kräften haushaltend. Heike war in größter Sorge vor dem, was uns auf dem Dach des Kamms erwartete, und in mir war mit jedem Meter, den es aufwärts ging, die Erkenntnis gereift, dass ich nie und nimmer imstande gewesen wäre, mit den knorpelarmen Kniegelenken diesen Weg zurück, also abwärts zu gehen. Die Wahl zwischen Weitergehen oder Umkehren hatten wir also de facto nicht. ‚Aufwärts Kardiologe, abwärts Orthopäde' – der knackige Spruch der Bergwanderer trifft den Nagel auf den Kopf.

Und was erwartete uns, als der höchste Punkt erreicht war?

Keine ausgesetzte Kletterpartie, die Heike gefürchtet hatte. Ein unheimlicher Lärchenwald, durch den Nebelschwaden zogen, in dem kein einziger Vogelruf die Stille zerschnitt. Zwei Stunden lang Hänsel-und-Gretel-Wege, die aus flachgedrücktem Gras bestanden, das sich jederzeit hätte aufrichten können. Zum Schluss die Funkmasten des Penegal, deren dunstig verhüllte Schattengestalten signalisierten: Ihr seid da.

Eppan besteht aus elf Fraktionen: St. Michael, Montiggl, Girlan, St. Pauls, Frangart, Unterrain, Missian und die Bergdörfer Perdonig, Gaid, Eppan Berg und Gand. Auch diese sonnengoldene Landschaft prägt der Wein- und Obstanbau, darüber hinaus der romantische Anblick von Burgen und Schlössern.

Ich durchquere die Ortschaft St. Pauls, gönne mir ein Picknick am Kirchbrunnen, radele vorbei am Gasthof ‚Zum guten Tropfen', weiter nach St. Michael. Stets begleiten mich herrliche Ausblicke auf die Weinhügel, mehr und mehr schiebe ich mich hinein in das bedeutendste Weinanbaugebiet Südtirols, das die Apfelplantagen ablöst.

Flirrende Luft, sonnenverwöhntes Weinland. Der Zauber dieser Gegend nimmt mich gefangen, ich fühle mich glücklich und leicht. Oft bleibe ich stehen und schaue, dann radle ich weiter. Wie gut, dass ich Zeit habe zu genießen… genießen…

Wie gut, dass ich aufrecht und der Landschaft zugewandt auf dem Sattel eines Hollandrades sitze.

Stets thront über allem das Mendelgebirge. Es wird mich bis zum Ende der Weinstraße begleiten, wie auch die Erinnerung an uns Wandergesellinnen, die wir dort oben liefen und auf klare Sicht hofften. Der Mendel gilt als Aussichtsplattform für die Dolomiten, fängt sich jedoch gern Wolken ein.

Die Mendelkammhöhen habe ich stets im Blick, schließlich ist diese Reise auch eine Erinnerungsreise. Und jetzt sehe ich sie, die Sendemasten des Penegal!

Dort traten wir aus dem Lärchenwald der ‚Prinzwiesen‘ heraus. Dort landeten wir wieder in der ‚Zivilisation‘, freuten uns auf die Toiletten des Hotel Penegal, auf behagliche Betten und vor allen Dingen auf Trinkwasser, das sich durch den zwei Stunden dauernden Aufstieg durch die Gebirgswand gefährlich schnell verbraucht hatte. Dort oben war ich nahe daran, Regentropfen von Blättern zu lecken.

Hier unten geht die Reise durch die Weinhügel weiter, mit dem Straßenverkehr komme ich auf lange Sicht nicht mehr in Berührung. Ich bleibe auf schön gewundenen Rad- und Fußwegen.

Der Name Kalterer See wird wohl immer mit den Weinsorten in Verbindung gebracht, die seine Umgebung reich hervorbringt. Allen voran die Vernatsch-Traube. Ihre Weine stammen aus den Varianten Großvernatsch, Kleinvernatsch, Grauvernatsch. Worauf Werner aus Andrian bereits hinwies, sind die gesetzlichen Vorschriften zum Weinbau streng: Vernatsch-Wein darf in Südtirol nur in den vorgegebenen Regionen produziert werden, zum Beispiel in Kaltern, Eppan und Tramin, wie auch in zwei Gemeinden der benachbarten Provinz Trentino.

Am Nachmittag findet diese romantische Tagesetappe in Kaltern am See ihr Ende. Mit der Quartiersuche habe ich auch diesmal eine glückliche Hand, freue mich über ein Balkonzimmer in der Frühstückspension ‚Sonnhof'.

Wir haben den 1. Mai, auf dem Kalterer Marktplatz wird rund um einen Maibaum gefeiert. Hier verbringe ich die letzten Stunden des Tages. So heiß es tagsüber war, so kühl ist es jetzt nach Sonnenuntergang, die frühe Jahreszeit wird mir wieder bewusst. Ich bin in Italien, im betörenden Überetsch, in Kaltern am See! Um mich her höre ich die Leute italienisch schwatzen und singen, auf hausumringten Marktplätzen ist das mit dem Widerhall besonders wohlklingend. In meinem Glas funkelt ein Lagreiner, die älteste Rotweinsorte Südtirols. Zum ersten Mal genoss ich ihn mit Heike in Dorf Tirol, als Begleiter zu Spinatknödeln. Er mundete vortrefflich, samtig und weich… und wer hätte das gedacht? Sogar mit meinen laienhaften Sommelière-Fähigkeiten erahnte ich die Aromen von Pflaumen und Kirschen.

Der vierte Tag – Müßiggang

Heute bleibe ich hier. Mein Fahrrad darf in der dunklen Garage seinen Gedanken nachhängen. Lustlosigkeit sitzt mir in den Knochen, vielleicht fehlt die Euphorie des Aufbruchs. Schon möglich, dass ich später bedaure, nicht mit einer der steilsten Standseilbahnen Europas hinauf zum Mendelpass gefahren zu sein… In St. Anton, nördlich von Kaltern, befindet sich die Talstation.

Eine verpasste Gelegenheit, gewiss. Aber so ist es nun mal: ich bin nicht gut drauf und froh, mir einen faulen Tag ‚leisten zu können'. Ein Vorteil, wenn man Quartiere nicht vorbestellt.

Müßig durch die Stadt bummeln, bei der Kirche den Blick über das Weinland genießen, lesen, schreiben, schlafen, ein bisschen mit dem Wirt plauschen, den Ausblick meines Balkons verinnerlichen, auf dass ich ihn nicht vergesse. Zum Tagesende etwas Feines speisen, in weinberankter Gasse: Linguine mit Miesmuscheln, dazu ein Viertel Grauvernatsch. Zeit für dieses spezielle Lebensgefühl, das ein guter Rotwein schenkt, der weder Hektik noch Hast mag, der sich im Munde entfalten, die Zunge umschmeicheln will. Wein hat etwas zu erzählen! Übrigens setzt sich Gott nicht nur in Frankreich, auch in Italien gern an gedeckte Tische. Vielleicht liebt er es, überall dort zu sitzen, wo man mit Hingabe kocht und speist?

Der fünfte Tag – nach Salurn

Mein Gastwirt macht eine Ausnahme, weil ich ihn ‚so charmant‘ darum bitte. Ich darf das Frühstückstablett auf den Zimmerbalkon tragen und dort in der Morgensonne meinen Caffè Latte zum Munde führen. Auch das kleinste Vergnügen hat das Potential, sich unter Umständen zu verdoppeln und zu verdreifachen.

Meine Energie ist zurück, gleich werde ich die Reise fortsetzen. Im Unterland wartet der Lago di Caldaro, der Kalterer See, auf mich.

Zum See geht es in gefälligen Kurven abwärts, Lupina rollt von selbst, ohne Krafteinsatz. Schon bald leuchtet mir das Wasser entgegen. Blau und glitzernd ruht es in einer Senke, das perfekte Sammelbecken für die herbeiströmenden Bergwasser. Rundherum wölben sich weich die Kuppen der Weinhügel, Fruchtbarkeit vereint sich mit Bergschönheit.

‚Von Bozen nach Trient geht es neun Meilen weg in einem fruchtbaren und fruchtbareren Tale hin‘, schrieb Goethe zu Anfang des 19. Jahrhunderts in seiner ‚Italienischen Reise‘, ‚alles, was auf den höheren Gebirgen zu vegetieren versucht, hat hier mehr Kraft und Leben, die Sonne scheint heiß und man glaubt wieder einmal an einen Gott.‘

Unten am See, an seiner Nordostspitze, stelle ich das Fahrrad ab und suche mir ein nettes Plätzchen zum Verweilen.

In der überbordenden Natur der Berge gibt es für mich unzählige Anlässe, an Gott, an einen Schöpfer zu glauben, wenn ich zum Beispiel lese, wie der See entstanden war. Alles ist nicht einfach so da, alles hat sich entwickelt und wird sich weiterentwickeln. Mit dem Sterben entsteht etwas Neues, oft mit endlos viel Zeit, endlos viel Geduld und Beharrlichkeit, endlos viel Kreativität und Energie. Es kommt mir vor, als sei dieses Perpetuum mobile des Lebens durch göttliche Kraft in Gang gesetzt worden, eine Kraft, die nicht im Himmel allein wohnt, die überall ist. Wieder etwas, das weder berechenbar, noch erforschbar, noch beweisbar ist. Es bleibt nur das Glauben oder Nichtglauben.

Beim Rückzug des Eiszeitgletschers, der hier das Tal bedeckte, sammelte sich das abfließende Wasser als sogenannter Toteis-See, und blieb dort geschätzte 12.000 Jahre lang – bis heute. Eisig kalt ist er seit langem nicht mehr, er zählt zu den wärmsten Seen der Alpen.

Ich hebe mich wieder auf den Fahrradsattel – von schwingen kann bei mir und meinen unflexiblen Kniegelenken nicht die Rede sein – und mache mich links des Sees zum Südufer auf. Hier befinde ich mich auf einem Naturlehrpfad. Dicht von Schilf bewachsen, bietet das Ufer Wohnorte für ansässige Vogelarten, ist es eine Raststätte für Zugvögel, ein wertvoller Standort für seltene Sumpfpflanzen. Für Fußgänger ist ein Holzbohlenweg angelegt, der durch die Randbereiche des Schilfs führt.

Als ich mich wieder, den See umrundend, gen Westen wende, treffe ich eine ältere Dame, was ich als Gelegenheit nutze, sie nach dem besten Weg nach Tramin zu befragen. Daraus entwickelt sich ein Gespräch.

Paula ist lebensfroh und zugewandt. Als gebürtige Südtirolerin lebt sie in Tramin und ist von Beruf Altenpflegerin. Da ich selbst viele Jahre lang als Sozialarbeiterin in einem Pflegeheim tätig war, liegt es nahe, dass wir uns über deutsche und italienische Altenhilfe austauschen. Allerdings nur kurz, das Thema ist für Paula und mich flott abgehakt, im Moment und an dieser Stelle finden wir es spannender, über das zu reden, was sich vis à vis, jenseits der Etsch befindet. Paula will unbedingt von zwei Orten erzählen, die ihr eng am Herzen liegen, wozu aber nicht die Dolomiten-Bergmassive Schlern und Rosengarten gehören, die gar nicht weit entfernt und bekanntermaßen grandios sind, wichtiger findet sie die weniger spektakulären Berge Weißhorn und ‚den mit dem Schnee‘, das Schwarzhorn. Beide böten eine wunderbare Rundsicht und obwohl es heißt, dass das Hinaufsteigen nicht anspruchsvoll ist, sei sie noch nie dort oben gewesen, das Bergsteigen sei nichts für sie. Ihr Zeigefinger deutet dorthin und ich sehe, wie stolz sie ist, mir diese Gipfel empfehlen zu können. Außerdem rät sie mir zu einem Besuch der Basilika Maria Weißenstein über dem Eggental, unweit der zwei Aussichtsberge. Es sei der bedeutendste Wallfahrtsort Südtirols, betont Paula. Dort habe im 16. Jahrhundert Leonhard Weißensteiner, ein Einsiedler, gelebt, dem nach dem Sturz in eine tiefe Schlucht die Mutter Gottes erschienen war, daher der Name Maria Weißenstein.

Seelenbalsam sei ein Rundwanderweg mit drei Almen, erzählt Paula, der im nahegelegenen Gemeindegebiet Petersberg angelegt ist. Ihn sei sie sehr oft gegangen, schwärmt sie und ihr fröhliches, offenes Gesicht strahlt.

Das also war Paula, eine Begegnung an der Weinstraße.

Zurück in die Vergangenheit, hin zum Mendelgebirge, das mich nach wie vor mit Erinnerungen begleitet.

Einen Vogelflug entfernt, steht dort oben am Berghang auf einer Geländeterrasse die Überetscher Hütte, das Rifugio Oltradige al Roen, die einzige Mendel-Hütte des italienischen Alpenclubs. Wie es bei den Alpenhütten so ist, führt selten nur einer, sondern zwei, drei und mehr Wege zu ihr hin.

Heike und ich kamen vom Mendelpass. Regen und Nebel waren uns zwei Tage lang treu geblieben, solange wir auf dem Kamm unseren stillen Weg nach Süden nahmen. Satte, waldgesäumte Weidewiesen mit freilaufenden Schweinen, melancholisch dreinschauende Kühe. Aufgeweichte, schmatzende Wege, in denen das Schuhwerk steckenzubleiben drohte, nichts deutete auf die Berghütte hin. Dann stand sie plötzlich da: ein graues Häuschen, umwebt vom wabernden grauen Dunst. Auch hier fiel die Weitsicht, die man bei klarem Wetter auf das Etschtal und seine gegenüberliegende Seite hat, aus.

Hinter dem Berghaus erhebt sich eine hohe Wand – die des Monte Roen. Höchster Berg des Mendelkamms, seine Gipfelfläche das Ziel unseres Begehrens.

Wie oftmals bei Regen und Nebel erlebt, waren Heike und ich die einzigen Hüttengäste. Das Dachlager mit zwanzig Schlafplätzen gehörte uns allein, auch die Wolldecken, von denen wir in dieser lausig kalten Augustnacht großzügig Gebrauch machten. Am Abend, beim prasselnden Kaminfeuer, servierte Hüttenwirt Bruno Pasta mit Steinpilzen aus den umliegenden Wäldern. So etwas vergisst man nicht.

Am Morgen des dritten und letzten Tages auf dem Mendelkamm, geschah das Wunder: Die Sonne schien, die Erde hatte ihre Farben wieder. Heike, die eine Schwäche für Panoramen hat, war nicht zu bremsen, stürmte die Höhenmeter zum Roen-Gipfel hinauf, berauscht von dem Geschenk, das uns Petrus kurz vor Verlassen der Kammhöhe beschert hatte: Ah, welch eine Sicht auf die Welt! Über das Etschtal, über die Hügel des Überetsch, bis nach Bozen und die Sarntaler Alpen, bis zu den Vicentiner Alpen, bis zu den Dolomiten… es war überwältigend!

Kein Jubelschrei kam über meine Lippen. Ich stand da, zutiefst bewegt, spürte, wie sich mir der Anblick in die Seele brannte. Es war einer der Momente in den Bergen, wo ich mich in meiner Winzigkeit seltsam groß fühlte.

Nachdem wir, von Dankbarkeit erfüllt, den Roen-Gipfel verließen, standen uns zehn Gehstunden bevor. Infolge kurioser Umstände dauerte der Marsch noch länger und bescherte uns um Haaresbreite eine Waldübernachtung auf Isomatten in der Gesellschaft von Ameisen und Tausendfüßlern. Am Tag darauf taten wir die ersten Schritte in die bleichen Berge der Brenta. Das allerdings ist eine andere Geschichte.

Also haben meine kleinen Ausflüge in die Vergangenheit an dieser Stelle ein Ende, die Wege von damals und von heute driften in gegenüberliegende Himmelsrichtungen. Für mich geht es nun nach Tramin, wieder ein berühmter Weinort – ich liebe den Gewürztraminer! Besonders zu pikanten Käsesorten. Im Elsass hatte ich ihn kennengelernt, als perfekter Begleiter zu Zwiebelkuchen und einem Eckchen Munsterkäse. Fünfzig Jahre ist das her und noch immer ist das Geschmackserlebnis präsent! Erstaunlich, mein Leben scheint von Erinnerungen an kulinarische Genüsse durchsprenkelt zu sein wie ein Pünktchenkleid von Audrey Hepburn.

Von Tramin fahre ich nach Kurtatsch. Von Kurtatsch nach Magreid mit einer beschaulichen Rast zum Seele baumeln. Schließlich, die Mendelwand dicht neben mir, rollt Lupina von Magreid nach Kurtinig. Die mehrere Kilometer lange Steilwand aus Fels windet sich um das Südende des Gebirges und bildet seinen abrupten dramatischen Abschluss.

Soeben habe ich das Grenzschild zum Trentino passiert, ab hier trägt die Etsch endgültig den Namen Adige. Gleich geht es nach

Salurn, der Ort liegt auf der anderen Seite des Flusses, in wenigen Minuten werde ich dort sein.

Auf der Adige-Brücke bleibe ich stehen und sehe dem nach Süden strebenden Wasser zu.

Der Fluss, der am Reschen seinen Anfang nahm, im Vinschgau seine Kindheit durchfloss, bei Meran die Wasser der vom Timmelsjoch kommenden Passer, bei Bozen die Wasser des vom Brenner kommenden Eisack aufnahm, wird seinem Ziel folgen, vorbei an Trient und Rovereto – der Lago di Garda einen Katzensprung entfernt – vorbei an Ala und Verona, wo er die Alpen hinter sich gelassen haben wird. Und dann wird er durch das fruchtbare Tiefland der Po-Ebene nach Osten fließen, bis er am Ende seines Weges oberhalb des Po-Deltas alle Bergwasser der Adria übergibt.

Ich übernachte heute in Salurn.

Morgen, am sechsten Tag, geht es auf dem Etschradweg zurück in den Vinschgau, ganz einfach, immer geradeaus.

Apfelblüte im Vinschgau

Kaltern am See – darüber der Mendelkamm

18

Guarda
Unterengadin/Graubünden/Schweiz

∞

Schon macht er schnell sich auf den Weg
und fürchtet weder Wald noch Steg.
Am Berghang, nur unter den Bäumen,
die Füchslein, Hasen, Gäms' und Reh,
stapfen frierend durch den Schnee.
Da seh'n sie über weißer Flur
im Mondlicht eine Kinderspur…

Selina Chönz
aus dem Bilderbuch ‚Schellen-Ursli'

21 Jahre sind verstrichen. Was tun mit den Monaten, Wochen, Stunden, Augenblicken, die vorbei sind, die mir geschenkt waren? Ein Lebensguthaben. Meine Zeit. Ist sie zu hastig vergangen in diesen hastigen Zeiten? Verloren, vergessen? Oder hat sie in der Erinnerung Leuchtkraft entwickelt, die mir Wege in die Zukunft weist wie Laternen an einer unbekannten Straße?

Die verrinnende Zeit hat Menschen schon immer ins Grübeln gebracht, wenn nicht gar in Panik versetzt. Wahrscheinlich, weil mit jedem Geburtstag das Bewusstsein für die eigene Sterblichkeit wächst. Und man stellt fest, dass mit jedem Jahr das gelebte Leben an Bedeutung gewinnt, dass man dankbar ist für jedes nicht löschbare Licht, das sich in dieser Zeit entzündet hat.

Ich weiß, wie es sich anfühlte, wenn die Zeit ‚rannte', wenn ich nicht mithalten konnte und mich trotzdem bemühte und gleichzeitig um die Absurdität dieses Wettlaufs wusste. Ich weiß aber auch, wie sich das Gegenteil anfühlt: wenn die Zeit still steht, als hätte sich über mein Dasein eine gläserne Kuppel gestülpt: Hier ist mein Leben, hinter dem Glas das der Anderen – ein großartiger Zustand oder ein fürchterlicher, je nachdem, was ihn verursacht hat. Und ich weiß, wie es sich anfühlt, wenn die Zeit wie ein Gebirgsbächlein dahinplätschert, nicht eilig und doch zielgerichtet. Die Zeit geht voran, so oder so, darauf haben wir keinen Einfluss – auf das, was wir mit ihr tun, schon.

Anna-Chatrina wird ihre eigenen Erfahrungen mit der ihr gegebenen Zeit gemacht haben.

Guarda. Beim ersten Mal – vor 21 Jahren – war ich mit Heike hier, eingetroffen nach einem langen Wandertag. Mit lang meine ich: nach neun Stunden, die mir am Abend wie neunzehn vorkamen, so reich waren sie gefüllt.

Viele Jahre später, in einem Zug der Rhätischen Bahn, fuhr ich von Scoul an Guarda vorbei nach St. Moritz, Lupina neben mir und sonst niemand. Es war das erste Mal, dass ich eine Alpenfernreise allein gewagt hatte: von Passau nach Maloja, von der Mündung des Inn zu seinem Ursprung. Die kurze Zugfahrt war eine Vorsichtsmaßnahme zur Schonung der Kniegelenke, denen noch der Aufstieg zum Quellsee des Flusses bevorstand, und danach der fünf Stunden lange Abstieg ins Tal.

So ging es also sanft steigend von Dorfbahnhof zu Dorfbahnhof, 600 Höhenmeter hinauf vom Unter- ins Oberengadin, vorbei am Abzweig nach Pontresina bis zur Endstation St. Moritz. Ab dort kam das Fahrrad wieder zum Einsatz.

Das Gesicht nach links gewandt, hatte ich durch das Zugfenster den En gesehen, wie er sich in ungestümer Jugendfrische durch den Talgrund ringelte, nichts anderes im Sinn als sein weit entferntes Mündungsziel, die Donau. Einst hatte der Graubündner Fluss der Region ihren Namen gegeben: Engadin – Garten des En. Kinderstube des erwachsenen Inn.

Drei-, vierhundert Höhenmeter oberhalb des En liegen auf grünen Sonnenterrassen Dörfer, aufgefädelt wie eine Halskette, darunter Guarda. Und noch ein gutes Stück weiter hinauf, wo die Herzen leicht und froh werden beim Durchstreifen der Matten, Blumenwiesen und Wälder, wo man hier und da mit den Felsregionen in Berührung kommt, verläuft die bezaubernde Via Engiadina. Sieben Tage lang war ich mit Heike auf diesem Höhenweg unterwegs gewesen, mit Rucksäcken, Stecken und unbändiger Wanderlust.

Weil es im Gebirge stets ein Höher und Weiter gibt, bis über allem nichts als der weite Himmel steht – strecken sich auch hier über dem Tal Bergspitzen in die Höhe, blicken hinab auf die Via Engiadina, auf das Engadin, in dem man sich mit ‚Cha Dieu ans allegra!' – Möge Gott uns erfreuen! – kurz: ‚Allegra' grüßt.

Die Bergspitzen sind die Gipfel der Silvretta.

In Vnà, einem in der Sonne dösenden, abgelegenen Dörfchen und die vorletzte Station unseres Weges, ahnten Heike und ich, dass diesen kostbaren Bergtagen weitere folgen würden.

Tatsächlich bildeten sie den Auftakt zu einer langen Reihe gemeinsamer Alpentouren.

Nie habe ich dieses Engadiner Dorf vergessen.

Nun bin ich wieder hier. Allein und mit dem Auto.

Ich möchte wissen, wie es dem Ort in diesen Jahren ergangen ist, ob ihm nach wie vor das ‚Aussterben' droht, wie es damals ein einheimisches Ehepaar prophezeit hatte. Guarda wäre infolge der zunehmenden Überalterung in Gefahr, ein Ort ohne Bewohner zu werden, sagten sie sichtlich besorgt, ein bildschönes Freiluftmuseum voll leerstehender Engadin-Häuser. Ziehen junge Leute fort, in städtische Regionen, und nur die alten bleiben, ist das für den Fortbestand eines Dorfes eine bedenkliche Entwicklung.

Und was ist in dieser Zeit mit Anna-Chatrina geschehen?

Zum ersten Mal rechne ich aus, wie alt sie sein könnte. Damals war sie ungefähr zwanzig Jahre älter als ich, siebzig, vielleicht ein wenig jünger. Dann müsste sie heute... neunzig sein!? Die Rechnung trügt nicht: siebzig plus zwanzig gleich neunzig. Nicht nur ich werde älter. Nicht jeder Mensch wird neunzig. Vielleicht lebt die alte Dame gar nicht mehr.

Um zu erklären, wer sie war – besser: wie wir sie erlebt hatten, muss ich die Geschichte unserer Begegnung erzählen, womit ich auf den Neun-Stunden-Tag zurückkomme, auf unser erstes Etappenziel auf dem Engadiner Höhenweg, der Via Engiadina.

Es dämmerte, als wir müden Schrittes das alte Dorf betraten.

Ganz still war es. Kein Mensch war zu sehen, nur eine Katze, die uns aus sicherer Entfernung beäugte. Wie idyllisch das Dorfbild war! Das Kopfsteinpflaster, die schiefen Steinbänke vor den Hauswänden, der Brunnen... Ein Haus malerischer als das andere, manche mit Erkern, alle komplett aus Stein gebaut und hell verputzt. Die Wände waren sehr dick, zum Boden hin noch dicker auslaufend, die Fenster klein und, bei dieser Wandstärke tief in der Mauer liegend, vor allen Wetterangriffen geschützt. Jedes Haus hatte eine Rundbogentür aus Holz, als Eingang groß genug für Tier und Heuwagen, darin integriert eine in der Mitte teilbare Tür für die menschlichen Bewohner – typische Engadiner Häuser.

Wie kleine Festungen kamen sie mir vor. Ob Mensch oder Tier, wer sich darin aufhielt, würde bestens gewappnet sein vor Kälte, Schnee, Wind, Regen und vor starker Sommerhitze. Nahezu jede Hauswand war verziert mit Ornamenten, Tierdarstellungen, Segenssprüchen oder anderen Motiven, nicht gemalt wie in der österreichischen und deutschen Lüftl-Kunst, sondern eingeritzt, die Einkerbungen oft zusätzlich gefärbt.

Es dunkelte. Viel Zeit hatten wir nicht für die Quartiersuche. Meine Beine, schwer wie Blei, schickten sich an, mir den Dienst zu verweigern. Fortlaufend schauten wir uns um, aber entdeckten nichts, was nur annähernd wie eine Herberge aussah. Ein repräsentatives Landhotel schlossen unsere Geldbeutel aus. Keine Menschenseele, niemand, den wir hätten fragen können. Das Dorf schlief. Nur wir waren wach und ohne Dach über dem Kopf.

Also klopften wir an den Türen der Privathäuser.

Ich weiß nicht mehr, an wie vielen wir klopften und abgewiesen wurden – tut mir leid, kein Zimmer frei, tut mir leid, wir nehmen keine Gäste auf, tut mir leid, ihr hättet reservieren müssen, tut mir leid, ich kenne niemanden, der ein freies Zimmer hat… Heike und ich kamen uns wie Maria und Josef vor.

Ich war bereit, auf einer Bank beim Brunnen zu schlafen – wie wertvoll Trinkwasser ist, begreift man erst, wenn man keines hat –, mich mit allem zu umhüllen, was sich im Rucksack befand, ihn selbst hätte ich als Kopfkissen benutzt. Was sollte mir passieren an diesem friedlichen Ort?

Heike wollte auf keinen Fall im Freien schlafen. Noch ein Versuch, noch eine Tür, drängte sie. Wenn auch das nicht klappt, gehen wir in das teure Hotel. Energisch schritt sie voran und ich befahl meinen Füßen sich in Bewegung zu setzen und ihr zu folgen.

Es öffnete eine ältere Frau. Sie sei erst kürzlich an der Wirbelsäule operiert worden, sagte sie, es sei noch zu früh, Gäste aufzunehmen, was ihr leidtue, weil sie doch ein Zimmer frei habe.

Wir hätten die arme Frau verschonen müssen, stattdessen beteuerten wir, ihr so wenig Arbeit wie möglich aufbürden zu wollen, und unsere Mienen blickten so flehentlich drein, dass sie sich in ihrer Gutherzigkeit erbarmte.

So kam es, dass Anna-Chatrina ihr Haus für uns öffnete, und schon bald versanken wir in herrlich altmodischen Federbetten. Ich glaube, auf der Stelle eingeschlafen zu sein.

Guarda ist ein autofreies Dorf. Ich habe den Wagen am Ortseingang auf einem dafür vorgesehenen Parkplatz abgestellt.

Und nun geht es aufwärts, direkt auf das Dorf zu. Ich will versuchen, etwas über unseren Engel von damals zu erfahren, und über die Entwicklung, die Guarda in diesen 21 Jahren durchgemacht hat. Allerdings ist heute kein guter Tag, was mein rechtes Kniegelenk betrifft, es sticht darin bei jedem Schritt.

Das tolle Landhotel erkenne ich sofort wieder. Es hat immer noch die Wiese vor dem Haus, auf der sich einige weiße Liegen verteilen, und dahinter, wo der Hang ins Nirgendwo abzufallen scheint, befindet sich der Taleinschnitt, an dessen Boden der En fließt. Feindunstig ist die Luft über diesem tief klaffenden Tal, durchdrungen vom Sonnenlicht. Im starken Kontrast zu den offenen Terrassen ragen auf der gegenüberliegenden Seite des En-Tales die dunkelgrünen Waldflanken der ‚Engadiner Dolomiten' auf. An ihnen findet kein Dorf Platz.

Ich lächle. Alles ist so wunderschön und verträumt wie damals – Guarda, ein Dorf wie gemalt. Was auch der Himmel in den 21 Jahren aufgeboten hatte, keine Wettereskapade hat den Engadiner Häusern etwas anhaben können, und wenn doch, wurden sie wunderbar restauriert.

Wo ist sie? Die Tür, die Anna-Chatrina für uns geöffnet hatte? Ich nehme jedes Haus, an dem ich vorbeigehe, unter die Lupe. Ab und zu bleibe ich stehen, zögere... nein, dieses war es nicht... dieses auch nicht... Vielleicht würde es meine Erinnerung beflügeln, käme ich aus der Richtung des Höhenwegs.

Es ist zehn Uhr morgens, ein Sonntag. Die Dorfstraße liegt verlassen da. So oft ich mich umsehe, entdecke ich niemanden.

Vielleicht werde ich im Hotel fündig, überlege ich und gehe zurück. An der Rezeption sitzt eine junge Frau, die keine alte Dame namens Anna-Chatrina kennt, und wie es um die Geschichte des Dorfes steht, weiß sie auch nicht, sie hat ja nur mit Auswärtigen zu tun und lebt sowieso in einem anderen Ort. Die Hotelchefin, die mir Antworten geben könnte, befindet sich in einer Sitzung, die nicht unterbrochen werden darf.

Das war's. Ich stehe wieder auf der Straße und bin so klug wie zuvor. ‚Ausgestorben' scheint das Dorf nicht zu sein, alle Häuser, die ich gesehen habe, sahen bewohnt aus.

Enttäuscht mache ich mich auf den Rückweg zum Parkplatz, im Kriechtempo, weil es bergab geht, was das letzte ist, wofür sich meine Kniegelenke freiwillig entscheiden würden. Die gesteigerte Pein von heute ist die Strafe für gestern, als ich der Versuchung nachgab, von Scoul nach Ftan zu laufen – bergauf. Grundsätzlich ist dagegen nichts einzuwenden, doch diese Entfernung war eindeutig zu viel des Guten.

Ich rechne nach. Wann hatte ich zum ersten Mal die Diagnose ‚Arthrose im Anfangsstadium' zu hören bekommen und die unscharfen Konturen der Knorpelschichten auf dem Röntgenbildschirm betrachtet? Als ich den ersten Meniskusschaden hatte, fünf Jahre nach unserer Engadin-Tour. Arthroseschmerz war zu dieser Zeit ein Fremdwort für mich.

Bevor ich Guarda hinter mir lasse, kehre ich noch beim Schellen-Ursli ein, das heißt: nicht bei ihm selbst, er ist ja nur ein fiktiver Bilderbuchheld, mit dem sich die Kinder Graubündens bestens identifizieren können. Das Leben des kleinen Ursli ähnelt nämlich sehr ihrem eigenen. Ich besuche das Museum, das dem Bilderbuchbuben gewidmet ist.

‚Hoch in den Bergen, weit von hier, da wohnt ein Büblein so wie ihr', beginnt die Geschichte der Autorin Selina Chönz, selbst ein Kind Guardas. Illustriert hat sie der Bündner Maler Alois Carigiet. Sie handelt vom Brauch des Chalandamarz: Demnach wird am ersten März jeden Jahres der Winter von romanischen Kindern mit Viehglockengeläut ‚ausgeschellt'. In der Erzählung hat der Bergbub Ursli zu seinem Kummer ein Kälberglöckchen abbekommen, das kleinste von allen. Schlimm genug, wird er von den anderen Buben auch noch ausgelacht:

‚Da weint er traurig bitt're Tränen,
jetzt muss er sich vor allen schämen.
Schon ruft die Bubenschar ihm zu:
Der Schellen-Ursli, der bist du;
beim Umzug wird der letzte sein,
der Schellen-Ursli ganz allein!'

Beim Weinen und Traurigsein bleibt es indessen nicht, er will es nicht hinnehmen, als der mit der kleinsten Halsglocke am Ende des Zuges gehen zu müssen. Da erinnert er sich an die Kuhglocke, die in der Hütte im Maiensäss an der Wand hängt, groß und schön, ‚der Gurt bestickt auf Blumengrund'. Diese will er haben und er beschließt sie zu holen. Es wird ein abenteuerlicher, langer Weg durch die Bergwildnis bis in die Nacht hinein.

Ursli erreicht sein Ziel und die Glocke hängt tatsächlich noch am Pflock. Erschöpft und glücklich schläft er ein. Derweil sind die Eltern in großer Sorge, die Nacht ist schlimm für sie:

‚Es schläft das Dorf; sie schlafen nicht
und warten bang aufs Morgenlicht.'

Da ist der Bub zur Erleichterung aller wieder da, die prächtige Kuhglocke vor sich hertragend. Weil er nun die schönste und größte hat, darf er den Chalandamarz-Umzug anführen:

‚Der kleine Ursli, bim, bam, bum,
der hat die größte Glocke um!
Und alle Leute bleiben steh'n
vor Freude, dass sie Ursli seh'n.'

Soweit die 1945 gestaltete Bilderbuch-Geschichte vom Triumph des tapferen Ursli, die über die Grenzen Graubündens und der Schweiz hinaus bekannt ist und schließlich verfilmt wurde.

Das Ursli-Museum befindet sich im Kellergewölbe eines Engadiner Hauses, die Eingangstür steht einladend offen. Interessierte mögen eintreten und sich ausmalen, wie der Bergbub gelebt haben könnte. Dabei ist es ratsam, unter den rundgemauerten Bögen des Deckengewölbes auf Kopf und Stirn achtzugeben.

Da ich die einzige Besucherin bin, verweile ich ungestört zwischen alten und uralten Gerätschaften, schwergewichtigen Kuhglocken, Pferdegeschirren, Bauernschränken, hölzernen Ess- und Trinkgefäßen und anderen Gebrauchsgegenständen mehr. Alles erzählt von einer längst vergangenen Zeit, vom harten, ländlichen Leben in den Bergen, von einem Leben, das nicht im Entferntesten etwas mit meinem zu tun hat. Das kleine Mädchen Valentina aus Kärnten fällt mir ein, das mir während einer anderen Reise eine Handvoll duftendes Heu geschenkt hatte, während sein Großvater am Hang mit dem Rechen arbeitete. Und da sind sie, die stimmungsvollen Bilder und Fantasien purer Bergbauernromantik!

Mit jedem Jahr, das ich älter werde, lockt mich das reizarme, naturverbundene Leben, weckt es eine unbestimmte Sehnsucht. Ich weiß, Stadtmenschen neigen dazu, das Dasein der Bergbauern zu idealisieren, zu verklären: melken, Käse herstellen, Heu machen, beim Bimmeln der Halsglocken das glückliche Vieh hüten, Ställe ausmisten... und am Abend, wenn das Tagwerk vollbracht ist, müde und zufrieden dem Schweigen der nächtlichen Bergwelt lauschen. Nicht für jede und jeden, aber für viele der Traum eines arbeitsreichen, aber stressfreien Lebens.

Über Anna-Chatrina habe ich nichts erfahren, ihr Haus nicht gefunden. Die wenigen Leute, die mir über den Weg gelaufen sind, waren Gäste des Landhotels. Ich hätte an Türen klopfen können, wie wir es damals getan hatten, den sonntäglichen Frieden stören. Vielleicht hätte mir jemand Auskunft gegeben. Für dieses Procedere mit den nötigen Entschuldigungen und Erklärungen stehen mir die Knieschmerzen im Wege, die mich ab einem bestimmten Punkt lähmen und antriebslos machen.

Anna-Chatrinas Spur ist im Sande verlaufen, noch ehe ich von ihr einen einzigen Fußstapfen zu Gesicht bekommen habe.

Was die Engadiner Häuser so besonders macht, ist nicht nur die Bauart, auch der typische Schmuck der Außenwände, Erker und Dachgiebel – Sgrafitti genannt. Auf dem Rückweg zum tiefer liegenden Dorfrand, wo mein Auto steht, gönne ich den Knien zwei Pausen und nutze die Zeit, um die Verzierungen eingehend zu betrachten, aus der Distanz und aus der Nähe. Einer Hauswand komme ich so nah, dass ich sie berühren kann. Meine Fingerspitzen fahren über das eingekratzte wellenförmige Schmuckband, das ein Fenster umrahmt.

Es waren die Randulin, die die Kunst des Sgraffiare ins Bergell, Val Müstair, Engadin und in andere Regionen Graubündens gebracht hatten. Randulin – zu Deutsch: Schwalben – nannte man die rätoromanischen Emigranten, die einen großen Teil ihres Lebens außerhalb der Heimat verbrachten, meistens im nahgelegenen Nachbarland Italien. Dort ließen sie sich zum Branntweinverkäufer, Zuckerbäcker, Schuster, Messerschleifer und in anderen Berufen mehr ausbilden. Schlank gewachsene Jungen hatten in Venedig gute Chancen Kaminfeger zu werden. Und dann kehrten die meisten Auswanderer zurück wie die Schwalben, im Gepäck die im anderen Land erlebte Kultur, Literatur, Architektur und Kulinarik. Auf diese Weise kam im siebzehnten Jahrhundert die Technik des *sgraffiare*, des Kratzens, nach Graubünden.

Diese Handwerkskunst will, wie andere Künste auch, gelernt sein. Damit das Ergebnis 200, 300, sogar 400 Jahre hält, benötigt sie Erfahrung und ausgezeichnete Materialkenntnisse.

Die frisch aufgetragene Putzschicht erhält einen zumeist hellen Kalkanstrich, am besten bei feuchtem Wetter. Nass in nass, damit beide Schichten zusammen aushärten und so die Haltbarkeit sicherstellen, wird nun mit scharfkantigen Werkzeugen gekratzt: Ornamente, Wellenbänder, Segenssprüche, Tierfiguren und vieles mehr. Sobald der Putz hart wird, darf nicht mehr gekratzt werden, weil er dann zu platzen droht. Auf die Genauigkeit des Kratzstriches kommt es nicht so sehr an, wichtiger ist, dass er schräg gesetzt ist, weil noch eine mächtige Künstlerin zum Zuge kommen wird und das Ganze vollendet: die Sonne. Sie härtet Putz und Anstrich nicht nur aus und festigt die Sgrafitti für Jahrhunderte, sie nimmt mit ihrem Wandern auch Einfluss auf die Effekte der Kratzarbeiten. Mit der gebührenden Muße lässt sich beobachten, wie sich die Sgrafitti mit jedem neuen Einstrahlungswinkel verändern und mit Licht und Schatten spielen.

Anna-Chatrina, Maria und das Schicksal des Dorfes

Vor einem Monat bin ich aus der Schweiz zurückgekehrt. Gerade habe ich meine Guarda-Geschichte in die Tastatur getippt und nun müsste ich das Ende einleiten, was mir widerstrebt, weil die Geschichte unvollständig ist.

Was fehlt, ist klar: Anna-Chatrina. Und über das Schicksal des Dorfes habe ich auch nichts schreiben können.

Unzufrieden starre ich in die Luft und denke nach.

Vielleicht gibt es einen anderen Weg, von beidem etwas zu erfahren? Von der Gästeinformation Scoul! Ich suche die Telefonnummer heraus und wähle. Eine weibliche Person meldet sich in rätoromanischer Sprache. Kaum habe ich drei Worte gesprochen, schaltet sie auf Deutsch um und ich freue mich, ihren Dialekt zu hören.

Anna-Chatrina aus Guarda kennt sie nicht, aber sie gibt mir die Nummer einer Frau Meier, die Dorfführerin sei und sich ausgezeichnet auskenne.

Ich bedanke mich und rufe Frau Meier an – erreiche sie nicht. Ich versuche es zu anderen Tageszeiten, auch am Tag danach. Kein Erfolg. Frau Meier ist ausgeflogen.

Wieder melde ich mich in Scoul, erhalte den Namen einer Frau Badel. Auch bei ihr habe ich keinen Erfolg, nur ein Tuten am Ende der Leitung.

Ich bin kein Typ, der schnell aufgibt oder sich durch harmlose Hürden aufhalten lässt. Bei meinem dritten Anruf bei der Gästeinformation meldet sich ein Mann, der mir die Nummer einer Frau Maria Morell nennt.

Nach mehrfachem Schellen nimmt sie zu meiner Freude das Telefonat an. Auch sie schaltet sofort auf Deutsch um und wir kommen schnell ins Gespräch. Als sie merkt, dass es länger dauert, bittet sie mich, abends nochmal anzurufen. Nach der Heuarbeit.

Maria war acht Jahre lang Gemeindepräsidentin (Bürgermeisterin) von Guarda – damals, als das Dorf noch nicht eingemeindet war. Ist denn das zu glauben? Was lange währt, wird am Ende doch noch gut. Ich Glückspilz spreche mit einer ‚Guarda-Expertin'! Selbstverständlich kennt sie alle, die auf zwei Beinen durch das Dorf laufen oder in den letzten Jahrzehnten gelaufen waren.

Anna-Chatrina natürlich auch.

Während Maria erzählt, ich zuhöre und zwischendurch meine neugierigen Fragen stelle, flitzt der Schreiber über das Papier.

Mittlerweile ist Anna-Chatrina neunzig Jahre alt. Bis vor zwei Jahren hatte sie allein in ihrem Haus gewohnt, in den letzten Jahren von Ängsten und zunehmender Mutlosigkeit gequält, obwohl sie zeitlebens eine starke Frau gewesen und Mutter von fünf Kindern ist. Der häusliche Pflegedienst war täglich gekommen, die Tochter hatte ihr Essen gebracht, Nachbarinnen hatten nach ihr geschaut. Schließlich sei sie mit ‚Essen auf Rädern' versorgt worden, was jedoch geschmacklich bei der alten Frau wenig Anklang gefunden hatte.

Als sie rund um die Uhr Betreuung brauchte, fällte sie selbst die Entscheidung für ein Altenheim. Seit zwei Jahren lebt sie nun dort, übergangsweise in Zernez, dann im Oberengadiner Samedan, näher an den Wohnstätten der Familienmitglieder, die jetzt öfter und mit weniger Fahraufwand zu Besuch kommen können. Zum Glück sind die Ängste, seit sie dort lebt, so gut wie weg; die Gemeinschaft, in der sie lebt, gibt ihr ein Gefühl der Sicherheit. Schwer krank ist sie nicht, aber altersgeschwächt.

Ich muss lächeln, als ich Heike und mich vor ihrer Tür stehen sehe, wie wir das Hausinnere betraten, dann die steile Treppe hinaufgingen, unsere Retterin vorsichtig und mit steif aufgerichtetem Rücken voran. Ich freue mich, dass die erbettelte Übernachtung wohl keine ernsten Folgen für sie gehabt hatte.

Was mit ihrem Haus geschehen ist, möchte ich wissen.

Es wurde an Leute aus dem ‚Unterland' verkauft, womit Zürich, Bern, Basel oder andere Unterland-Orte gemeint sind. Es ist nicht das einzige Haus, das von Auswärtigen gekauft wurde.

Womit wir beim Thema ‚Dorfschicksal' wären.

Nein, ausgestorben ist es nicht. Es lebt!

Die düstere Prognose war nicht eingetroffen, aber es sah wirklich nicht gut aus. Zwischen den Jahren 1992 bis 1998 hatte es in Guarda nicht ein einziges neugeborenes Kind gegeben. Bis zum Jahre 2004, ein Jahr, nachdem Heike und ich dort waren, hatte sich die Zahl der Dorfkinder dramatisch auf vier Kinder gesenkt. Viele junge Leute hatten das Dorf verlassen, eigentlich so, wie es zur Zeit der Randulin gewesen war. Sie wanderten in Stadtgebiete der Schweiz aus, um sich dort ausbilden zu lassen. Zuerst die berufliche Karriere, die Arbeit und das Zusammenleben, dann die Familiengründung, dort, wo das Herz zu Hause ist: im Unterengadin. So kehrten nicht wenige der Auswanderer den Städten den Rücken und fanden den Weg zurück nach Guarda. Einige übernahmen, gut ausgebildet, die elterlichen Familienbetriebe.

Fortgehen, um zu lernen, und dann die Sehnsucht nach dem Engadin und das Wiederkommen – das sind Entwicklungen, die Maria gut nachvollziehen kann: Sie lieben ihre Heimat, das Dorf, dieses Fleckchen Erde. Wen wundert es? Sogar ich, die nur als Gast wandernd die Natur genossen hatte, war fasziniert von der magischen Schönheit des Unterengadins. Wie es sich wohl anfühlt, wenn man dort seine Wurzeln hat? Ein Dorfkind gewesen war, ein Kind der Berge?

170 Menschen leben aktuell in Guarda, darunter 23 Kinder. Ein ‚Aussterben' des Dorfes ist also nicht zu befürchten. Seit bald zehn Jahren sind die Terrassendörfer Sent, Ftan, Tarasp, Guarda und Ardez unter dem Dach des Ortes Scoul versammelt, eine Gemeindefusion, die, wie auch bei uns in Deutschland, die bekannten Vorteile für Raumplanung, Verwaltung und Schulen aufweist. So besuchen die Kleinen den Kindergarten und die Primarschule in Ardez, dem nahgelegenen Nachbarort, unkompliziert erreichbar mit dem Zug oder Bus. Dazu muss Maria nichts erklären. Dass das öffentliche Verkehrsnetz der Schweiz landesweit wie der Takt eines Uhrwerks funktioniert, ist bekannt.

Und dann ist da noch der erste März: der Chalandamarz.

Längst nehmen auch Mädchen am Winter-Ausschellen teil, wie Ursli schleppen sie mit Begeisterung die Viehglocken. Und sogar

Gästekinder machen mit, manche reisen dazu jedes Jahr aus Zürich an und freuen sich auf die befreundeten Kinder in Guarda.

Wie schön, dass Maria auch von sich selbst erzählt.

Seit 1975 führen sie und ihr Mann einen bäuerlichen Betrieb. Vier Kinder hat sie zur Welt gebracht, die Enkel sind bereits erwachsen. Schon im zarten Kindesalter hatte Enkel Adrian ein besonderes Interesse für die Landwirtschaft. Ich kann nicht in den Kindergarten gehen, hatte er der Erzieherin erklärt, muss dem Großvater bei der Arbeit helfen.

Ich erzähle, dass in Deutschland viele Jugendliche, selbst vor der Schulentlassung, keine Idee einer beruflichen Zukunft haben. Ob es in der Schweiz ein ähnliches Phänomen gebe, möchte ich wissen. Maria erzählt, dass man dem vorbeuge, indem jedes Kind, von der ersten Klasse an, also mit sechs Jahren, jährlich eine Art Praktikumstag durchläuft, der im Anschluss in der Schule besprochen und aufgearbeitet wird. Dennoch gibt es in der Schweiz Jugendliche, die so ratlos in der Berufswahl sind wie bei uns. Vielleicht liegt das – nach dem Motto: wer die Wahl hat, hat die Qual – an der schier unendlichen Vielschichtigkeit des modernen Lebens? Dabei ist es doch eigentlich einfach, befolgt man den Rat der Bäuerin, den sie jungen Leuten immer wieder gibt: Ihr müsst lieben, was ihr tut, einen Beruf wählen, den ihr wirklich wollt, dann wird auch die Arbeit zur Lebensfreude.

Aber welchen Beruf will man eigentlich? Adrian wurde Landwirt, sein Bruder Dennis Forstwart, Arbeitsgebiete, zu denen sie bereits als Buben Bezug hatten. Dagegen fällt die Entscheidung über einen Beruf, den man nie kennengelernt und von dem man allenfalls ein paar Theoriekenntnisse hat, viel schwerer. Ich kann die Zweifel der jungen Menschen gut verstehen.

Neben der Hausarbeit, Landwirtschaft und Kinderbetreuung hielt Maria zwanzig Jahre lang Ziegen, deren Milch sie zu Käse verarbeitete, um ihn danach zu verkaufen. Irgendwann lösten Schafe die Ziegen ab; jetzt, im späten Frühjahr sind die Mutterschafe mit den Jungtieren auf der Alp. Derweil wickelt das Ehepaar auch im fortgeschrittenen Rentenalter die Heuernte ab. In ihrem Engadiner Haus findet sich alles unter einem Dach: vorn der Wohnbereich für die Menschen, hinten der Heu-, darunter der Tierstall. Auf mein Nachfragen erzählt die Bäuerin nicht ohne Stolz, dass sie sehr geschickt mit der Sense ist. Ich frage, ob ihr mit über siebzig Jahren diese Bewegungen keine Wirbelsäulenprobleme bereiten. Nein, wichtig ist, geübt zu sein und dass die Sense scharf ist.

Längst sind Maria und ihr Mann im Ruhestandalter. Aus der Tatsache, dass sie die Hände nicht in den Schoß legen, schließe ich, dass sie meine Ansicht teilen: Auch ich möchte solange arbeiten, wie es Geist und Körper zulassen, einfach deshalb, weil mich Arbeit zufrieden macht und weil sie mir das Gefühl gibt, ein ‚nützlicher‘ Teil der Gesellschaft zu sein. Es ist mir egal, dass sich die Falten vermehren, und was die grauen Haare betrifft, färbe ich, solange es mir gefällt.

Vor zehn Jahren nahm Maria den Hut. Leicht war die Aufgabe der Gemeindepräsidentin nicht, verrät sie, man kann es nicht allen Leuten recht machen. Dann muss man es halten, wie es ein Sgraffito-Spruch empfiehlt: Macht es wie die Häuser am Brunnen, lasst sie schwätzen und schweigt.

∞

Noch einmal ein Blick zurück in die Zeit, als ich mit Heike im Engadin gewandert war.

Acht Monate danach hatte ich Geburtstag. Als ich am Vormittag mit ein paar Einkäufen heim kam, hing eine ziemlich schwere Plastiktüte an der Türklinke. Darin befand sich, fest in Folie gewickelt, damit sie nicht zerbrach, eine Engadiner Nusstorte, Heikes selbstgebackenes Geburtstagsgeschenk.

Ach, das Unterengadin! Werde ich es jemals wiedersehen?

Was sind schon zwanzig Jahre, wenn es etwas gibt, das sie so spielend überbrückt? Ich will dir verraten, liebe Heike, dass ich den Geschmack der Walnüsse, des karamellisierten Zuckers und des buttrigen Mürbteigs nach wie vor auf der Zunge habe.

Guarda im Unterengadin – in der Tiefe der En

19

Was bleibt, ist der Traum
Valtellina/Lombardei/Italien

∞

Nichts ist verloren, nichts ist umsonst,
wenn man darauf aus ist,
etwas mitzunehmen.

Hanns Dieter Hüsch

Denke ich an meine Mädchenzeit zurück, fällt mir auf, dass ich von Erwachsenen nicht selten folgende Bemerkung zu hören bekam: Gabi, du träumst schon wieder.

Ja, es stimmt, ich träumte hingebungsvoll und oft. Meine Tagträume entführten mich in Welten, die ich aufsuchen konnte, wann immer ich es wollte. Bis heute habe ich mir diese Fähigkeit bewahrt. Besonders gern träumte ich über den Karten meines Schulatlasses, ich erzählte es schon an anderer Stelle.

Da war zum Beispiel das Veltlin, italienisch: Valtellina. Ein sich vertikal erstreckendes Tal im südwestlichen Teil der Alpen, östlich des Comersees, auch ein Ort, von dem ich mir Fantasiebilder malte. Dass ich ihn jemals besuchen könnte, lag jenseits meiner kindlichen Vorstellungskraft. Ob mich das traurig stimmte? Nein. Meine träumerischen Malereien waren mir schön genug.

So blieb es bis vor ein paar Jahren. Da saß ich mal wieder vor der Alpenatlaskarte und sah zu, wie der Zeigefinger über das Papier wanderte... Veltlin...

Damals wie heute sprang mir der auffällig gerade verlaufende Talstreifen ins Auge, als hätte ihn nicht die brachiale Kraft der sich verschiebenden Kontinentalplatten geschaffen, sondern jemand in zeichnerischer Feinarbeit am Reißbrett entworfen. Dieses Mal fiel mir auch der Hauptfluss des Tales auf, dessen Namen ich noch nie gehört hatte: Adda. Ihre Quelle entdeckte ich in den Rhätischen Alpen, zwischen Ortler- und Berninagruppe, und nun, da ich genauer hinsah, fiel mir auf, dass das Tal am Flussoberlauf ganz anders aussieht. Dort vollzieht es einen Knick nach Norden und ist in diesem Teil keineswegs gerade, und flach natürlich auch nicht. Das Valtellina hat nämlich auch eine wilde, gebirgige Seite. Ich staunte, als ich las, welche gewaltige Aufgabe die Adda hat: Sie nimmt die Wasser von drei hohen Gebirgsgruppen auf, der Bernina- und Ortlergruppe und des Bergells.

Aus dem träumenden Mädchen war eine träumende Frau geworden, die nach und nach begann, ihre geträumten Orte aufzusuchen. So würde mich mein Weg in die Lombardei führen. Drei Tage hatte ich dafür eingeplant, im Anschluss an einen Aufenthalt im nicht weit entfernten Engadin. Ich würde eigenen Auges sehen, ob dieses Tal tatsächlich so gerade verläuft und so groß ist. Für einen ausgiebigen Radeltag auf dem Sentiero Valtellina würde ich mein Hollandrad mitnehmen, es liebt weitgreifende Täler mit geringem Gefälle. Mein Bett wollte ich vor Ort suchen. Als Radreisende funktioniert das sehr gut und mit dem Auto würde es nicht anders sein. Ja, so kann man sich täuschen.

∞

Nach einigen Frühlingstagen auf den Bergterrassen des Unterengadins mache ich mich mit dem Auto und Lupina im Gepäck auf den Weg zur Lombardei, zunächst bergauf in Richtung Oberengadin. Rechterhand schützen auf langer Strecke an die Felswände montierte Stahlnetze die Fahrbahn vor herabkollerndem Gestein. Linkerhand fließt der jugendliche En (Inn) nach Norden.

Im Hochtal des Oberengadins angekommen, geht mir das Herz auf beim Anblick der verschneiten Bergseiten, die die eisblauen, silbern überhauchten Oberengadiner Seen säumen. Während es im Unterengadin bereits grünte und blühte, verabschiedet sich der Winter in dieser Höhenlage später, auf dem Champfèrersee schaukeln noch Eisschollen. Gern würde ich stehenbleiben und eine Weile die mich umgebende Naturschönheit genießen, doch die Straße erlaubt ein Abstellen des Autos nicht.

Am Malojapass eingetroffen, kommt die Erinnerung an einen großen Moment meines Lebens. Ich erzählte bereits davon.

Vor sieben Jahren war ich hier, nachdem ich mit Lupina den Inn von der Mündung bei Passau bis zu seinem Ursprung fahrend und laufend begleitet hatte. Bei Maloja ging es zu Fuß weiter, 700 Höhenmeter hinauf zum kleinen, felsgesäumten Lunghinsee unterhalb des Piz-Lunghin-Gipfels. Ein feierlicher Moment! Ich sehe mich dort stehen, bewegt und glücklich, fühle noch den fein stäubenden Schneeregen auf der Haut, sehe mich den holzeingefassten Überlauf betrachten, das Wasser, das von hieran den rätoromanischen Namen En trägt. Eilig, gewissermaßen als Sturzgeburt, hatte sich der neu geborene Bach auf den Weg gemacht, kopfüber den Berghang hinab, als könne er seine lange Reise nicht erwarten. Ich hatte es gesehen, als ich ihn begleitete: Unersättlich würde der Inn Flüsse und Bäche aufnehmen, schwellen und wachsen, um an seiner Mündung in Breite und Volumen als größter Alpenfluss der Donau ebenbürtig zu sein.

Und jetzt fahre ich über den Pass und finde bestätigt, was ich aus der Perspektive der Bergeshöhe geahnt hatte: das Bergell, durch das mich der weitere Weg führen wird, liegt tief unter mir – sehr tief, einer Schlucht nicht unähnlich. Die Serpentinenstraße ist die steilste, die ich je befahren habe. Wie die Sprossen einer Leiter drückt sie sich in extrem engen Kehren an den Berg.

Von oben kann ich sie fast komplett überblicken, kaum zu glauben, dass sich Autos dort hinab bewegen können. Sicherheitshalber verbiete ich mir die verführerischen Ausblicke in das urwüchsige, wunderschöne Tal, konzentriere mich ganz auf das Jonglieren über diese kunstvoll angelegte Straßenleiter.

In Passnähe befindet sich das Dorf Bondo.

In jenem Jahr, als ich am Ursprung des En das selige Gefühl der Ankunft genoss, aus der Höhe den Blick über die Bernina-Gipfel wandern ließ, über den schwarzgrünen Waldflor der Bergeller Bergflanken, hatte die Dorfbewohner nur wenige Monate zuvor ein Bergsturz am Piz Cengalo ereilt, der größte in Graubünden seit Jahrzehnten. Eine Lawine aus Geröll, Fels und Lehm hatte sich durch das Dorf gewälzt und eine Bahn der Verwüstung hinterlassen. Acht Menschen waren gestorben. In der Zeit danach rumorte es in der Abbruchflanke des Berges immer wieder, der Berg gab keine Ruhe und man musste mit weiteren Felsabstürzen und Muren rechnen.

1.500 Höhenmeter überwindet die Serpentinenstraße. Nun liegt sie hinter mir. Ich verlasse den Kanton Graubünden, passiere die Grenze zur Lombardei, im Geleit der Fluss Mera, der an der Dreifachwasserscheide oberhalb des Lunghinsees seine Quelle hat und auf dem Weg zum Po, also ins Mittelmeer, ist. Bald darauf bin ich in Chiavenna.

So klangvoll der Name, so trüb und verregnet die Stadt.

Im deutlich höher liegenden Oberengadin gab es Auflockerungen, der Himmel blitzte überall hindurch, hier versiegelt ihn eine graue Wolkendecke. Ich bin nicht der Typ, der um das Wetter viel Aufhebens macht – oft bin ich im Regen gewandert! – dieser allerdings kommt für mein Vorhaben zur Unzeit. Schimpfen und Ärgern bringt allerdings nichts. Ich setze einfach die Fahrt nach Süden fort, fühle mich außerstande, meine Pläne zu ändern. Ungesehen bleibt der Comersee rechts liegen, ich steuere den Wagen Richtung Sondrio und bin nun dort, wohin mich meine Kindheitsträumerei geschickt hat: im Tal der Adda, dem Valtellina.

Es ist nicht nur groß, es ist eine Joggingstrecke für Rübezahl – und tatsächlich schnurgerade, wie mit dem Lineal gezogen. Folglich verläuft die Strada statale in der Talmitte ebenfalls gerade. Diese langweilige, regengraue, stark frequentierte Straße kam in meinen Träumen nicht vor.

Vor mir leuchten Rücklichter, blinken und blinken, auf der Gegenspur durchdringt nonstop vom Wasser verzerrtes Scheinwerferlicht den Dunst. Baugeräte, Lagerhallen, Gewerbegebäude, Container, Last- und Lieferwagen stehen an den Straßenrändern. Hier spielt sich Alltägliches ab, was der nach hübscher Berglandschaft lechzende Tourist nicht sehen möchte. Aber was gibt es zu jammern? Ich bin freiwillig hier und benutze ein Auto, das zur Fortbewegung nun mal Straßen braucht. Beschwerden erübrigen sich also.

Und bald passiert, was ich fürchte: Ein gräulicher Film legt sich über meine Denkfähigkeit. Ich werde lethargisch, das Hirn arbeitet nur noch träge. Dieses sich mit den Jahren verstärkende Phänomen scheint meinem Alter geschuldet zu sein.

Ehrfürchtig blicke ich im Wechsel mal nach rechts, mal nach links, wo die Begrenzungen des Tales zu monströser Größe anwachsen, rechts weniger steil und besonders stark bewaldet. Es ist der Nordrand der Bergamasker Alpen. Links des Tales strecken sich die felsdurchsetzten Südflanken der Berninagruppe jäh himmelwärts, darüber erheben sich ihre Schneegipfel, wirken in der regenverschleierten Luft ferner als sie es wirklich sind. Das Tal der Adda bildet die Trennlinie zwischen Bernina- und Bergamasker Alpen.

Weiter geht die eintönige Fahrt, Kilometer für Kilometer. Weiter geht das Blinken und Blenden, Anfahren und Bremsen, das monotone Klack-klack der Scheibenwischer. Der Regen fällt aus wolkenschwangerem Himmel, der keine Aufhellung verheißt und schwer aufs Gemüt drückt. Obwohl ich in seiner Nähe bin, habe ich den Fluss noch kein einziges Mal gesehen.

Wo ist der Sentiero Valtellina, der Radweg, der mich glücklich machen sollte? Wo sind die romantischen Bergdörfer? Irgendwo dort oben, versteckt in der Unendlichkeit der Wälder. Eines davon soll nur zu Fuß erreichbar sein, heißt es. Wer im Auto sitzt, sieht nicht viel; wer auf dem Fahrradsattel sitzt, sieht viel mehr; wer zu Fuß geht, sieht alles.

Ich will nicht im Auto sitzen, will es andererseits nicht verlassen – was will ich eigentlich? Das Auto: mein geschützter Raum in einer fremden, ungemütlichen Bergwelt.

Vor Tirano biege ich irgendwo ab und fahre über eine schmale kurvige Straße ein Stück bergan.

Ein Dorf. Den Namen lese ich und vergesse ihn gleich wieder. Friedlich ist es, menschenleer und schläfrig. Derselbe Regen fällt auch hier und scheint mir doch ein anderer zu sein. Ich möchte bleiben, der Straßentristesse entrinnen, den Motor ausschalten und später, nachdem ich ein Bett gefunden habe, mein Cape anziehen und hinausgehen. Hinaus! In der hohlen Hand Tropfen auffangen, spüren, wie gut und segensreich sich Regen anfühlt.

Hatte ich nicht gerade ein Schild gesehen… *Appartamento per vacanze libero?* Ferienapartment frei?

Ich stelle das Auto ab und gehe am Straßenrand zurück.

Rasch habe ich das Schild mit dem dazugehörigen Haus gefunden. Klein ist es und rosafarben, mit einem winzigen Garten und einer winzigen Terrasse. Ein Ferienhäuschen für Dornröschen… und vielleicht für mich? An der Hauswand steht in geschwungenen Lettern: CASA ROSA.

Beherzt drücke ich den Klingelknopf an der kleinen Haustür. Lange warten muss ich nicht, es öffnet eine kleine, dezent geschminkte ältere Dame. Sie hat blondgefärbtes, glattes Haar und blickt mich aus braunen Augen freundlich an, was meine hoffnungsfrohe Erwartung in bedenkliche Höhen wachsen lässt.

Sie habe nur ein einziges Apartment zu vergeben und das sei für eine Person ungeeignet, gibt sie mit unmissverständlicher Entschiedenheit zu verstehen.

Wusste ich es doch: Ist die Hoffnung zu hoch gewachsen, tut ihr Fall umso stärker weh. Ich frage auf Englisch, ob sie jemanden kenne, der Gastzimmer vermietet. Sie versteht mich nicht, schüttelt den Kopf. *Niente inglese, solo italiano.* Ich versuche es mit ein paar Wörtern Italienisch und ausdrucksvoller Gestik.

Ah, capito! Nein, außer ihr vermietet hier niemand.

Zum Glück ist auf meinen Fiat Verlass. Zur Not würde er ein blechernes Obdach bieten, denn regnen wird es noch monate-, womöglich jahrelang, womöglich immer und ewig.

Zurück auf der Hauptstraße fahre ich weiter. Die Strada Statale 38 dello Stelvio, auf der ich mich so arg mit meiner miserablen Stimmung quäle, ist ein bemerkenswertes Bauwerk, was ihre außerordentliche Länge und (länder)verbindende Bedeutung betrifft. Sie erschließt nicht nur das gesamte Valtellina, sie verbindet den Comer See mit dem Stilfserjoch der Ortler-Alpen, reicht mit einem Abzweig bis zum Vinschgau Südtirols und endet in Bozen.

Bis ins Zentrum der Kleinstadt Tirano folge ich den roten Rücklichtern. Hier werde ich ein Quartier finden, ganz bestimmt. Vielleicht sogar ein rosa Dornröschenhaus. Das Problem ist, dass mir während der schnurgeraden, einschläfernden Fahrt meine Energie abhandengekommen ist, was in meinem Alter und als Alleinreisende ein heikler Zustand ist. Es muss also schnell gehen mit dem Dornröschenbett. Von der Touristeninformation kann ich keine Hilfe erwarten, sie ist am frühen Abend geschlossen.

Die Stadt Tirano liegt am unteren Ende des wilden, gebirgigen Teils des Valtellina. Ab hier verfällt die junge stürmische Adda in ein ruhigeres Tempo. In Tirano befindet sich die Endstation des berühmten Bernina Express, nicht zu verwechseln mit dem nicht minder berühmten Glacier Express, der den Engadiner Ort St. Moritz mit dem Walliser Bergsteigerort Zermatt verbindet.

Der Bernina Express beginnt seine zum UNESCO-Welterbe erklärte Fahrt in Chur, beendet sie nach fantastischen Bergregionen und spektakulären Höhenunterschieden in Tirano. 2023 hatte der Panoramazug vier Stunden und vier Minuten für die 144 Kilometer lange Gebirgsstrecke gebraucht, was einem Durchschnittstempo von zirka 40 Std./km entspricht.

Auch eine Fahrt mit dem roten Bernina Express ist ein langgehegter Traum. Irgendwann werde ich freudig klopfenden Herzens am Bahnhof der Graubündner Hauptstadt Chur in den Zug ein- und in Tirano wieder aussteigen. Es wäre die perfekte Gelegenheit, einen neuen Versuch zu unternehmen, abseits der Strada Statale das große Tal, das Veltlin, ein wenig kennenzulernen.

Drei Tage hatte ich für meinen Lombardeiaufenthalt eingeplant. Da aber ein Ende der Wetterlage vorerst nicht zu erwarten ist, möchte ich schon morgen ins Tessin weiterreisen.

Dass ich auf dieser hübschen Alleestraße im Schritttempo fahren muss, kommt mir entgegen. Es erlaubt aufmerksames Ausschauhalten. Wo versteckt sich ein Hotel, das in der ersten Maihälfte keine Betriebsferien hat?

Ah, dort ist eines! Hotel ‚Corona‘. Mir fällt ein, dass *corona* das italienische Wort für ‚Krone‘ ist.

Wo stelle ich das Auto ab? Ein Fahrrad ist im Nu untergebracht und ein Fußgänger muss gar nichts unterbringen. So mobil das Auto macht, so lästig kann es sein.

Keine Parkmöglichkeit. Weit habe ich mich vom Hotel entfernt und die Alleestraße verlassen, als ich endlich fündig werde. Als ich aussteige, wollen sich die Kniegelenke nicht strecken. Da hilft nur stehen und warten, bis sie ihren Widerstand aufgeben.

Am besten nehme ich den kleinen Übernachtungskoffer gleich mit, um mir zusätzliches Hin- und Herlaufen zu ersparen. Und wenn das Hotel belegt ist? Ich weiß nicht warum, aber den Gedanken klammere ich sofort aus. Auch die Möglichkeit dort anzurufen. Das Auto steht wo es steht und die Hotelsuche werde ich solange zu Fuß abwickeln, bis ich ein Zimmer gefunden habe.

Gerade will ich mich in Bewegung setzen, als ich zwanzig Meter entfernt auf dem Gehweg zwei Frauen sehe, die eine etwa fünf Jahre jünger, die andere fünfzehn Jahre älter als ich. Sie haben einander untergehakt, wobei die Jüngere die Ältere stützt.

Das nenne ich Gunst des Zufalls! Langsam gehe ich auf die beiden zu, entschuldige mich und frage, ob ihnen ein Hotel bekannt ist, das zu dieser Jahreszeit geöffnet ist.

Die ältere Dame schaut mich hilflos an, Englisch stand in ihrer Schulzeit noch nicht auf dem Unterrichtsplan. Die jüngere bittet mich, fünf Minuten zu warten, sie bringe eben ihre Mama nach Hause und dann käme sie wieder, um mir bei der Hotelsuche zu helfen.

Nach vier Minuten ist sie bereits da und marschiert mit energischer Entschlossenheit los, nicht ohne mich auf den Namen der Straße hinzuweisen, in der mein Auto steht. In einer unbekannten Stadt ist das überaus wichtig, gibt sie mir zu verstehen, was ich aus leidvoller Erfahrung bestätigen kann. Minuten später betreten wir ein schickes und wahrscheinlich teures Stadthotel. Meine Begleiterin tauscht sich mit der Rezeptionsdame aus. Bedauerlicherweise sei nichts frei, entnehme ich deren Mimik und den schnell gesprochenen Worten. Wieder tauschen sich die Damen aus, suchen nach einer Lösung. Die Rezeptionistin ergreift den Telefonhörer, tippt ein paar Zahlentasten, spricht, hört zu – und lächelt. Im Hotel ‚Corona' ist ein Zimmer frei.

Auf dem Weg dorthin unterhalten wir uns auf ‚Europäisch' – einem italienisch-deutsch-englischen Wortsalat. Die Hauptsache ist, die eine versteht, was die andere sagen will.

Am Empfangstresen des ‚Corona' wartet meine Begleiterin, bis ich eingecheckt habe. Sie sieht ihre Aufgabe noch nicht als erfüllt an. Wir treten hinaus auf den Gehsteig und sie führt mich in eine nahgelegene Seitenstraße, wo ein Parkplatz frei ist, keine fünfzig Meter vom Hotel entfernt. Dort solle ich *l'auto* abstellen, erklärt sie nachdrücklich, damit ich das Reisegepäck nicht weit zu tragen habe. Keine Sorge, fügt sie hinzu, solange ich das Auto hole, blockiert sie den Platz und hält ihn für mich frei. Bevor ich, so zügig mich meine störrischen Knie tragen, davoneile, erinnert sie mich an den Straßennamen – Via Fucine. Die Orientierung ist nicht schwer, mir scheint, als hätten wir einen großen Häuserblock umlaufen.

Erst, als ich eingeparkt habe und meine Fremdenführerin davon überzeugt ist, mich und das Auto zufriedenstellend untergebracht zu haben, ist sie bereit, mich meinem weiteren Schicksal zu überlassen. Ihre Fürsorge und Hilfsbereitschaft rührt mich und ich drücke ihr herzlich meine Dankbarkeit aus.

Zum Abschied fragt sie, wie ich heiße.

„Gabriele", antworte ich.

Sie lacht.

„Und wie heißen Sie?" möchte ich wissen.

„Gabriela."

Am Abend, in den kühl raschelnden Laken meines Bettes, träume ich, bevor ich einschlafe: von Leonardo da Vinci, der Bewunderung für das Valtellina gehegt hatte, von der resoluten Menschenfreundin Gabriela, von derben Holzbänken und rosaroten Schlösschen, von sonnigen Wanderwegen, wo in den Baumwipfeln der Bergwind rauscht, von dem köstlichen Gefühl, aufrecht auf dem Sattel meines Hollandrades sitzend die Landschaft zu betrachten. Ich träume vom Duft gerösteter Edelkastanien und von Pizzoccheri, der typischen Veltliner Buchweizenlasagne. Der Begriff ‚Bella Italia‘ huscht mir durch den Sinn und natürlich träume ich vom Wein. Ich erinnere mich in der Region Sondrio an der Nordseite des Tales Rebterrassen gesehen zu haben.

Weit hinten im Regendunst.

Träumen im Hotel ‚Corona'

20

Hesse, das Leben und ich
Montagnola/Tessin/Schweiz

∞

Glück ist Liebe, nichts anderes.
Wer lieben kann, ist glücklich.
Felicità è amore, nient'altro.
Chi può amare, è felice.

Aus ‚Wer lieben kann, ist glücklich'
Museo e Fondazione Hermann Hesse

Tessin. Ich will den Namen nicht nur sprechen, möchte ihn klingen und nachklingen lassen, weil er nicht nur aus Buchstaben, auch aus Bildern, Düften, Tönen besteht, die jemand mit Worten für mich malte. Jemand, der eine außerordentliche Fähigkeit besaß, mit Worten malen zu können.

Tessin. Sonnenkanton der Schweiz. Wo man italienisch spricht, die lombardischen Berge nah sind. Edelkastanienwälder gibt es hier und leichte, sandige wie auch schwere, fruchtbare Erde, die, sowohl als auch, erstklassige Weine hervorbringen.

Vor vielen Jahren, bevor ich mein Herz an die Wanderwege der Alpen verlor, hatte ich mit meiner Familie zwei Urlaube am Lago Maggiore verbracht, auf einem Campingplatz namens ‚Valle Romantica'. Wie zutreffend der Name war! Versteckt in einem Winkel des Valle Cannobina, am steinigen Flussbett des wilden Tales, war dieser Platz mit den rotblühenden Kameliensträuchern ein wahres Paradies, einer der idyllischsten Orte, an denen ich je Ferien verbracht hatte.

Der nördliche Lago Maggiore gehört zum Schweizer Tessin, unser Campingplatz lag ein Stück weiter südlich, der italienischen

Region Piemont zugehörig. Damals wusste ich nicht, dass sich sein Wohnort sozusagen in der Nachbarschaft befunden hatte: am Luganersee, nur zwanzig Kilometer in der Luftlinie entfernt. Und ich wusste nicht, dass all die Worte, mit denen er mich in den Bann gezogen hatte, dort ihren Ursprung hatten.

Die Rede ist von Hermann Hesse.

∞

Heute hat mich mein Weg zum Luganer See geführt, der von eigenwilliger Form ist. An ihm ist nichts rund, geradlinig, geschweige übersichtlich und geordnet. Eigentlich sieht er, auf der Atlaskarte betrachtet, gar nicht wie ein See aus, eher wie ein Fluss ohne Mündung und ohne Quelle, der mit fünf langen und kurzen Armen nach allen Richtungen greift. Ein Fjord in den Alpen. Wie planlos zerteilt er das Bergland, in schöpferischem Übermut geschaffen mit Richtungswechseln, Buchten, Engstellen und vorspringenden Landzipfeln.

Fast bilden diese Seearme ein Oval, das eine Fläche umschließt und diese zur Insel macht. Weil sie aber nach Norden mit dem ‚Festland‘ verbunden ist, hat sie eher das Aussehen einer Halbinsel. Unmittelbar neben dieser Anschlussstelle befindet sich die Stadt Lugano. Mit ihr werde ich nicht in Berührung kommen, so attraktiv sie auch sein mag. Mein Interesse gilt einem anderen Ort. Dieser gehört zur Gemeinde Collina d'Oro, was ‚Goldhügel‘ bedeutet, benannt nach dem bewaldeten Höhenzug, der sich über den westlichen Teil der ‚Halbinsel‘ erstreckt.

Dort, etwa 200 Höhenmeter oberhalb des linken Seeufers, liegt das Dorf Montagnola. Es hat einen alten Kern, der Torre Camuzzi heißt. Mitten hindurch führt das stille Sträßchen Via Ra Cürta. An ihm liegt, unübersehbar, die Casa Camuzzi, ein historischer kleiner Palazzo im Neobarockstil, und in dessen Türmchen befindet sich das Museo e Fondazione Hermann Hesse. Zoomen wir es näher heran, sehen wir zwei bildschön gewachsene Platanen wie Kunstwerke der Natur, und direkt hinter ihnen vier Stufen, die zur Eingangstür des Museums führen. Davor steht eine Frau, wie zögernd, als dächte sie nach oder als scheute sie sich, einzutreten. Sie stammt aus Deutschland und ist auf der Durchreise, der Weg war recht weit. Bin ich tatsächlich hier, fragt sie sich, in dem Dorf, wo all die Worte geschrieben wurden, die mir von Jugend an so viel bedeuten?

Diese Frau bin ich.

Wer hat jemals mit so viel freudiger Erwartung ein Museum betreten? Durch einen schönen Eingang, bestehend aus einer alten schmiedeeisernen Außentür und einer modernen gläsernen Innentür, wenig größer als der Eingang eines Wohnhauses. Deshalb kommt es mir vor, als schickte ich mich an, eine Privatperson zu besuchen, mit der ich mich gleich bei Kaffee und Kuchen an einen gedeckten Tisch setze.

Zuerst geht es durch einen Vorflur, von dort in einen kleinen Raum, der als Empfangsbereich dient.

Entzückt und überrascht von der heimeligen Atmosphäre, die mich umgibt, verstärkt sich das Gefühl, Gast in einem Privathaus zu sein. Eigentlich bietet der Raum zu wenig Fläche, um alles aufzunehmen, was sich darin befindet: Bücherregale mit Hesse-Werken in allen möglichen Sprachen, Aquarelldrucke mit Motiven der Tessiner Landschaft – er war auch Maler – und vieles andere. Vielleicht sehe ich mich hier später um. Typisch für mich: Ich weiche aus, wenn es mir der Eindrücke zu viel ist.

Hinter einem reich bepackten Schreibtisch sitzt ein weißhaariger Herr und nimmt lächelnd das besucherfreundliche Eintrittsgeld entgegen. Gerne dürfe ich mich mit Fragen an ihn wenden, erklärt er in deutscher Sprache mit italienischem Akzent.

Langsam mache ich mich daran, das Haus zu durchstreifen, gelange schon bald in ein Zimmer mit sonnengelb gestrichenen Wänden. Sofort wird mein Blick von einem Ausstellungsstück angezogen, das allein durch seine Präsenz den Raum einzunehmen scheint. Es ist ein alter Schreibtisch, der dort mittig und frei vor dem Fenster steht – Hesses Schreibtisch –, darauf, ebenfalls mittig platziert, seine wuchtige schwarze Schreibmaschine, eine ‚Smith Premier No 4', Baujahr 1910. Im Einzug steckt ein beschriebenes Blatt. Daneben liegt eine Nickelbrille aus Metall. Er war kurzsichtig, auf den meisten Fotos trägt er eine solche Brille.

Hinter der Schreibtischrückseite ragt fast bis zur Zimmerdecke ein herrliches Sprossenfenster gotischer Form auf, ein kleineres derselben Art befindet sich an der rechten Wandseite. Dieses höchst wirkungsvolle Arrangement aus Fenster, Arbeitstisch und Schreibmaschine ist ein Fotomotiv, das Montagnola-Besuchern auf der ganzen Welt bekannt ist.

An den Wänden Bücherregale, ein farbenprächtiger Wandbehang, persönliche Dinge in verschlossenen Glasvitrinen: Postkarten, handschriftliche Notizen, Malutensilien wie Pinsel, ein hölzerner Farbkasten, eine benutzte Palette mit Farbtuben. In anderen Schaukästen sind Steine und Mineralien ausgestellt, die der Künstler gesammelt hatte. Darüber hängen einige schwarz gerahmte Bilder.

Weiter geht es in einen kleinen Leseraum für Besucher. Regalbretter und offene Aufbewahrungskästen, die ausschließlich mit Hesse-Werken bestückt sind… so viele?! Ich staune. Die meisten Titel kenne ich nicht, obwohl ich nicht wenige seiner Bücher gelesen habe, manche mehrmals.

Weißgetünchte Treppenflure mit alten Stein- oder Holzböden, die knarzen und ächzen; auch auf leisen Sohlen kann man sich in diesem Haus nicht geräuschlos bewegen. Die Flure sind so eng, dass sie von Auf- und Abwärtsgehenden nicht gleichzeitig benutzt werden können.

Schautafeln, die chronologisch über das Leben des Dichters informieren, ein Video-Beitrag von Volker Michels, Herausgeber von Hesse-Editionen und hervorragender Kenner seiner Werke. Im Keller gibt es einen Vorführraum für Dokumentarfilme.

Ich höre zu, lese, lese… und je länger ich lese und zuhöre, mich mit dem Literaturnobelpreisträger befasse und in diesem Museum aufhalte, desto froher bin ich hier zu sein.

Hermann Hesse, 1877 in Calw/Baden-Württemberg geboren, hatte acht Geschwister, drei von ihnen waren im Kleinkindalter verstorben. In der protestantischen Missionarsfamilie – und zu dieser Zeit generell – war Kindern Widersprechen nur in geringem Umfang erlaubt. Während die Eltern wünschten, dass der Sohn Geistlicher würde, hatte der eigene Interessen, seinen eigenen intelligenten Kopf und stellte sich mit ‚leidenschaftlichem Stürmen und Drängen‘, wie die Mutter schrieb, quer in Schule und Internat, riss aus und wurde eingefangen, bis alles eskalierte und der Junge mit Selbstmord drohte. Daraufhin wussten sich die Eltern nicht anders zu helfen, als ihn in einer Nervenheilanstalt unterzubringen.

Trotzdem entwickelten sich die Dinge für den jungen Hesse in eine positive Richtung, als er sich endlich uneingeschränktes Lesen und Schreiben erkämpft hatte. Bereits im Alter von vier Jahren war das Talent des Kindes aufgefallen, ein mit zehn Jahren verfasstes Märchen wurde später veröffentlicht. Als Hesse eine Lehre zum Buchhändler und Antiquar antrat, wurde ihm die Arbeit mit Büchern als auch das Schreiben zum Lebensinhalt.

Zu den Eltern brach er den Kontakt ab.

Es würde den Rahmen der Geschichte sprengen, wollte ich die nun folgenden Veränderungen und dramatischen Tiefen im Leben des Dichters detailliert beschreiben. Deshalb möchte ich mich auf die Dinge beschränken, die mir persönlich besonders wichtig sind: dass er zum Beispiel in den meisten seiner Werke eigene Erfahrungen und Krisen zu verarbeiten versuchte. Immer ging es um die Sehnsucht eines Menschen nach Authentizität und Selbsterkenntnis. Für mich besonders ergreifend ist die Erzählung ‚Unterm Rad‘, in der er sich mit den Zwängen und Direktiven seiner Jugend auseinandersetzte; ebenso die 1904 erschienene Erzählung ‚Peter Camenzind‘ über das Schicksal eines Jungen, der sich gegen die ihn quälende Fremdbestimmung zur Wehr setzt.

Rastlosigkeit kennzeichnete den Lebensweg des Künstlers.

In den Aufzeichnungen ‚Wanderung‘ schreibt er: ‚Mein Leben schwebt zuckend zwischen vielen Reihen von Polen und Gegenpolen. Sehnsucht nach Daheimsein hier, Sehnsucht nach Unterwegssein dort… Meine Sache ist, unzufrieden zu sein und Unrast zu leiden.‘ Nur ‚ein Wunder‘ könne ihn von seiner Unrast erlösen und ankommen lassen. Am Ende bricht er in einem dramatischen Schritt alle Zelte ab, verlässt sein bürgerliches Leben, seine Familie und auch Deutschland. 1919 flüchtet er nach etlichen Wohnortwechseln vor den persönlichen Nöten und politisch-gesellschaftlichen Entwicklungen dieser Zeit ins Tessin.

Zuerst zog er auf einen kleinen Bauernhof bei Locarno am Lago Maggiore, dann zum Luganer See nach Sorengo, und schließlich nach Montagnola zur Miete in die Casa Camuzzi. Dann noch ein Wechsel in die Casa Rossa, die er hatte bauen lassen und die in Casa Hesse umbenannt wurde. Hier endlich, in Montagnola, in der inspirierenden Berglandschaft des Tessins, hatte er das Gefühl, angekommen zu sein. Hier erlebte er als Maler, Schriftsteller und Dichter eine überaus schaffensreiche Zeit. Literarische Freunde und Bekannte wie Berthold Brecht, Thomas Mann, Stefan Zweig, Annette Kolb und andere mehr, wie auch befreundete Maler, reisten ins Tessin in die Casa Hesse.

Zur Zeit der Naziherrschaft galten die Werke Hesses als unerwünscht; wie man weiß, lebten Freigeister und unabhängig Denkende gefährlich. Wie Brecht und Thomas Mann hatte er mit kritischen Veröffentlichungen vor dem Aufstieg Hitlers und der NSDAP gewarnt und überdies während des Krieges vielen Menschen zur Flucht aus Deutschland verholfen.

Auch die Beziehung zu seiner dritten Ehefrau, einer Kunsthistorikerin, hatte in seiner Wahlheimat Bestand. Bis zu seinem Tod im Jahre 1962 lebten er und Ninon in der Casa Hesse, wo der Künstler eine neue Leidenschaft entdeckte: das Gärtnern.

Ein deutliches Zeichen des Angekommenseins. Der sich selbst so bezeichnete ,Nomade' hatte sich zum ,Bauern' entwickelt.

Nun fragt man sich vielleicht, was das Leben des Hermann Hesse über die Tatsache, dass er sich eine Berggegend zum Wohnort ausgesucht hatte, hinaus, mit meiner Alpenliebe zu tun haben könnte. Die Antwort liegt in meiner eigenen Lebensgeschichte und die hat nicht wenig mit diesem Schriftsteller zu tun.

Wann und unter welchen Umständen mir Mitte der Siebziger Jahre Hesses ,Siddartha – eine indische Dichtung' in die Hände geriet, weiß ich nicht mehr. Dem nachzuforschen ist nicht nötig und würde auch nicht viel bringen. Zu diesem Zeitpunkt war das Werk über fünfzig Jahre alt, ein Bestseller, ja, aber ein sehr alter Bestseller, was bemerkenswert ist. Sind junge Leute nicht vorrangig an Neuem, Modernem interessiert, womöglich an Revolutionärem? Schließlich liegt es in ihrer Natur, neue Dinge anzustoßen und alte vom Staub des Vergangenem zu befreien, indem sie sie auf den Kopf stellen und ausklopfen; und den älteren und alten Menschen obliegt die Aufgabe, den anhaltenden Wert bestimmter Dinge zu erkennen, zu schützen und gegebenenfalls zu verteidigen – das eine so unverzichtbar wie das andere.

Von Henry Miller, dem US-amerikanischen Maler und Schriftsteller, stammt der Satz: ‚Siddartha ist für mich eine wirksamere Medizin als das Neue Testament'.

In den Siebzigern hatte auch ich das Schicksal des Siddartha begierig aufgesogen, ihn Zeile für Zeile bei seiner Suche nach dem großen Ziel seines Lebens begleitet. Ob er am Ende tatsächlich die ersehnte ‚Erleuchtung' erlangte und zum Buddha wurde, war für mich zweitrangig, es zählte, dass er ein Suchender war und nicht aufgegeben hatte. Siddartha lehrte mich zu hinterfragen, mich mit Oberflächlichkeit nicht zufrieden zu geben, lehrte mich, dass es kurzfristig Befriedigung, aber keine Erfüllung bringt, Geld und Besitz anzuhäufen. Stattdessen galt es Liebe zu Mensch und Natur anzuhäufen, friedfertig, nie gewalttätig zu sein, bis zur Schmerzhaftigkeit ehrlich mit sich selbst und nachsichtig mit den Mitmenschen zu sein. Und es galt, eine Selbstliebe zu entwickeln, nicht im Sinne narzisstischer Selbstverliebtheit, sondern im Sinne eines Dankbarkeitsgefühls für das Geschenk, als Mensch leben und lieben zu dürfen.

Damals trug ich vorwiegend wadenlange Kleider, bunt und fein bestickt, in viele Falten gelegt. Ich kaufte sie in einem ‚Indienladen'. Eine Menge junger Leute jener Zeit zog es in dieses ferne exotische Land zur Heimat Siddarthas, respektive zu fernöstlichen Religionen – George Harrison ist ein prominentes Beispiel. Mich zog es nicht dorthin, obwohl ich sehr wohl spürte, dass auch in mir etwas im Aufbruch war. Dem christlichen Glauben, den es in meiner späten Kindheit noch für mich gab, hatte ich nicht abgeschworen, eher hatte ich ihn vergessen. Er war in den Turbulenzen meiner jungen Erwachsenenzeit verloren gegangen und als er einmal weg war, vermisste ich ihn nicht und es blieb –

vorerst – dabei. Im Grunde lebte ich damals in einem spirituellen Vakuum, das sich füllte, als ich ‚Siddartha‘ las.

‚Siddartha‘ und die Hippiebewegung gehörten zusammen. Das schmale Buch bot auf sanfte und dennoch eindringlich überzeugende Weise Orientierung zu Sinnfragen des Lebens, man identifizierte sich mit dem zerrissenen, verzweifelt suchenden ‚Siddartha‘. Und Hermann Hesse war das literarische Vorbild, außerdem ein Vorbild als Pazifist.

In den Sechzigern noch jugendlich, hatten mich die Nach- und Auswirkungen der US-amerikanischen Flower-Power-Bewegung zwar erreicht, aber mit vierzehn Jahren war ich zu jung und unwissend, um etwas damit anfangen zu können. Vom Woodstock-Festival hatte ich gehört. Was es bedeutete, verstand ich nicht. Meine in den zwanziger Jahren geborenen Eltern wären die letzten gewesen, die es mir einigermaßen sachlich hätten erklären können. Auch die Schule war nicht geeignet, solcherart Fragen zu erörtern. Mein Geschichtslehrer, ein lieber gutmütiger Kerl, schleppte sich an Krücken dahin und wirkte immer ein bisschen müde; später erfuhr ich, dass sein fehlendes linkes Bein während des Krieges notamputiert werden musste. Was also hätte mir dieser geschundene Mann über die Hippiezeit erklären können, was hatte er damit zu tun? Er war so weit davon entfernt.

Wovon ebenfalls niemand sprach und mich zu Fragen anregte, war der zeitgleich tobende Vietnamkrieg.

Meinen Eltern war alles suspekt, was englischsprachig und aus den Vereinigten Staaten kam. Ohnehin stand das, was die Blumenkinder an Veränderung wollten, im krassen Gegensatz zu dem, was diese Generation gelernt hatte, beziehungsweise, was ihr mit massivem Druck eingeimpft worden war. Dabei war es doch nach den Gräueln des II. Weltkrieges, denen auch meine Mutter und mein Vater ausgeliefert waren, nicht nur Zeit für eine schonungslose Aufarbeitung, auch Zeit für einen grundlegenden gesellschaftlichen Wandel, für menschlichere Lebensweisen und neue Umgangsformen. Offenbar gehörte ich zu der Generation, die diesen Prozess voranzutreiben hatte. Es war an der Zeit, dass sich die Menschheit auf Friedfertigkeit und Freiheit besann, Unterwürfigkeit und Fremdbestimmung dahin verbannte, wo sie hingehörten: in die Vergangenheit.

Und wie sieht es in der Gegenwart aus? Ist dieser Lernprozess mit dem Engagement der Nachkriegsgeneration abgeschlossen? Gewiss nicht. Menschliche Lebensweisen und Umgangsformen sind auf andere Weise erschwert: durch Oberflächlichkeit, Übersättigung, Rastlosigkeit und Verlorenheit. Viele Menschen haben nichts, das ihnen im kompliziert gewordenen Leben Halt gibt, Orientierungshilfe ist. Der Glaube scheint vielen antiquiert und überflüssig zu sein, aber es ist nichts da, was ihn in seiner Aufgabe ablösen und so etwas wie ein moralischer Kompass sein könnte. Deshalb meine ich, dass wir nach wie vor der Erfahrungen und Lernprozesse eines ,Siddarthas' bedürfen, der elementare Fragen stellt: Warum bin ich da und wohin soll die Reise gehen, darf ich wie ,Siddartha' immer wieder neu aufbrechen und was ist mein Ziel, wer will ich am Ende meines Lebens sein? Als Sozialarbeiterin habe ich lange genug mit alten Menschen gearbeitet, um zu wissen, dass es vor allem die letzte dieser Fragen ist, die eine Antwort verlangt, wenn der Tod in Reichweite kommt.

Was mich betrifft, bin ich nun über siebzig Jahre alt. Es ist also an der Zeit, dass ich Hesses Vermächtnis ein viertes Mal lese. Als Auffrischung sozusagen. Ich bin zwar im Laufe der achtziger Jahre zu meinem Glauben zurückgekehrt, trotzdem bleibt mir die indische Dichtung ,Siddartha' ein lebensbegleitender Text. Warum das so ist, macht eine Anekdote klar, die mich lächeln ließ, als ich sie las: Adolf Muschg, ein Schriftsteller und Literaturwissenschaftler aus der Schweiz, begegnete während einer USA-

Reise einem Tankwart, der so intensiv in die Seiten einer Hesse-Erzählung vertieft war, dass er seinen Job vergaß. Auf die Frage, warum ihn dieser europäische Autor so fessele, antwortete er: ‚Because Hesse likes me.‘

So schlicht ist das. Der Mensch will sich geliebt fühlen, anhaltend, unverbrüchlich. Auch ich habe – über ‚Siddartha‘ hinaus – beim Lesen der Schriften Hermann Hesses das Gefühl, dass dieser Autor mich mag, meine Fragen und Nöte kennt und es gut mit mir meint. Er bietet mir an, das Leben, die Natur, meine Mitmenschen mit liebenden, dankbaren Augen zu sehen. Gelingt mir das, ist das regelrecht befreiend, und ja, auch glücklich machend. Denn noch wertvoller als die Liebe, die man erhält, ist die Liebe, die man gibt. Und nicht selten fliegt sie in die Hand zurück wie ein Bumerang. Für mich ist all das mit dem Christentum kompatibel. Übrigens soll Hesse trotz seiner Liebe zu Indien gläubiger Christ gewesen sein.

In Montagnola schlägt das Herz des ‚Siddartha‘.

Hier schrieb Hesse das Buch, das Millionen Menschen gelesen und verinnerlicht haben. Hier erhielt er Fanpost in Schubkarren. Hier entstand ‚Narziß und Goldmund‘, ‚Der Steppenwolf‘, ‚Das Glasperlenspiel‘, Bücher, mit denen er ebenfalls äußerst erfolgreich war. Diese und andere in sechzig Sprachen übersetzten Werke werden auch nach seinem Tod bis heute nachgefragt und gekauft, mittlerweile weit mehr als hundert Millionen Exemplare, Weltliteratur von bleibender Gültigkeit, die Text für Text dasselbe Merkmal zu vereinen scheint: Zeitlosigkeit.

Vor einem Jahr hatte ich erneut ‚Narziß und Goldmund‘ gelesen.

‚Wieder trieb das Eis die Flüsse hinab, wieder duftete es unter faulem Laub nach Veilchen, wieder lief Goldmund durch die bunten Jahreszeiten, trank mit unersättlichen Augen die Wälder, Berge und Wolken in sich hinein…‘ schrieb Hermann Hesse, und jedes seiner Worte berührt mich, bewirkt etwas in mir. So ist es heute, so war es damals. Narziß, der Verwurzelte, der Geistliche, der seine Bestimmung angenommen hat; Goldmund, der Ruhelose, mit allen Sinnen durchs Leben Treibende. Die Liebe und der Konflikt, in dem die Freunde zueinander stehen. Ihr Schöpfer, auch er der ewig Suchende, Lernende, durch die Natur und das Leben ruhelos Wandernde, der sich nach Heimat und Ankunft sehnt, ebenso nach Aufbruch und Neubeginn. Hesse, der begnadete Dichter, der mit seinen Worten einer unvorstellbar großen Zahl von Menschen verschiedener Kulturen das Gefühl gegeben hat, persönlich angesprochen zu sein. Wer so etwas fertigbringt, ist in meinen Augen ein wahrer Künstler, ein Zauberer gar. Und was ist das Geheimnis, warum ist dieser Autor so nahbar und glaubwürdig? Bei jedem Text, den ich las, schien mir, dass er sich selbst meinte, ein Stück seiner selbst offenbarte, dass das Leiden, Zweifeln, Suchen wie auch das Genießen, Anbeten und Lieben jeder seiner Figuren auch seines war.

Den aufgerollten Druck eines Aquarells in der Hand – ein Tessiner Bergdorf – stehe ich wieder auf der Via Ra Cürta, die wie ein Freiluftmuseum wirkt: fernab jeden Lärms, ehrwürdig, bewahrend. Wie die Werke Hesses durchweht diese still ruhende Straße ein Hauch von Zeitlosigkeit.

Erst jetzt, nachdem ich das Museum verlassen habe, nehme ich mir Zeit, seine Außenansicht zu betrachten.

Der Camuzzi-Turm – besser: das Camuzzi-Türmchen –, in dem das Museum untergebracht ist, ist ein dreistöckiges Gebäude, ein Teil des gleichnamigen Komplexes. Nebenan hatte Hermann Hesse zwölf Jahre lang gewohnt, bevor er nach den vielen Stationen seines Lebens ein letztes Mal umzog: in die Casa Rossa beziehungsweise Casa Hesse.

‚Wenn ich diese gesegnete Gegend am Südfuß der Alpen wiedersehe‘, schrieb er nach der Rückkehr von einer Reise in den Norden, ‚dann ist mir zumute, als kehre ich aus einer Verbannung heim, als sei ich endlich wieder auf der richtigen Seite der Berge. Hier scheint die Sonne inniger, die Berge sind röter, hier wächst Kastanie und Wein, Mandel und Feige, und die Menschen sind gut, gesittet und freundlich, obwohl sie arm sind. Und alles, was sie machen, sieht so gut, so richtig und freundlich aus, als sei es von Natur so gewachsen. Die Häuser, Mauern, Weinbergtreppen, Wege, Pflanzungen und Terrassen, alles ist weder neu noch alt, alles ist, als sei es nicht erarbeitet, erklügelt und der Natur abgelistet, sondern entstanden wie Fels, Baum und Moos. Weinbergmauer, Haus und Hausdach, alles ist vom selben braunen Gneisgestein gemacht, alles passt brüderlich zueinander. Nichts sieht fremd, feindlich und gewaltsam aus, alles scheint vertraulich, heiter, nachbarlich. Setz dich nieder, wo du willst, auf Fels, Mauer oder Baumstumpf, auf Gras oder Erde: überall umgibt dich ein Bild und Gedicht, überall klingt die Welt um dich her schön und glücklich zusammen.‘

Auf dem Weg zum Museum hatte ich einen wunderbaren Ort zum Verweilen entdeckt, drei Gehminuten entfernt: ein Literaturcafé mit dem Namen ‚Boccadoro‘ in der Via dei Somazzi. Es hat einige Tischgruppen unter Arkaden. Im Eingangsbereich befindet sich ein mit einem weißen Tuch bedeckter Stehtisch, darauf ein großer Krug Frühlingsblumen und Gräser. Dort möchte ich einen Cappuccino und vielleicht einen Tessiner Grappa genießen, in den ausgelegten Zeitschriften und Hesse-Büchern stöbern und meinen Eindrücken und Gedanken nachhängen.

Zuvor aber habe ich Lust, noch ein wenig auf den Spazierwegen des Dichters zu wandeln: einmal den Luganersee mit seinen Augen sehen, von einem Standort aus, den er wahrscheinlich täglich aufgesucht hatte, ahnen, was er empfand, was ihn an der

Landschaft inspiriert hatte. So gern ich den gekennzeichneten Rundweg laufen möchte, zu Punkten der Collina d'Oro, die er besonders wegen ihrer Lichtverhältnisse liebte und immer wieder aufsuchte, fehlt mir leider die Zeit dafür, weil ich mich auf der Durchreise befinde und rechtzeitig das vorbereitete Tagesziel erreichen möchte. Das ist schade und ich bedauere, für meine Hesse-Begegnung nur einen halben Tag eingeplant zu haben. Ich hätte es besser wissen müssen! Hier war ‚das Wunder' geschehen. Hier ist der Ort, wo der Dichter auf seiner Lebenswanderung sesshaft geworden und zur Ruhe gekommen war. Um die Beweggründe ein bisschen nachempfinden zu können, hätte ich mehr Zeit mitbringen müssen.

So wende ich mich erst einmal nicht in Richtung des Cafés, sondern entgegengesetzt, bummle die Via Ra Cürta entlang, vorbei an der Casa Camuzzi, durch einen Torbogen und eine enge Gasse, lasse die Dorfhäuser hinter mir und gelange auf einen Panoramaweg, der sich an einem Berghang entlangzieht.

Die Landschaft öffnet sich!

Ich seufze auf vor Freude und Bewunderung beim Anblick des Luganersees, der dort unten unter bewölktem Himmel silbergrau zwischen den Bergen liegt. Dunkel bewaldete Hänge wachsen zu allen Seiten steil aus dem Wasser empor. Geradeaus geht der Blick zum nordöstlichen Arm des Sees, nach Lugano, am Rande einer Bucht gelegen. Ein Meer von Häusern bedeckt den Berghang, vom Ufer aus bis hoch hinauf. Wie die gemalte Hintergrundkulisse einer Theaterbühne zeigen sich weit hinten die Gestalten hoher Schneeberge. Der Himmelsrichtung nach gehören sie vermutlich zur Berninagruppe.

Auf der anderen Buchtseite sehe ich am Fuß des Berges San Salvatore einen zweiten größeren Ort: Paradiso, zu meinem Entsetzen gespickt mit Hochhäusern, die umso mehr das Bild wegen ihrer grellweißen Farbe dominieren. Sie sind dem zunehmenden Tourismus geschuldet, Betonbauten, die die von Hesse bewunderte Harmonie und Einigkeit zwischen Natur und Menschenwerk empfindlich stören: ‚Alles passt brüderlich zueinander, nichts sieht fremd, feindlich und gewaltsam aus'.

Hesse, der seine Liebeserklärungen an dieses Stückchen Erde vielfach in seiner poetischen Art formuliert hatte, war es erspart geblieben, sich über diese architektonischen Sünden zu grämen. Wer von den Leuten, die dort unten ihren Urlaub verbringen, ahnt oder weiß, welche Wirkung diese Bauten bei der Betrachtung aus der Höhe haben? Und wenn ja, wäre es ihnen egal oder wären sie erschrocken?

Und noch mehr Flachdächer, von Privathäusern und Villen, eines neben dem anderen, unterhalb des Hangweges, direkt vor mir, so nah, dass ein Satz genügte, hinaufzuspringen. Mir fällt das kurze Gespräch mit zwei einheimischen Frauen ein, die ich bei meiner Ankunft in Montagnola nach dem Weg zum Museum gefragt hatte. In diesem Zusammenhang hatten sie die unansehnlichen, störenden Dachflächen beklagt.

Ich bemühe mich, die Existenz der Villendächer, der Hochbauklötze, des mit Häusern übersäten Berges, der Baukräne, der Straßen und der unter mir verlaufenden A2 auszublenden, über die ich – so viel Ehrlichkeit muss sein – hergereist bin, versuche mich auf die Naturschönheit dieser südlichen Alpenregion zu konzentrieren. Dabei kommen mir wie von selbst noch einmal die Worte in den Sinn, die Hesse hundert Jahre zuvor über das Tessin gesagt hatte: ‚...Setz dich nieder, wo du willst, auf Fels, Mauer oder Baumstumpf, auf Gras oder Erde: überall umgibt dich ein Bild und Gedicht, überall klingt die Welt um dich her schön und glücklich zusammen.'

Seitdem haben sich Dinge von Tragweite geändert. Zurzeit Hesses war das Tessin ein von der übrigen Schweiz isolierter Kanton, nur über Bergstraßen erreichbar. Die Passstraßen waren im Winter unpassierbar. Ende des vorletzten Jahrhunderts wurde der Gotthard-Bahntunnel in Betrieb genommen, in der zweiten Hälfte des letzten Jahrhunderts der San-Bernhardino- wie auch der Gotthard-Straßentunnel und schließlich, im Jahre 2016, der gigantische Gotthard-Basistunnel, der weltweit längste Gebirgstunnel und mit einer Felsüberlagerung bis zu 2.300 Metern der tiefste. Für die Verbindung Zürich-Mailand ist die Tunnelstrecke in puncto Schnelligkeit eine Alternative zum Flugzeug. Von seinem Südende braucht es über Bellinzona nach Lugano etwas mehr als eine Stunde.

Die Zeit, als das Tessin sein abgeschottetes Sonnendasein fristete, ist also längst vorbei. Mit dem Tourismus kam das Geld, auf das diese Region wegen ihrer schwierigen Erreichbarkeit lange hatte verzichten müssen.

Es heißt, dass trotz der Urlaubshochburgen der ursprüngliche Charme des Tessins weitgehend erhalten geblieben ist, auch die typischen, von Hesse geliebten ‚Grotti‘, aus Granitstein gebaute Einkehrstätten im kühlen Schatten alter Bäume. Nicht überall, aber an vielen Stellen klingt die Welt ‚noch schön und glücklich zusammen‘.

Wie sehr gefiele es mir, könnte ich diesen Charme entdecken, in Muße durch die Wälder der Collina d'Oro streifen, mich einlassen – und sei es auch nur für ein paar Tage – auf die ländlich bescheidene Lebensweise, die das Tessin zu dem machte, was Hermann Hesse seine ‚Seelenheimat‘ nannte. Ach, gern möchte ich noch mal wiederkommen und es besser machen!

Nun sitze ich an meinem Arkadentisch und blättere in seiner Gedichtsammlung. Es ist frisch in diesen frühen Maitagen. Ich bin froh, dass mich meine wetterfeste Jacke wärmt. Auch im sonnenverwöhnten Tessin ist der Himmel nicht immer blau.

Zum zweiten Mal lese ich mir mit stummer Lippenbewegung ein Gedicht vor, das mich in tiefster Seele anspricht, habe ich Wandergesellin ja das, was des Dichters Worte beschreiben, ungezählte Male gespürt:

Und da ich über Wolken hoch am Berg
in leichten Lüften schritt, ward mir mein Leben,
mein schauend Auge und mein schlagend Herz
ein köstlich Lehen, das ich dankbar trug.
Doch dessen Wert und Schönheit mir nicht eignet
und darum nicht vergeht.
Und leise flog die kühle Höhenluft mir um die Stirn.

Museo e Fondazione Hermann Hesse – Montagnola

21

Weggespült
Sant'Ambrogio di Torino/Piemont/Italien

∞

Und ich habe mich so gefreut! sagst du vorwurfsvoll,
wenn dir eine Hoffnung zerstört wurde.
Du hast dich gefreut – ist das nichts?

Marie von Ebner-Eschenbach

Warum eigentlich hatte ich gestern nicht die Flucht ergriffen? Als es vom Himmel schüttete und ich eingeklemmt auf der mittleren der dreispurigen Autobahn in Richtung Turin nur schwer zu ertragende zweieinhalb Stunden im Stop-and-go-Stau verharrt und mich mit mir selbst schimpfend gefragt hatte, wie ich überhaupt in diese irrsinnige Lage kommen konnte. Da hätte ich mich zum Abbruch meines Vorhabens entscheiden müssen. Es wäre so einfach gewesen: an der nächsten Ausfahrt hinaus, am Ort XY bei einem Cappuccino in Ruhe neu orientieren, das Navi einstellen und… nichts wie weg. Aber ich tat es nicht. Ich hielt an meinem Traum fest wie ein Kind, das die Schokolade, die es in der Hand hält und in die es sich freut hineinzubeißen, aus freiem Willen wieder hergeben soll. Das tut weh, das will man nicht.

Ich erinnere mich noch sehr gut an den Moment, als der über die Atlaskarte wandernde Zeigefinger im Südwesten der Alpen an einer Stelle stehengeblieben war, wo ich das Susatal und seinen Fluss Dora Riparia ausfindig machte. Als Teil der italienischen Region Piemont liegt das Tal zwischen den Grajischen und Cottischen Alpen, während es nach Westen an die französischen

Dauphine Alpen grenzt – allesamt mir gänzlich unbekannte Gebiete.

Wer sich mit dem Susatal beschäftigt, stößt unweigerlich auf den Namen Sacra di San Michele, eine uralte Klosterabtei, die an einem Platz gebaut wurde, der exponierter nicht sein könnte: Sie thront auf dem Gipfel des Berghügels Pirchiriano. Dort stehend, ist der flohkleine Mensch nicht nur von der prächtigen Kulisse der Cottischen und Grajischer Berge umgeben, er hat auch einen Weitblick von 35 Kilometern bis nach Turin. Als ich zu Hause Fotos der burgähnlichen Abtei sah, fühlte ich mich wie elektrisiert von der Schönheit und Mystik dieses Ortes und ich hatte nur einen Gedanken: Dort will ich hin.

Gestern Nachmittag, unterwegs vom Tessin ins Piemont, auf der verregneten, vollgestopften *autostrada*, trat dieser Gedanke für drei Stunden in den Hintergrund, weil von anderen Gedanken exorbitanter Bedeutung überlagert: Nie und nimmer darf ich auf den Mailand-Zubringer geraten! Und als diese Gefahr vorüber war: Nie und nimmer darf ich auf den Turin-Zubringer geraten! Auch das wusste ich erfolgreich zu verhindern.

Stattdessen landete ich im anhaltenden Regen im Hotel Rivoli der gleichnamigen Kleinstadt, wo ich das Glück hatte, unter die Fittiche einer jungen wunderbaren Empfangsdame zu geraten. Insgeheim gab ich ihr den Namen Elena, was ‚die Leuchtende‘ bedeutet. Es ist hilfreich und ausgesprochen wohltuend, insbesondere außerhalb des eigenen Landes, auf solche zugewandten und herzlichen Menschen zu treffen.

∞

Und jetzt, nach meinem Abschied von Elena, bin ich auf dem Weg nach Sant'Ambrogio di Torino. Von dort führt eine Bergstraße auf den Pirchiriano, wo das Kloster auf mich wartet.

Es regnet unaufhörlich, phasenweise wie aus Gießkannen. Bei meinen Alpentouren habe ich viele Arten von Regen kennengelernt. Wenn es vom düsteren Himmel sintflutartig schüttet, kann das beängstigend sein. Dazu ist nicht zwingend ein Gewitter notwendig.

In meinem Gepäck befinden sich ein wasserdichtes Cape, eine Regenhose, ein Schirm und ein Regenschutz für den Rucksack; ich bin also gut gerüstet. Meine Barfußschuhe, Füße und Socken werden nach drei Minuten so nass wie die Brille sein, am besten lasse ich die Socken sofort weg und schlüpfe mit nackten Füßen ins Schuhwerk. Nach der Bergauffahrt soll von einem Parkplatz aus bis hinauf zur Abtei ein zwanzigminütiger Wanderweg zu gehen sein, heißt es im Internet – was in meinem Fall auf die doppelte Zeit hinauslaufen wird. Was soll's? Bin ich oben angelangt, werden sich die Knie beruhigen. Und die Klostermauern werden mich vor allem Unheil schützen – auch vor einer Sintflut.

Im Jahre 63 n. Chr. befand sich am Gipfel des Pirchiriano ein römisches Militärlager. Eine strategisch hervorragende Lage im Südwesten der Alpen. Diesen Militärstützpunkt hatten einige hundert Jahre später die Langobarden erobert, bis es ihnen unter Führung des Frankenkönigs Karl der Große wieder entrissen wurde, wie das so ist mit den Kämpfen und Eroberungen. Die nun folgende tausend Jahre während politische Historie war so kompliziert wie wechselvoll; wollte ich sie erfassen und nachvollziehen, ginge das nicht ohne Leidenschaft und Zeit. Ersteres empfinde ich nicht, das zweite habe ich nicht, ganz so, wie es mir als Schulkind mit anderen Geschichtsthemen ergangen war.

Interessanter finde ich, was im zehnten Jahrhundert geschah. Da zog sich der Erzbischof von Ravenna als Einsiedler auf den Berggipfel zurück, was ihn im Nachhinein zum Gründer der klösterlichen Anlage machte. Im selben Jahrhundert begannen die

300 Jahre dauernden Bauarbeiten der romanischen Klosteranlage. Im Hochmittelalter diente sie als Rastplatz für Rompilger. Die Querung der Alpen war für Gläubige das größte und gefahrvollste Hindernis auf ihrem mühsamen Weg, was im Susatal etliche Hospize und Klöster hatte entstehen lassen – das Bedeutendste: die Sacra di San Michele, zu Deutsch: Sankt Michael bei der Klus.

Um den Bogen zur Gegenwart zu spannen: Heute ist sie nicht nur ein Hort wertvoller Heiligtümer, auch eine lebendige Kulturstätte. Wie damals ist sie das Zwischenziel an einem 2.000 Kilometer langen Pilgerweg und, wie seit eh und je, dient sie der Verehrung des Erzengels Michael, der den Teufel besiegt hatte.

Nachdem über lange Zeit die Klosteranlage in den Händen des Benediktinerordens lag – 1.000 Mönche hatten dort gelebt – folgten 200 Jahre des Nichtstuns und des Verfalls, bis die Abtei ab Mitte des 19. Jahrhunderts neue Hüter und Verwalter erhielt: der Rosminianer-Orden. Und seit die historisch überaus wertvolle Sacra di San Michele vor Ende des letzten Jahrhunderts zum symbolischen Monument des Piemonts erklärt wurde, fließen Geldmittel für die sensiblen Restaurierungsarbeiten.

Vor zwei Jahren hatte ich zum ersten Mal ein Bild der Sacra di San Michele gesehen, ihren faszinierenden Standort; Fotos wie Ölgemälde, aus jeder Perspektive, im Morgen- und im Abendlicht, umrahmt von sommerlichen, herbstlichen, winterlichen Bergen, eine Farbstimmung schöner als die andere. Ein spiritueller, grandioser Ort, von weither sichtbar und dennoch vor Geheimnissen nur so strotzend. Umberto Eco, der bekannte italienische Schriftsteller, hatte sich durch ihn inspiriert gefühlt, als er den Roman schrieb, der ihn weltbekannt machte: ‚Il nome della rosa', ‚Im Namen der Rose'. Ich sehe mich in den Neunzigern das Buch lesen, erinnere mich an die unerträgliche Spannung um das Bibliothek-Labyrinth und um die Geheimkammer Finis Africae, Aufbewahrungsort verbotener Bücher. Die inneren Bilder, die ich mir vom Schauplatz der Geschehnisse malte, waren beklemmend.

Ich möchte die Sacra di San Michele erleben, von außen und von innen, möchte durch ihre Räume und Gänge wandeln, erschauern in ihren uralten Mauern, die so viel zu erzählen haben. Wie sehr ich das möchte! Wer weiß, ob sie nicht nur Vergangenheit und Gegenwart, auch die Zukunft hüten? Bauwerke wie sie umgibt das Mysterium der Zeitlosigkeit.

Eine Weile hat es gedauert, bis ich mich in Sant'Ambrogio durchgefragt habe; nun geht es hinauf auf den Pirchiriano, durch lichten Laubwald über eine kurvenreiche Bergstraße.

Kein Auto überholt mich, keines kommt mir entgegen. Den Asphalt bedeckt eine glänzende Wasserschicht und die Zweige der Bäume mit dem jungen Blattgrün biegen sich unter dem Prasseln des Dauerregens. Überall fließen und plätschern kleine und größere Rinnsale und kennen nur eine Richtung: bergab. Zu beiden Seiten der Frontscheibe eilt das Wasser in Bächlein hinunter, das Geräusch der unablässig schwingenden Wischer ist wie der Rhythmus dieser Tage und erinnert mich an das taktgebende Schlagen eines Metronoms.

Kurve für Kurve arbeitet sich der Automotor den Berg hinauf. Ich habe keine Ahnung, wie lange noch, weiß nicht, auf welcher Ausgangshöhe die Auffahrt begonnen hatte.

Ab und zu taucht ein Straßenschild mit der stets gleichen Beschriftung auf – ein Warnschild. Bei der nächsten Gelegenheit steuere ich das Auto in eine Parkbucht, gönne dem Motor eine Pause und tippe die italienischen Worte in den Google-Übersetzer ein: ,Die Benutzung der Straße an Sonn- und Feiertagen für den Privatverkehr verboten'.

Es ist Dienstag, ein ganz normaler Wochentag.

An Schönwetter-Sonntagen wäre hier wohl viel los. Weil die Straße für zwei nebeneinander fahrende Autos zu schmal ist und häufiges Ausweichen durch Rückwärtsfahren notwendig wäre, könnten sich kritische Situationen ergeben. Sollte es mich freuen, dass ich diese hübsche bewaldete Bergstraße für mich allein habe? Es regnet, Gott segnet, die Erde wird nass... singe ich gegen meine traurige Vorahnung an.

Eine sehr große befestigte Fläche voller Pfützen, gähnend leer... der Auto- und Busparkplatz. Von hier aus geht es zu Fuß weiter.

Ich steige aus. Es schüttet nicht mehr, aber der Regen ist noch kräftig. Mit aufgespanntem Schirm gehe ich um das Auto herum, öffne die Heckklappe und hole das Regenzeug hervor, außerdem Ersatzschuhe und Socken, die ich sogleich in den Rucksack stecke. Zurück auf dem Fahrersitz mühe ich mich ab, Cape und Hose überzustreifen. Besser wäre es, ich könnte das Auto verlassen und hätte für das Anziehen der Regenkleidung trockenen Freiraum. Ich ärgere mich über mich selbst. Das hätte ich schon vor Antritt der Fahrt erledigen sollen.

Wo ist der Fußweg?

Ich mache mich auf die Suche nach einem Hinweisschild.

Ohne Erfolg. Auch finde ich nichts, das nur annährend wie der Einstieg in den Weg aussieht, die Nebelschwaden und der fortwährende Nässeschleier behindern die Sicht. Niemand weit und breit, den ich fragen könnte, geschweige jemand, der zur Sacra gehen will.

Das einzige, was zu hören ist, ist der Regen.

Was mache ich hier bloß?

Ob der Wanderweg durchgehend befestigt ist? Lehmiger Untergrund würde Ausrutschgefahr bedeuten. Auf jeden Fall kann ich davon ausgehen, dass er aufwärts führt, was bedeutet, dass der Rückweg bei meiner unflexiblen Gangweise auf dem nassen Untergrund äußerst unangenehm wäre.

Es macht dir nichts aus, im Regen zu wandern, rede ich mir selber zu, hast das doch so oft getan, also stell dich nicht so an.

Es geht nicht. Ich kann das nicht tun. Ich sollte es nicht tun.

Ein harmloser Bergweg kann sich als gefährlich entpuppen, ist er bröckelig, glitschig und außerdem menschenleer. Sofern ich ihn überhaupt finde…

Zwei Jahre lang hatte ich geträumt von der Sacra di San Michele, der Traum und die Vorfreude hatten mich hierher geführt, bis in den Südwesten der Alpen, das Mittelmeer ist nicht mehr weit entfernt. Es schmerzt, mich der unumgänglichen Wirklichkeit zu stellen: Der Himmel hat mir die Freude verdorben, sie regelrecht weggespült. Alles ist vorbei, noch bevor es angefangen hat. Ich muss den Besuch der Klosterabtei aufgeben, obwohl ich ihr so nah gekommen bin, muss den Pirchiriano verlassen und morgen meine Alpenreise fortsetzen.

Und zu Hause werde ich weiterhin ihre Bilder betrachten.

Das ist nicht fair!

Eine Weile sitze ich hinter dem Lenkrad, starre in das Regengrau, bevor ich den Zündschlüssel drehe und das Auto zurück zur Bergstraße lenke. Meine Augen brennen vor Enttäuschung.

Sei nicht albern, Gabi, es gibt Schlimmeres.

Ich weiß, trotzdem.

Zu welcher Erkenntnis kam der Franziskaner William von Baskerville in ‚Der Name der Rose‘, als er die Serienmorde an den Mönchen aufgeklärt hatte und dennoch nicht zufrieden war?

‚Dabei hätte ich doch wissen müssen, dass es in der Welt keine Ordnung gibt.‘

Sacra di San Michele - Piemont

22

Himmelhoch jauchzend,
zum Weinen betrübt

Chamonix-Mont-Blanc/Haute-Savoie/Frankreich

∞

Das Wechselbad der Gefühle
ist ein Reinigungsprozess der Seele.

Almut Adler

Ein Ratespiel: Welcher ist der höchste Berg Asiens? Natürlich der Mount Everest, das weiß doch jedes Kind. Welcher ist der höchste Berg Afrikas? Der Kilimandscharo. Falsch! Im Kilimandscharo-Massiv gibt es einen Gipfel, der Kibo heißt, und dieser ist der höchste Afrikas. Nicht gewusst? Macht nichts, ich auch nicht.

Aber jetzt weiß ich es. Auch, wie die ‚Seven Summits' heißen, die höchsten Berge der Kontinente. Da die Erde sieben Kontinente hat, müssten es nach Adam Riese sieben Berge sein. Tatsächlich sind es neun. Die Höchstgipfel zweier Erdteile lassen sich nicht klar zuordnen, weil ihre Grenzen geografisch nicht einheitlich definiert sind.

Einer dieser beiden Kontinente ist Europa.

Nach Westen, Norden und Süden bilden die Meere unzweifelhaft die Grenzen. Nach Osten, wo Asien und Europa eine zusammenhängende Landmasse sind, ist das kompliziert. So war im Laufe der Geschichte die Sichtweise auf die Ostgrenze unterschiedlich. Heute wird das Uralgebirge als natürliche innereurasische Grenze betrachtet. Im Südosten sind es die Nordküsten des Kaspischen und des Schwarzen Meeres.

Über den Grenzverlauf zwischen diesen Meeren gibt es keine einheitliche Meinung. Je nach Sichtweise entscheidet sich hier, welcher der höchste Berg Europas ist. Vervollständigt die Manytsch-Niederung die Ostgrenze? Die teilweise unter dem Meeresspiegel liegende riesige Landfläche war am Ende der letzten Eiszeit von Wasser bedeckt. Sollte der Meeresspiegel durch das Abschmelzen der Polkappen noch stärker steigen, würde das zur Überflutung der Niederung führen, was die beiden Meere erneut miteinander verbinden würde. Folglich wäre die Landstelle zwischen ihnen nicht mehr da und die Grenze in diesem Gebiet müsste neu bestimmt werden.

Oder vervollständigt der etwas weiter südlich gelegene Große Kaukasus die Grenzlinie?

Folgt man der erstgenannten Sichtweise, wäre der 4.805 Meter hohe Mont Blanc in den Alpen der höchste Gipfel Europas. Folgt man der zweiten Betrachtung, wäre es der 5.642 Meter hohe Elbrus des russischen Kaukasus.

Der höchste Berg der Alpen war und ist der Mont Blanc. Ihn möchte ich wenigstens einmal im Leben sehen – nicht nur auf Fotos und Bildschirmen, sondern leibhaftig.

Damit komme ich zum nächsten Rätselraten. Bedeutet die Tatsache, dass der ‚Weiße Berg‘ einen französischen Namen hat, dass er ausschließlich der höchste Frankreichs ist, oder ist er auch der höchste Italiens? Mont Blanc, Monte Bianco. Auch hier ist die Grenzbestimmung unterschiedlich.

Mont Blanc... Mitunter ist es schon der Klang eines Namens, der Sehnsucht weckt. Als daheim der wandernde Zeigefinger weit im Westen der Alpen stehenblieb, dort, wo ein Bergriese neben dem anderen steht, wusste ich, dass der Zeitpunkt gekommen war, ihn endlich zu besuchen. Und wieder sah ich mich als träumende Schülerin über meinen Diercke-Atlas gebeugt, über dieses überdimensional große Buch, das aufgeklappt meinen halben Schultisch bedeckte.

Der Mont Blanc – fern, unerreichbar, jenseits meiner Ruhrgebietswelt, meiner Kindheit und Jugend. Nicht einmal ein Bild hatte ich von diesem Berg gesehen. Und als ich erwachsen und mit tausend anderen Dingen beschäftigt war, existierte er praktisch gar nicht. Erst, als ich mit vierzig Jahren die Alpen zu lieben begann, rückte er in den Dunstkreis meiner Wahrnehmung. Ich fing an, mir Fragen zu stellen: Wo genau befindet sich der höchste Alpengipfel, in welcher Gebirgsgruppe, welchem Département, welcher Region, und ja, auch in welchem Land? Und ich stellte fest, dass das gar nicht einfach zu bestimmen war.

Der ‚Weiße Berg‘ liegt im südlichen Teil der Mont-Blanc-Gruppe, die von den einen unter die Grajischen Alpen, von den anderen unter die Savoyer Alpen eingeordnet wird. Zwei Länder haben Anteil an dem Berg, Italien und Frankreich, der nördliche Teil der Gebirgsgruppe liegt in der Schweiz. Frankreich beansprucht die Gipfelregion des Mont Blanc für das französische Département Haute-Savoie, Italien mit der Region Valle d'Aosta sieht die Grenzlinie genau über dem Gipfel. Demnach wäre nach italienischer Auffassung der Mont Blanc sowohl der höchste Berg Frankreichs als auch Italiens. Aus französischer Sicht ist der vorgelagerte zweithöchste Alpenberg Mont Blanc de Courmayeur Italiens wahrer Spitzengipfel, geringfügige sechzig Meter kleiner als sein großer Bruder, eigentlich nicht der Rede wert.

Die Frage der Gipfelzugehörigkeit ist mir, ehrlich gesagt, total egal. Ich möchte nur eines: den Mont Blanc sehen. Von Herzen gern würde ich ihn auch anfassen und erklimmen, das jedoch muss ein Traum bleiben. Die Frage ist: Wie und wo komme ich ihm möglichst nahe? Dazu muss ich mich in die Höhe begeben, eine Seilbahn benutzen. Auf Anraten meiner Freundin Renate, die das Vergnügen vor etlichen Jahren hatte, habe ich mich für den Le Brévent entschieden, ‚Hausberg' des Wintersportortes Chamonix. An der Bergstation der Brévent-Seilbahn gäbe es einen Panoramaweg, schwärmte Renate, mit grandiosem Ausblick auf den Mont Blanc und die umliegenden 4000er Berge.

Dort will ich hin, hatte ich gedacht, unbedingt.

∞

Bonjour, Chamonix!

Ein Jahr ist es her, dass Renate davon erzählte, und jetzt bin ich an Ort und Stelle: in Chamonix-Mont-Blanc.

Die Idee, hier ein Quartier zu suchen, verwerfe ich schnell. Zu viel Tourismus, zu viele Souvenirs, zu viel Enge – obwohl in der ersten Maihälfte die Wintersaison vorbei ist und die Sommersaison noch nicht angefangen hat. Ich beschließe, mein Bett außerhalb des Ortes zu suchen, fahre einige Kilometer weiter in südwestliche Richtung nach Les Houches und frage im ersten Hotel nach, das ich am Straßenrand entdecke.

Es ist ausgebucht. Die Wirtin empfiehlt mir das ‚RockyPop', ein paar hundert Meter weiter an der Durchgangstraße gelegen.

Von außen betrachtet, fällt mir zu diesem Hotel nur ein Wort ein: jung. Wer hier Quartier bezieht, muss entweder jung sein oder sich jung fühlen. Auf mich trifft, je nach Tagesverfassung, das zweite zu. Heute fühle ich mich jung und unternehmungslustig, immerhin stehe ich kurz davor, den Berg aller Berge zu sehen, was jede Menge Endorphine der Vorfreude durch mein Blut schwemmt.

Das ‚RockyPop' ist von jugendlicher Extravaganz, in der Grundfarbe Schwarz gehalten, von Spießigkeit eine halbe Erdumdrehung entfernt. Fasziniert sehe ich mich im Eingangsbereich um: schwarze Wände, knallbuntes Interieur – besonders gut gefallen mir die *handgestrickten* gelb-orangenen Verkleidungen der fünf Meter hohen Stützpfeiler.

Zwei junge Damen stehen an der schwarzen Rezeption und blicken mir freundlich lächelnd entgegen. Sie tragen schwarze Hosen, schwarze Shirts, schwarze Haare und schwarze Augenmalereien. Ein freies Zimmer ist vorhanden und bezahlbar ist es auch.

Das schwarz ausgekleidete Fahrstuhlinnere ist mit kugelförmigen Silbernieten übersät. Ein foliertes Schild ist hier zu sehen: *Beyoncé, Justin B., Kim K. were here – rockypophotel forever my love.* Das Liebesbekenntnis bekräftigt mit drei roten Herzchen.

Als sich die Fahrstuhltür öffnet, empfängt mich ein sich rasch verzweigender pechschwarzer Korridor ohne Lampen – so stelle ich mir einen Bergstollen im Steinkohleabbau vor – die einzige Lichtquelle: rote Leuchtziffern neben den Türen der Gästezimmer. Wäre es umgekehrt, schwarze Nummern, rote Flure, könnte es sich um ein ganz anderes Etablissement handeln, was mich beunruhigen würde. Vorsichtig setze ich einen Fuß vor den anderen, für den Fall, dass in der Dunkelheit Stolperfallen lauern.

Wirklich ungewöhnlich, denke ich, aber bitte kein schwarzes Zimmer, keine schwarze Bettwäsche! Das ginge mir dann doch zu weit.

Nummer 157…

Ich stecke die Chipkarte ein, der digitale Schließmechanismus der Tür springt auf, ich trete ein und zwinkere mit den Augen.

Ah…! Kein Labor und keine Tiefkühlkammer, in der Ermordete aufbewahrt werden, stattdessen helles Sonnenlicht, das durch die Fensterscheiben fällt, weiße Laken, weiße Wände, rote Zierkissen. Das Bad im Schachbrettmuster schwarz-weiß gefliest, der Teppichboden im schwarz-roten Schottenkaro, alle Regale und Schränke schwarz, ebenso die schwenkbare Nachttischlampe… Ein stringentes Farbkonzept!

Ich mag mein RockyPop-Zuhause, ein Grusical à la Horror-Picture-Show habe ich wohl nicht zu befürchten. Im Gegenteil: Hier bin ich Mensch, hier will ich sein.

Himmelhoch jauchzend

Die Brévent-Bergstation befindet sich westlich des Ortes, am oberen Rand des Chamonix-Tales, genau gegenüber der Mont-Blanc-Gruppe. Dort werde ich ihn finden: den mir ans Herz gelegten Panorama-Wanderweg. Ich kann es kaum erwarten, dort oben zu sein. Was mir meine Kniegelenke auch immer ermöglichen, werde ich mit Freuden annehmen. Aber warum parkt an der Talstation der Seilbahn kein einziges Auto?

Weil sie geschlossen ist.

Bevor die Sommersaison beginnt, gönnt man dem Betrieb eine Pause. Im Internet war und ist davon nichts zu lesen.

Eine Enttäuschung! Und nun? Keinesfalls will ich gehen, ohne den Berg gesehen zu haben. Also: den Frust hinunterschlucken, verdauen und tun, was ich eigentlich nicht wollte: mit der Seilbahn auf die 3.800 Meter hohe Aiguille du Midi fahren.

Aiguille bedeutet ‚Nadel‘. Die Mont-Blanc-Gruppe ist gespickt von nadelspitzen Gipfeln: Aiguille du Passon, Aiguille Verte, Aiguille Triolet, Aiguille du Tacul, Aiguille de Rochefort... Dass die Seilbahn Aiguille du Midi in Betrieb ist, hatte ich gestern im Vorbeifahren gesehen.

Minuten später bin ich auf der anderen Seite des Tales und stelle das Auto auf dem Parkplatz der Seilbahn ab.

3.800 Meter... das ist hoch! Während meiner Wanderzeit hatte ich Höhen von 3.000 Metern erreicht, zu Fuß, Schritt für Schritt. Der Körper hatte Gelegenheit sich anzupassen, die Höhe machte mir nichts aus. Die Seilbahngondel überwindet innerhalb von zwanzig Minuten eine Höhendistanz von knapp 2.800 Metern.

Da bleibt keine Zeit zum Akklimatisieren, was der zweite Grund ist, weshalb ich mich bei meinen Planungen für den deutlich niedrigeren Brévent entschieden hatte. Wie wird mein Organismus auf den blitzartigen Höhensprung reagieren? Ich gestehe, dass mir ein wenig mulmig ist. Aber wie lautet meine Maxime, der ich ein Leben lang treu bleiben will? Ob etwas gut wird oder nicht, weiß ich erst, wenn ich es probiert habe. Und – du liebe Güte – ich werde den Mont Blanc sehen, den legendären Bergriesen der Alpen! Das ist doch wohl ein flaues Gefühl im Magen wert.

Also rücke ich in der kurzen Warteschlange zur Kasse vor und bezahle mein Fahrticket.

Bei ihrer Eröffnung im Jahre 1955 lautete der Name der Seilbahn Télépherique de l'Aiguille du Midi. Entworfen hatte sie ein Italiener, gebaut wurde sie von einer deutschen Firma. Damals war ihre Bergstation die höchstgelegene der Welt, heute ist sie die zweithöchste Europas, mit 106 Metern übertroffen von der Seilbahn am Klein-Matterhorn in Zermatt.

Als ich in die Gondel steige, weiß ich nicht, was die stärkere meiner Empfindungen ist: die Vorfreude oder der tiefe Respekt. Respekt vor diesem Seilbahnbauwerk, vor der Höhe, in die es mich trägt, vor der Berglandschaft, die ich gleich erleben werde.

Minutenschnell schiebt sich die Gondel in dicke Wolkenschichten hinein. Nach oben erkenne ich nichts außer einer wogenden weiß-grauen Masse aus Schnee und Wolken, aus der hier und da nasser, schwarzer Fels ragt.

In der Kabine hat ein regelrechter Kältesturz stattgefunden.

An der auf gut 2.300 Meter liegenden Mittelstation ist der von Stützen getragene Teil der Auffahrt zu Ende. Nun heißt es Umsteigen. Der Schnee liegt hoch, ist aber im Tauen begriffen, um die Mittelstation liegt er als nasser Matsch. Kalt beißt mir der

Bergwind ins Gesicht, treibt und wirbelt wässrige Schneeflocken durch die Luft.

Ich stehe mit den anderen Fahrgästen wartend im Seilbahngebäude, das Ticket einsatzbereit in der Hand, gucke aus dem Fenster und versuche nach oben etwas zu erkennen. Bis gerade eben war dort außer dem dichten Wolkendunst nichts zu sehen, nun taucht darin ein verschwommener dunkler Punkt auf, der im Näherkommen wächst und Konturen annimmt: die Kabine der Luftseilbahn. Ohne Zwischenstützen hängt ihr Tragseil kilometerlang 1.470 Meter hoch bis zur Bergstation.

Vertraue der Technik, Gabi, rede ich mir zu, alles ist vollkommen normal. Wenn du Angst hast, musst du im Tal bleiben und von dem, was du nun erlebst, auf immer träumen.

Hat man die Kabine betreten und die Tür schließt sich, gibt es kein Zurück. Sie setzt sich in Bewegung, gleitet sofort zügig bergan, hinein in die Wolkenmasse. Unter mir liegt eine große weiße Fläche: der Gletscher Les Pelerins. Dann beginnt sie zu ‚klettern‘, die felsige Nordwand der Aiguille du Midi hinauf, so eng an ihr entlang, dass ich die Risse und Spalten im Fels erkenne, und so steil, als führe ich senkrecht hinauf wie in einem Wolkenkratzerfahrstuhl.

Die Wolken sind durchstoßen, weit unten in der Tiefe zurückgeblieben. Gleißendes Sonnenlicht strömt in die Kabine, wärmt sie ein wenig auf. Nach oben ist alles blau... maximal blau, das schönste Blau, das es auf Erden gibt. Als ich die Kabine verlasse, bin ich dem Himmel so nah wie noch nie in meinem Leben.

Ich befinde mich auf einer Panoramaterrasse, bewege mich kontrolliert und langsam. Das Herz schlägt schneller, mir ist schwindelig. Niemand muss es mir erklären: so fühlen sich die ersten Symptome der Höhenkrankheit an. Ein paar Meter neben mir steht lässig ein junges Paar herum und raucht. Sie unterhalten sich, als stünden sie irgendwo in einer Fußgängerzone. Liegt das Staunen schon hinter ihnen? Höhenprobleme scheinen sie nicht zu haben.

Ich lehne am fast armdicken Stahlgeländer der Terrasse.

Alle Leute, die mit mir heraufgekommen sind, sind innerhalb kurzer Zeit verschwunden, denn die Bergstation besteht aus drei Ebenen, wovon die ersten beiden mit einer stählernen Außentreppe verbunden sind. Außer mir hält sich hier nur das junge Paar auf.

Ich ringe um Worte. Wie kann ich beschreiben, was ich sehe? Vielleicht ist es zu viel für mich, zu viel Schönheit, zu viel Erhabenheit und Erdenunschuld, zu viel Ehrfurcht, die mich sprachlos macht. Zu viel Schneeleuchten auf dem Meer der zahllosen Bergspitzen und Gletscher, deren Weiß sich mit den dazwischen liegenden Wolken mischt. Es ist nicht möglich, das eine Weiß vom anderen zu unterscheiden.

Glitzernde Schneegipfel bis zum Horizont, viele davon mehr als 4.000 Meter hoch. Und der Himmel! Grenzenlos offen wie die Ewigkeit. Kometengleich schwebt dort ein Wolkenschweif, zart und mutterseelenallein in der blauen Weite.

Ich unterdrücke ihn nicht, den tiefen Seufzer der Wonne, wische Tränen aus den Augen. Solch ein Glück, hier zu sein! Kein Bild, kein Video kann wiedergeben, was mein Herz, mein inneres Auge fotografiert. Mir ist bewusst, dass jetzt meine Stunde ist. Nie wieder werde ich aus einer solchen Höhe auf eine Bergwelt herabschauen.

Wo ist der Mont Blanc? Ich hole die Karte hervor, versuche mich zu orientieren. Von dieser Terrasse aus ist er nicht zu sehen, der Blick geht nach Nordosten über die Mont-Blanc-Gruppe hinweg zu den Walliser Alpen. Von der anderen Terrassenseite geht er nach Nordwesten. Der Mont Blanc wie auch der Mont Blanc

Courmayeur liegen nach Süden und entziehen sich von diesem Standort aus dem Blick.

Um die beiden höchsten Gipfel der Alpen und den berühmten 360-Grad-Blick der Aiguille du Midi zu genießen, müsste ich einen Fahrstuhl benutzen, der mich noch 65 Meter höher hinauf bis auf 3.842 Meter trüge. Ja, richtig, ein Fahrstuhl auf einem nadelförmigen Berggipfel! Menschen – insbesondere Erfinder und Ingenieure – bringen unglaubliche Dinge fertig.

Nun stecke ich in einem Konflikt. Der Schwindel bleibt, Kopfschmerz bahnt sich an, das Herz fährt seinen Schlag nicht herunter. Ich bin hier ohne Begleitung, allein für mich verantwortlich. So oft ich im Gebirge unterwegs war, persönliche Erfahrungen mit den Symptomen der Höhenkrankheit habe ich nicht. Fahre ich noch weiter hinauf, wird mein Befinden nicht besser, eher schlechter werden. Eigentlich müsste ich die Höhe verlassen, am besten sofort, der Schwindel ist wirklich unangenehm. Wenn ich das täte, versäumte ich eine Menge: den ‚Step into the Void‘, ein verglaster Raum mit Glasboden an der Spitze der Aiguille du Midi – der Skywalk soll die höchstgelegene Touristenattraktion des Kontinents sein, heißt es; den Souvenirshop; die Caféteria; die Snackbar; das Gourmet-Restaurant.

Und ich versäumte den Rundumblick, die ersehnte Sicht auf den Berg der Berge.

Alles kann ich entbehren, ohne das geringste Bedauern. Wozu brauche ich hier oben Souvenirs und Snacks? Auch muss ich nicht über Glasböden laufen, um mir meinen Mut zu beweisen. Als Bergwanderin hatte ich gelernt, wann bei mir die Grenze der Höhentoleranz erreicht ist, und damit war ich voll und ganz zufrieden. Was mir wirklich schwer fällt, lässt sich leicht erraten: der Verzicht auf den Mont Blanc.

Ich traue mich nicht, in den Fahrstuhl zu steigen, aus Sorge, dass das Taumelgefühl und das Herzklopfen zunehmen könnten, sich womöglich Übelkeit einstellt und ich nicht mehr auf zwei Beinen gehen kann. Stattdessen genieße ich noch das, was mir die Terrasse bietet, sauge den Blick auf die Erde in das Reservoir meiner Erinnerung. Erst dann geht es zur Gondel der abenteuerlichen Luftseilbahn.

Als ich sie auf der Mittelstation verlasse, sind alle Höhensymptome oben geblieben.

I'm sorry, madame, I'm so sorry

Wenn ein Tag anfängt wie dieser, kann er ja nur großartig werden. Vielleicht. Nichts ist selbstverständlich.

Denn am Morgen schwelge ich in Farben. Das einzige, was von edlem Schwarz ist, ist der glänzende Kaffeeautomat. Goldbraune Croissants, burgunderrotes Beerenkompott, buttergelbe Käsesorten, frischer sonnengelber Orangensaft, scharfe pink-weiße Radieschen, eine Sorte, die ich schon immer in Frankreich geliebt habe, und so fort… – das RockyPop beglückt mich mit einem tollen Frühstücksbuffet, nicht opulent, aber mit köstlichen Bestandteilen.

Da ich heute vor meiner Weiterreise einige Stunden Zeit habe, möchte ich mir noch etwas Schönes gönnen – als hätte ich das nach dem Erlebnis des gestrigen Tages nötig! Eines der Rezeptionsmädchen hat mir einen Ausflugtipp gegeben und Name und Adresse einer traditionsreichen Bahn auf einem Zettel notiert: MER DE GLACE – MONTENVERS TRAIN. Place de la mer de glace – 74400 Chamonix.

In meinem Leben habe ich noch nie eine solche Kassenschlange gesehen. Wie lang ist sie, tausend Meter? Zweitausend? Ich laufe daran entlang, laufe und laufe und alles in mir mahnt: Lass das sein, überleg dir etwas anderes. Warum ich mich an ihr sonnenheißes und schattenloses Ende stelle, so weit weg, dass der Bahnhof sich dem Blick entzieht, weiß allein der Himmel. Was soll daraus werden, wenn Menschenmassen einen Berg hinauffahren? Geht es nur mir so, dass man manchmal etwas nicht will und es trotzdem tut?

In der Schlange vor mir wartet ein kleines Mädchen mit seinen Eltern. Magooo nennen sie es. Ein ulkiger Name... Magooo. Vor 55 Jahren hatte ich die letzte Seite meines Französisch-Schulbuchs zugeklappt, viele Wörter sind seitdem nie wieder gesprochen und vergessen worden, Aussprache und Klang sind noch vertraut. Dennoch schalte ich mit Verspätung: Magoo schreibt man Margot.

Die Kleine ist vier Jahre alt und vertreibt ihren Eltern, mir und sich selbst die endlose Wartezeit, pflückt Löwenzahnblümchen und verschenkt sie großherzig, auch an mich. Als sie damit fertig ist, klettert sie auf dem Zaun herum, der den Warteweg zu den stillgelegten Schienengleisen abtrennt. Ihr ,Papaa' verschwindet und kehrt schon bald mit einem Eis im Pappbecher zurück. Margot freut sich, isst mit ihrem rosa Plastiklöffelchen konzentriert und hingebungsvoll, zärtlich beobachtet von ihrer Maman. Zum Schluss setzt das Mädchen den Becher an die Lippen und trinkt das geschmolzene Eis, was ihm nicht weniger gut schmeckt.

Margot ist tapfer und klagt nicht. Nachdem sie eine Handvoll Steinchen gesucht hat, kommt dann doch die Langeweile. Maman greift in ihren Tagesrucksack und holt eine Tüte hervor, die sie geöffnet der Kleinen reicht und ,Schiiips' nennt. Diesmal schalte ich schneller: sie meint ,Schipps'. Margot greift zu, fischt einige heraus und bietet mir die Tüte an. Darf ich? fragt mein Blick die Eltern. Ja, gern! Also esse ich *Chips de pommes de terre*, aus denen ich mir auch in Frankreich nichts mache, und die prompt diese zwanghafte Lust auf mehr hervorrufen, die ich natürlich Margot zuliebe und aus Höflichkeit unterbinden muss.

„Ah, regarde, Margot, voilà Ügoo!" ruft der Vater erfreut, als plötzlich eine Frau mit einem kleinen Jungen zu uns tritt.

Ügoo? Ach ja… Hugo. Die beiden stehen weiter vorn in der Schlange und können sich den kleinen Ausflug nach hinten zu Margot leisten, weil Hugos Vater als Platzhalter fungiert. Der Junge langweilt sich sehr – er wartet ja schon länger als Margot –, quengelt und weint, läuft weg.

„Hugo, reste ici", ruft seine Maman und eilt ihm hinterher. Er brüllt, als sie ihn einfängt und an der Hand festhält, worauf sich Margot einschaltet, ein paar Worte von Kind zu Kind mit ihm spricht. Der Junge beruhigt sich, beide Kinder klettern über den Zaun und machen sich in der Hocke über den Löwenzahn her.

Der Strauß in meiner Faust wächst. Die ersten Blumen machen schlapp, bereit für den Tod, lassen sie die Köpfe hängen. Löwenzahn verliert die Lebenslust, wenn man ihn pflückt. Und ich verliere die Lebenslust in dieser Monsterschlange. Warum gehe ich nicht einfach? Weil Margot so eine reizende kleine Französin ist. Wirklich, sie und der nun besser gestimmte Hugo halten mich bei Laune. Stehen die zwei das durch, denke ich trotzig, schaffe ich das auch.

Irgendwann treten wir endlich in den schwarzen Schatten des alten Bahnhofs und die Hitze schlägt in Kälte um. Weitere fünfzehn Minuten Wartezeit, dann ist die Fahrt bezahlt und wir stehen mit mindestens fünfzig Personen auf dem Bahnsteig. Hier heißt es natürlich auch warten. Indessen scheint mich die kleine Margot vergessen zu haben, sie ist nur noch mit Hugo beschäftigt, die Kinder freuen sich auf die Zugfahrt. Nun wird sogar die geduldige Margot zappelig und die Kleinen müssen gut bewacht werden.

Ich strecke die Hand vor, zeige den Eltern die verendeten Blumen. Überrascht und erfreut, dass ich das Bündel bis jetzt in Ehren gehalten habe, lachen sie herzlich. Ein Blümchen, das noch mühsam den Kopf aufrecht hält, stecke ich in ein Knopfloch meines Hemdes, die anderen finden ihre letzte Ruhestätte in einem Gebüsch.

Margot und Hugo habe ich aus den Augen verloren. Sie sind mit ihren Eltern an einer anderen Tür in den Zug gestiegen.

Die kleine rote Zahnradbahn schafft, was sie kann, mittlerweile eine Million Fahrgäste pro Jahr. Schon seit langem fährt sie nicht mehr schnaufend mit Dampf, 1954 wurde sie auf Strom umgestellt. Ihr einziges Ziel: der Montenvers, ein Felssporn über dem unteren Ende des Gletschers Mer de glace, was Eismeer bedeutet. Dort hinauf führt auch ein Wanderweg, über den ich mich vor zwölf Jahren mit unbekümmerter Begeisterung hergemacht hätte. Heute sitze ich faul in dem berühmten Bähnchen, sehe aus dem Fenster, bewundere die Schönheit der Landschaft und denke daran, um wieviel genussreicher es wäre, sie in aller Stille auf Schusters Rappen zu erobern. Ich kann nichts dagegen machen, immer wieder holt mich die Wanderwehmut ein.

Mit Hilfe eines Zahnstangensystems klettert die Bahn auf ihrer fünf Kilometer langen Strecke 900 Höhenmeter hinauf.

Eine letzte starke Rechtskurve… und die Bahn bleibt stehen. Das Ziel ist erreicht.

Zwanzig Minuten betrug die Fahrtzeit, zu Fuß hätte ich wahrscheinlich fünf Stunden benötigt. Die Zugtüren öffnen sich, sofort purzeln die Menschen heraus wie die Würfel eines Bechers. Kaum ist sie leer, füllt sich die Bahn mit den Rückfahrtgästen. Hin und her, bergauf und bergab – derweil schrumpft in Chamonix der Kopf der Warteschlange, um an ihrem Ende von neuem zu wachsen. Jeden Tag das gleiche, wie ein Naturgesetz: wachsen und schrumpfen.

Ich warte, bis ich mit dem Aussteigen an der Reihe bin. Nur ein paar Schritte um das Bahnhofsgebäude herum. Da sehe ich die

Kulisse, die die Leute hier herauf treibt und der ich *auf Augenhöhe* gegenüberstehe. So nah, dass ich mich fast erschrecke.

Trotz ihrer Würde, trotz ihrer gewaltigen Größe wirken sie verletzlich: die Berge Aiguilles des Grandes Charmoz, Aiguille Verte,
Aiguille Tacul, weit hinten der Grandes Jorasses. Zwischen ihnen
schlängelt sich der Glace de mer wie ein toter Fluss herab, nicht
schneeweiß, sondern eisgrau. Der sterbende Gletscher sieht aus
wie ihr Kind, das sie mit ihren mächtigen Flanken nicht schützen
können.

Ich bin in das Herz der Bergwelt eingedrungen und fühle mich
schlecht, wie eine Voyeurin, die den Schmerz der Natur betrachtet. Was habe ich hier zu suchen? Warum gehöre ich zu der Million, die sich hier jährlich heraufkutschieren lässt? Ich habe nicht
nachgedacht, war gleichgültig.

‚Wenn wir uns oft genug fragen‘, lautet eine indianische Weis-
heit, ‚wird es kommen, das Geschenk der Erkenntnis.‘

Ich trete an die Terrassenbegrenzung heran, kann mich nicht
lösen von der Intimität der Szenerie, von diesem stumm ankla-
genden Bild. Ich weiß, dass sie sterben, sagt man, trotzdem kann
ich nicht ständig darüber nachdenken, weil ich das Leben doch
auch genießen will – wie oft habe ich das gehört? Zigmal. Sieht
man das schwindende Eis mit eigenen Augen, kommt man ihm
so nah, dass man es berühren könnte, tut es weh. Ich erinnere
mich an das Erschrecken eines neben mir stehenden Mannes,
als er die Pasterze nach zwanzig Jahren wiedersah, den stolzen
Großglocknergletscher, der sich in eine gräuliche Eisbahn verwandelt hat.

Ich versuche dem Gewimmel der Menschen ein wenig auszuweichen, halte nach einer ungestörten Stelle Ausschau und finde die typischen Gerätschaften einer Baustelle. Kein Fotomotiv
ist möglich, auf dem nicht ein Seil, Drahtzaun, Mast oder andere

Hindernisse den Blick auf Berge und Gletscher verunstalten. Die Arbeiten eines dreijährigen Sanierungsvorhabens haben begonnen. Während dieser Zeit sind die Besuchenden aufgefordert, Absperrungen zu beachten. Offenbar ohne Erfolg, gerade stolziert eine Gruppe über eiserne Baumatten.

Außer einem Hotel, einem Restaurant, einem Museum und einer Galerie gibt es an der Bergstation eine kurze Seilbahn, die die Moränenflanke hinab zur Gletscherzunge des Mer de Glace führt. Dort befindet sich eine künstliche Eisgrotte, die besichtigt werden kann und die Aufschluss über die Entwicklung des Gletschers und die Erderwärmung gibt. Mittlerweile hat man zusätzlich zur Seilbahn eine abwärtsführende Treppe gebaut, weil sich die Eisoberfläche des Gletschers immer weiter nach unten zurückzieht.

Ein irritierender Ort. Einerseits nicht endende Menschenströme mit allem, was sie an Restauration, Dienstleistung und Komfort beanspruchen, andererseits gilt der Montenvers als Pionierort in der Entdeckungshistorie der Gletscher und des Zugangs zu hohen Bergen. Daraus soll die Verpflichtung abgeleitet werden, Landschaft und Umwelt zu schützen, der Geschichte und Kultur des Ortes mehr Bedeutung zu verleihen. Gleichzeitig sollen die Zugänge in die hohen Gebirgsregionen verbessert werden.

Man hat also noch viel vor. Und, so frage ich mich, was wäre, könnte man die Berge und den Gletscher dazu befragen? Ich höre ihre Worte: Lasst uns in Ruhe, packt einfach alles ein und haut ab.

Könnte der Gletscher Mer de Glace sprechen, hätte er einiges zum Klimawandel zu erzählen. Innerhalb von hundert Jahren hat er einen großen Teil seines Durchmessers verloren und sich um 2.000 Meter verkürzt. Seit Mitte des 19. Jahrhunderts sind die Temperaturen in den Alpen um zwei Grad gestiegen, mehr als doppelt so viel wie der globale Anstieg. Das Eismeer schwitzt und droht auf Nimmerwiedersehen zu verschwinden, gelingt es nicht, die CO2-Emissionen anzuhalten beziehungsweise zu verringern. Dieser Prozess ist nicht nur eine Folge der globalen Erwärmung, er selbst befeuert das Gletschersterben, weil die verschwundenen Eisflächen die Sonneneinstrahlung nicht mehr reflektieren, wie mir bereits Peter, Bergführer aus Heiligenblut, erklärt hatte. Zudem führen die steigenden Temperaturen zum Abschmelzen des Permafrosts, Gebirgszement oder Eisklebstoff genannt, was zur Folge hat, dass die Bergsturz- und Erdrutschgefahr wächst, noch erhöht durch extreme Regenfälle.

Ich denke an gestern, an die Aiguille du Midi, an das leuchtende Gletschermeer, das aussah, als gäbe es die Gefahr der Erderwärmung nicht. Diese Gletscher lagen erheblich höher als der Mer de Glace, tausend Meter und mehr.

Mir ist nicht nach Fotografieren zumute, dieser Ort strahlt für mein Empfinden eine traurige Schönheit aus. Aber kann ich gehen, ohne ein einziges Bild gemacht zu haben? Um mich her knipsen die Leute wie die Weltmeister, drehen sich langsam im Kreis für ihre kleinen Erinnerungsvideos.

Nur ein Bild. Aber kein Selfie.

Der Gletscher, die Berge und ich.

Neben mir steht ein fotografierender junger Mann aus Fernost, vermutlich stammt er aus Südkorea. Er sieht mich freundlich an. Als ich ihn anspreche, hatte er offenbar dasselbe vor, auch er sucht jemanden, dem er sein Handy für ein Foto anvertrauen kann. Wir stellen uns kurz einander vor – Gabi, Yu-jun – dann verständigen wir uns darauf, uns gegenseitig vor der Bergkulisse abzulichten. Ich bitte ihn, darauf zu achten, dass kein Mast, kein Baugerät das Bild verschandelt. Okay, Yu-jun nickt.

Zuerst fotografiere ich und stelle mir vor, wie er das Foto drüben, am anderen Ende der Welt, Verwandten und Freunden zeigt. Dann tauschen wir. Ich gebe ihm sein Smartphone zurück, er steckt es ein, und dann reiche ich ihm meines, die Schutzhülle bereits aufgeklappt, die Kamerafunktion eingestellt. Er muss nur warten, bis ich mich schön genug postiert habe, und kann dann den Auslöser drücken.

Dazu kommt es nicht. Es gleitet ihm aus der Hand und schlägt mit dem ungeschützten Glas voran flach auf der Granitsteinplatte zwischen unseren Füßen auf. Das Geräusch klingt irgendwie aggressiv und ist ungefähr zwanzigmal so laut wie das eines rohen Eis, das auf dem Boden zerplatzt. Es tut mir körperlich weh.

Der erste Gedanke, der wie eine Knallkörpersalve durch meinen Kopf schießt, ist: es ist kaputt, kaputt, kaputt…

„Sorry, I'm sorry, I'm so sorry, madame….", beteuert Yu-jun.

Ich glaube, dass ich mich bücke und es aufhebe, oder bückt sich dieser unglückselige Kerl, der nicht fassen kann, was ihm passiert ist? Ich weiß es nicht, bin wie gelähmt, schockiert, kann nicht sprechen und in meinem Kopf hämmert unentwegt, was das Aufprallgeräusch verheißt: Es ist kaputt!

Wir gehen ins Gebäude hinein, raus aus dem hellen Licht.

Das Panzerglas hat nur eine winzige Beschädigung, erstaunlich. Aber auch trügerisch.

Statt des Startbildschirms zuckt ein ‚Blitz' in der Waagerechte auf, als ich das Knöpfchen an der Seite betätige. Dann ist das Display dunkel und bleibt dunkel wie die Nacht. Jetzt spreche ich es laut aus: Das Handy ist kaputt.

„I'm sorry, madame, I'm so sorry…"

Ich umklammere das Telefon, spüre deutlich, dass sich mein Leben folgenreich verändert hat. Bloß erfasse ich noch nicht, in welchem Umfang. Über meine Welt hat sich eine Glashaube gesenkt. Innerhalb einer Sekunde hat sich das vogelfreie Alleinreisen in Einsamkeit verwandelt.

Yu-jun fischt einen Fünfzig-Euro-Schein aus seiner Geldbörse, drückt ihn mir in die Hand. Ein letztes Mal höre ich sein ‚I'm sorry, madame‘, dann ist er mit seinem Schuldbewusstsein in der Menge verschwunden. Ich bin froh darüber, denn nun löst sich meine Erstarrung. Nichts wie weg! Fliehen vor diesem Unglücksort, vor den schönen traurigen Augen der Berge, fliehen vor der Touristenschar, die mich mit ihren Handykameras umkreist und mein Elend nicht bemerkt.

Fünf Minuten später sitze ich im Bähnchen. Und als ich ohne Blick für die herrliche Berglandschaft zurück nach Chamonix fahre, bemerke ich plötzlich, was da Seltsames im Knopfloch meines Hemdes steckt: ein bis zur Unkenntlichkeit verschrumpeltes Löwenzahnblümchen.

Ja, ich möchte weinen. Ja, ich wünsche mir Zauberkräfte – ene mene Firlefanz, Handy ist jetzt wieder ganz, hex, hex! – und meine Welt ist die, die sie vorher war. Ja, ich wünsche mir einen Mitmenschen, der mich vom falschen in den richtigen Film geleitet. Ja, ich möchte sicher und geborgen vor dem Fernseher sitzen und eine Folge ‚Der Bulle von Tölz‘ gucken, am liebsten die, in der Resi ihrem Benno das blaue verhexte Tücherl in die Brusttasche steckt – das ist wirklich lustig!

Ich könnte weinen, aber ich tue es nicht, muss ‚Herr‘ meiner selbst bleiben. Ich klage weder Yu-jun, noch den lieben Gott, noch mich selbst an. Ein wenig klage ich das böse Schicksal an. Wolf Biermann möge mir verzeihen, wenn ich die Zeile aus seinem Lied ‚Ermutigung‘ aus dem ernsten Zusammenhang reiße, aber sie ist die, die mir einfällt: Lass dich nicht verbittern in dieser bitteren Zeit.

Mein Hirn beginnt wieder zu tun, was seine Aufgabe ist: es denkt. Als erstes benötige ich einen Platz, an dem ich ungestört die Situation reflektieren und eine Lösungsstrategie entwerfen kann. Und zwar sofort. Chamonix ist zu belebt. Der beste Platz ist der Parkplatz und mein Auto, darin bin ich ungestört und keiner hört, wenn ich Kraftausdrücke von mir gebe.

Zuerst in aller brutalen Härte die Reflektion der Lage: Ich habe kein Telefon und keinen Messenger, kann meine Familie nicht darüber informieren, dass ich unerreichbar bin. Ich habe keinen Fotoapparat. Ob die Bilddateien zu retten sind, kann ich nur hoffen. Kein Handy-Navi, zum Glück ist eines im Auto und zur Not ein zerfledderter Neunzigerjahre-Straßenatlas. Die Uhrzeit muss ich von der Autoarmatur ablesen, meine Armbanduhr ist abgeschafft. Ich habe keinen Wecker... und kein Internet!

Ich bin in Frankreich und mein Schulfranzösisch-Vokabular ist miserabel, mein Englisch-Vokabular nicht gut genug, wenn es um Handytechnikfragen geht. Ich bin ziemlich alt – ist das ein Nachteil oder ein Vorteil? –, habe nach diesem ‚Vorfall' komischerweise noch ein bisschen mehr Knieschmerzen als sonst. Ich bin allein auf mich gestellt. Kurz: Ich bin arm dran.

Wie hatten wir vor fünfzehn Jahren ohne I-Phone und Smartphone gelebt? frage ich mich und stütze den Kopf aufs Lenkrad, wie ging das nochmal? Die Antwort ist einfach: Wir hatten Armbanduhren, Münztelefone, Reisewecker, Fotoapparate, Reisebücher, Straßenkarten, Wanderkarten und Münder, mit denen wir alles erfragen konnten, was wir wissen wollten. Im Wunderwerk Smartphone ist alles davon vereint. Darum lautet das Ziel: Ich muss mir eines beschaffen, eines, das funktioniert.

Doch wie stelle ich das an? Es wird nicht am Straßenrand liegen und keiner wird mir die Aufgabe aus der Hand nehmen.

Also gut, wie lautet die Lösungsstrategie?

Erstens brauche ich ein Land, wo man Deutsch spricht und ich alles zum Thema Handy verstehe und erklären kann – das Wallis! Die Schweizer Grenze ist nur eine Stunde entfernt. Dorthin wollte ich sowieso, also fahre ich nicht um siebzehn Uhr wie geplant, sondern jetzt. Zweitens brauche ich leihweise ein Telefon, um meine Lieben über meine Nichterreichbarkeit zu verständigen – ich habe ein Telefonnummernbüchlein dabei, alles von Hand geschrieben – bravo, Gabi! Drittens brauche ich einen Handy-Shop und eine Person, die mir sagt, wo einer ist, weil ich ja kein Internet habe. Viertens muss ich Geld in die Hand nehmen, mit Yu-juns Fünfzig-Euro-Schein werde ich nicht sehr weit kommen. Allein der Tod ist bekanntlich umsonst.

Soweit die Strategie.

Jetzt heißt es nur noch, all dies nacheinander abzuwickeln.

Blick in die Kugel

Die Strategie wird sich als erfolgreich erweisen. Zwar werde ich mit der Handybeschaffung bis zum Folgetag warten müssen, weil in der Schweiz an Christi Himmelfahrt die Läden geschlossen sind. Zu meinem vorbestellten Walliser Quartier werde ich eine lange, schmale, steile, wunderschöne Bergstraße bis hinauf auf 1.900 Meter fahren müssen. Kathrin, meine herzliche Vermieterin, wird mir für den Heimanruf ihr Telefon leihen. Reini, Pauli, Beatrice, Susan, Kili, einheimische Gäste in einem Bergdorfwirtshaus, werden für mich surfen und die Anschrift eines Handy-Shops aufstöbern, wozu ich den Berg natürlich wieder hinunterfahren muss, und danach noch eine halbe Stunde bis zum nächsten größeren Ort. Das Geschäft wird Betriebsferien haben. Ruben, ein Tourist aus den Niederlanden, wird für mich googeln und einen anderen Laden im selben Ort ausfindig machen. Dort wird die gebürtige Portugiesin Margarida mir mitteilen, dass das Handy zur Reparatur eingeschickt werden muss und zwei bis drei Wochen ohne Garantie auf Gesundung fortbliebe. Folglich werde ich sie bitten, mir ein Smartphone zu verkaufen und es sogleich mit den wichtigsten Dingen zu programmieren. Ein paar Nummern werde ich später in meinem Bergquartier selbst eintippen, da sie aus dem internen Speicher des defekten Handys nicht übertragbar sind.

Solange Margarida arbeitet, werde ich in einem Café ein Käse-Tomaten-Sandwich verspeisen und ein großes Glas Rhabarber-schorle trinken. Und zum guten Schluss werde ich mein neues Handy überglücklich in Empfang nehmen und wieder ein Teil des Lebens sein.

Luftseilbahn l'Aiguille du Midi - Mittelstation Plan de l'Aiguille – 2.310 m

Blick von der Bergstation Aiguille du Midi – 3.777 m

Mein Besuch bei Fabienne

Erschmatt/Wallis/Schweiz

∞

Wie sich selber nicht verlieren und ausbrennen?
Alle wollen sie raus, aus diesem ewigen Kreislauf von
To Do's und Mental Load, dem Hamsterrad.

Fabienne Truffer

Als ich auf meiner Wanderschaft über die Atlaskarte im Wallis stehenblieb und zu recherchieren begann, stieß ich auf ein Tier, von dem ich mal gehört hatte, das ich aber an keiner Stelle in den Alpen hätte verorten können: das Mufflon, eine braune Wildschafrasse. Dessen einzige Schweizer Population lebt in den Südtälern des französischsprachigen Unterwallis.

Ich verspürte große Lust, dieses Tier mit den stattlichen gedrehten Hörnern in freier Wildbahn zu beobachten. Aber wie sollte ich das anstellen? Wildtiere muss man erst mal entdecken und da spielt der Zufall eine Rolle; zudem braucht es Ortskenntnisse und natürlich die Fähigkeit, über Stunden in den Bergen zu Fuß und ohne Kniegelenkschmerzen laufen zu können. Die Idee musste ich also, kaum dass sie gekommen war, ziehen lassen.

Dann aber, wie das so ist, wenn man im Internet zu einem Thema unterwegs ist, fiel mir ein anderes, mir unbekanntes Tier auf, dessen Anblick mich regelrecht in Entzücken versetzte: das Walliser Schwarznasenschaf. Kein Wildtier der Berge, aber eine ursprüngliche Gebirgsschafrasse. Und als ich erst einmal beim Schwarznasenschaf gelandet war, stieß ich schnell auf den Namen Fabienne Truffer.

∞

Ich freue mich. Das berühmte Wallis! Wo die Rhône jung ist. Dieses Stück Erde mit den Riesenbergen, den Riesengletschern und der riesenhaften Zahl an Sonnenstunden, zum ersten Mal werde ich es besuchen. Ich werde die ‚Schwarznasen' kennenlernen, die hier beheimatet sind, und Fabienne treffen, die mit ihrem Partner René diese Bilderbuchtiere züchtet und aus der Schafwolle wunderbare Dinge herstellt. Im Laufe der Geschichte will ich davon erzählen.

In den Siebzigern hatte ich oft Frankreich bereist. In Lyon hatte ich die Rhône gesehen und auf der Brücke von Avignon sogar ein Tänzchen gewagt. Damals existierten die Alpen ja noch nicht für mich, weshalb ich keinen Gedanken an den Ursprung des Flusses verschwendete; es genügte mir zu wissen, dass er ins Mittelmeer mündet - welche Bescheidenheit!

Heute bin ich ein klein wenig wissender, mehr allerdings nicht. Den Rhônegletscher, der den Fluss speist und im Wallis Rottengletscher genannt wird, werde ich mit hoher Wahrscheinlichkeit in diesem Leben nicht mit eigenen Augen sehen; es gibt zu viele Orte in den Alpen, die ich noch aufsuchen möchte, und ich befinde mich ja schon am Anfang meines achten Lebensjahrzehnts.

Dort jedenfalls, an der Abbruchkante des Gletschers, wo sich infolge der Schmelze ein Randsee gebildet hat, wird der Fluss durch einen Überlauf geboren. Mit dem Erwachen meiner Alpenliebe, sozusagen als Nebeneffekt, habe ich eine Faszination für Flussgeburten und Flusslebensläufe entwickelt, und, na ja, der erkenntnisbringende Fluss des ‚Siddartha' hat auch etwas damit zu tun. Ist das nicht großartig? Egal, wie alt man ist, jederzeit kann man in neue Welten eintauchen, in der Fantasie und/oder in der Wirklichkeit.

Und dann fließt die Rhône durch das nach ihr benannte Tal, das zur Eiszeit der größte aller Alpengletscher bedeckt hatte. Nach und nach schwillt der Fluss zur dicken Arterie an, bahnt sich den Weg von Goms bis Leuk durch das Oberwallis, von Siders bis Hérens durch das Mittelwallis und von Entremont bis Monthey durch das Unterwallis. Von hier bis zum Alpenrand und zum Genfer See ist es nicht mehr weit. Auch nicht bis zum französischen Jura.

Da ich gerade beim Thema Gletscher bin: Im Oberwallis, auf der Nordseite der Rhône, weit hinauf, residiert ein Weltnaturerbe: der gewaltigste Eisstrom des Alpengebirges: der Aletschgletscher. Mit einer Länge von 22 Kilometern und bis zu 800 Metern Dicke speichert er nur schwer vorstellbare zehn Milliarden Tonnen Eis. Was ihn übrigens genauso wenig wie andere Gletscher vor dem Verschwinden bewahrt. Pro Jahr schmilzt die Eisstärke um fünf Meter. Wie gigantisch die Eismassen des Aletsch sind, zeigt eine Berechnung, die ich bei meinen Recherchen gefunden habe: Würde man das gesamte Eis des Aletsch abtauen, also zehn Milliarden Tonnen, reichte das Schmelzwasser, um weltweit jeden Menschen für die Dauer von sechs Jahren täglich mit einem Liter Wasser zu versorgen. Auf Mitteleuropa bezogen, macht diese Rechnung eindrucksvoll deutlich, dass unsere wichtigsten Wasserlieferanten die Alpengletscher sind. Der größte Trinkwasserlieferer ist der Rhein, der zunehmend mit Glescherwasser ‚gefüttert' wird.

Das Wallis hat die höchsten Berge der Schweiz; viele tragen Namen, die ich irgendwo und in irgendwelchen Zusammenhängen mal gehört habe: Zumsteinspitze, Dufourspitze, Dom, Parrotspitze, Matterhorn, Grand Combin, Dent Blanche... nur einige der in Schnee gehüllten 4000er-Gipfel. Zwischen den mächtigen Flanken dieser Berge liegen die drei größten Gletscher der Alpen, darunter der Aletsch.

Dort oben thronen die einsamen Berg- und Eisgiganten. Zu ihren Füßen, an den Hängen, in den Wäldern, auf den Wiesen und Matten tobt das Leben: das schon erwähnte Mufflon, Gämsen, Steinböcke, Wölfe, Luchse und unzählige Wildtiere mehr. Bären kommen auf der ‚Durchreise' vorbei.

Nun, da die Rhône zurückgeblieben ist und ich beim Abzweig Leuk einbiege, fahre ich recht lange bergan, über die sonnige, trockene Südseite des Rhônetals ins dörfliche Erschmatt. Hier heißt es Ausschau halten nach einer bestimmten Schafweide und Ausschau halten nach Fabienne. Da ich mit ihr eine Uhrzeit vereinbart habe, müsste ich sie dort antreffen. Die Spannung steigt, noch nie hatte ich eine Verabredung auf grüner Wiese, weder im Wallis noch anderswo, und ich wäre völlig chancenlos, sie ohne Straßennamen und Hausnummer in den weitläufigen ‚Leuker Sonnenbergen' zu finden.

Das Navi führt mich zu einem alleinstehenden kleinen Bio-Hof am Rande der schmalen Bergstraße. Hier biege ich ein und finde hinter dem Gebäude eine Fläche, wo ich das Auto neben einem landwirtschaftlichen Fahrzeug abstelle.

Vor mir liegt ein holpriger Wiesenhang. Weit hinten, im Schatten großer Bäume, hält sich stehend und ruhend eine Tiergruppe auf. Schafe? Ziegen? Ich bin noch zu weit entfernt, um die Art erkennen zu können. In ihrer Nähe bewegt sich eine Frau; als ich winke, entdeckt sie mich und winkt zurück. Es ist Fabienne und folglich sind die Tiere dort hinten Schafe.

Fabienne und ich sitzen im Gras, mitten unter ihnen, so nah, als hätten wir es mit Hunden zu tun. Kein Tier läuft weg, auch nicht die Lämmer, die auf staksigen Beinchen sogar unsere Nähe suchen. Ich werde nicht müde, hingerissen zu wiederholen, was wohl alle sagen, die mit diesen freundlichen Tieren zum ersten Mal zu tun haben: Ach, was sind sie goldig! Oh, was sind sie süß!

Wie kann es sein, dass ich noch nie von den Schwarznasen gehört habe?

Ja, wie kann das sein?

Weil es Tiere des Wallis sind. Weil ich, wie schon bemerkt, noch nie hier war. Und weil sie mir via Fernsehbildschirm auch noch nicht begegnet sind. Doch jetzt bin ich hier und ich möchte mich nicht nur an ihrem Aussehen erfreuen, auch möglichst viel über sie erfahren, und, sofern sie etwas preisgibt, auch über diese Walliserin, die neben ihrer Familie die gehörnten Schafe, im Volksmund Ghornuti genannt, zu ihrem Lebensmittelpunkt gemacht hat.

Wir kraulen, streicheln, lachen... reden. Es ist nicht schwer mit der Schäferin ins Gespräch zu kommen, worüber ich mich freue, denn ich habe viele Fragen.

Die Rasse der Schwarznasen hat eine aufregende Geschichte, nicht, weil die Tiere selbst für Aufregung gesorgt hätten, es waren vielmehr die Menschen moderner Zeiten, die sich über die Zucht der Weidetiere uneinig wurden. Da die kleine Ursprungsrasse nicht sehr ‚fleischergiebig‘ ist und noch andere ‚unvorteilhafte‘ Eigenschaften hat – das Fleisch zu mager, die Wolle zu kratzig, die Melkfähigkeit zu schlecht, der Milchertrag zu gering –, gab es, um dem abzuhelfen, Vorhaben, andere Rassen einzukreuzen. Das jedoch war am Traditionsbewusstsein, Eigensinn und Stolz der Walliser Bauern gescheitert.

So ist das Schwarznasenschaf geblieben, was es ist: ein Original, eine ursprüngliche Art. Das gelockte Wollkleid ist ihnen erhalten geblieben, obwohl es, grober als das anderer Schafrassen, weniger nachgefragt ist. Auch haben sie noch ihre bewollten Beine, die die Schur erschweren, und sowohl Widder als auch Auen tragen noch ihre spiralförmigen Hörner. Jedes Tier hat so viel fettarmes Fleisch auf den Rippen, wie es sich ergibt.

Und weil die Schwarznasen fürs Melken ungeeignet sind, gehört die Milch vorrangig den Lämmern.

Allerdings zog der Erhalt der Rassemerkmale in der Konsequenz nach sich, dass mit diesen Schafen und dem Verzicht auf Züchtung im großen Stil keine ertragreichen Geschäfte zu machen sind, und dass für ihren Fortbestand Hobbyzucht gefragt ist. Es ging also weniger ums Geld, als vielmehr um Liebhaberei. Dafür wurden Schwarznasenzüchter oft belächelt, wenn sie zum Beispiel zur Lammerzeit im Stall ein Schlaflager aufschlugen oder Licht brennen ließen, damit die Schafmütter ihre neugeborenen Kinder besser finden. Nicht jeder Mitmensch hat Verständnis für die ‚Opfer' der Liebhaberei.

Schwarznasenzucht bleibt zumeist in der Familie. Fabiennes Lebensgefährte René stammt aus einer Bauernfamilie, die Herde hat er von seinem Großvater übernommen, dessen Zuchtarbeit er bis heute mit Leidenschaft fortsetzt. Und seine Frau, die als gelernte Kindergärtnerin nichts mit Schafzucht zu tun gehabt hatte, hat die Tiere rasch ins Herz geschlossen. An ihrer Pflege und der Arbeit mit ihnen ist sie nur am Rande beteiligt, ihre Hauptaufgaben sind andere, die es allerdings zu einem großen Teil ohne Schwarznasen gar nicht gäbe.

Wir kraulen ausgiebig, die Hände verschwinden im Dickicht der Wolle. Die Tiere sind gelassen und friedfertig, ich darf sie herzen und umarmen. Nur vor den Hörnern muss ich mich in Acht nehmen, eine unerwartet abrupte Bewegung des Tieres – und schon hast du ohne böse Absicht ein Horn im Gesicht, sagt Fabienne.

Neben dem gutmütigen Wesen ist es besonders das Aussehen der Tiere, das mir ein nicht schwinden wollendes Lächeln ins Gesicht zaubert.

Eigentlich sollte die Rassebezeichnung ‚Schwarzgesichter' lauten, finde ich, schwarze Nasen im schwarzen Gesicht. Zu beiden Seiten des Kopfes stehen possierlich die schwarzen Ohren ab.

Über die schwarze Stirn hängt ein weißer gelockter Pony und das weiße Wollkleid sieht aus, als hätte man alle Strähnen rundum zu dünnen Zöpfen geflochten und diese zu Ringellöckchen gelöst. Dank der kurzen Beine, die schwarze Stiefelchen tragen, hängt das Wollkleid bis zu den Knien herab. Die Sprunggelenkknöchel an den Hinterbeinen haben schwarze Flecken, wie auch die Kniegelenke der Vorderbeine. Weibliche Tiere schmückt zudem ein schwarzer Schwanzfleck. Wer sich hier kreativ verwirklicht hat, muss in übermütiger Schaffenslaune gewesen sein.

Mit etwas mehr als vierzig Jahren ist Fabienne im Alter meiner Tochter. Mittlerweile sitzen wir an einem kleinen Tisch, der mitten auf der Schafwiese steht. Vor mir liegt eine Überraschung: ein Buch mit dem Titel ‚Bäähsonders' – Untertitel: das Walliser Schwarznasenschaf –, darunter die bezaubernde Vorderansicht eines Schäfchens mit Halsglocke – Autorin: Fabienne Truffer. Mit diesem kleinen, liebevoll und fachkundig gestalteten Buch hat sie sich einen Traum erfüllt – und mir Stoff zum Lesen und Lernen geschenkt.

„Weshalb hängen die Walliser Bergbauern so innig an ihren Schafen?" frage ich und setze das Gespräch fort, „allein wegen ihres Aussehens und Charakters?"

Nein, es steckt noch mehr dahinter.

Mit diesen Tieren verbindet sie eine ‚vererbte' Dankbarkeit. In Zeiten, als Nahrung, Kleidung und Geld knapp war, hatten sie die Menschen jahrhundertelang am Leben gehalten: mit ihrer wärmenden Wolle, ihrem Fleisch, dem Leder und den kleinen Milchmengen. Gleich den Wildtieren sind sie an die Verhältnisse des Hochgebirges angepasst, keine Alp ist den trittsicheren, robusten Schwarznasen zu steinig oder karg, kein Winkel zum Abweiden zu eng. Kein Wetter ist zu unwirtlich, keine Höhe zu hoch; die hitzeempfindlichen Tiere in ihren dicken Wollpelzen fühlen sich auch auf 2.500 Metern noch wohl. Zähe, geschickte Kletterer sind sie, die ihre Freiheit lieben.

Als Städterin, der alles – zumindest theoretisch – jederzeit und überall zur Verfügung steht, ist das lebensprägende, enge Miteinander von Tier und Mensch schwer vorstellbar. Was ich tatsächlich nachvollziehen kann, ist die Hartnäckigkeit und Hingabe, mit der man etwas tut, ist die Bereitschaft, in eine geliebte Sache Geduld, Arbeit, Schweiß und gegebenenfalls Geld zu ‚investieren‘. Aus keinem anderen Grund hat die Ursprungsrasse der Schwarznasenschafe überlebt. Man liebte sie, wie sie waren, hatte keine Ambitionen, sie ‚umzuzüchten‘, und das war jedes Engagement wert.

Wir reden über die besagte Leidenschaft, über die Freude, mit der man sich einer Sache widmet, und was das in unseren Leben bewirkt. Dabei spielt es keine Rolle, ob es eine große oder eher eine kleine Sache ist.

„Alles ist möglich, wenn du es aus vollem Herzen möchtest", sagt die Walliserin, „lass dir nichts anderes einreden. Schaffe dir die Zeit für diese Freude, für das, was dich erfüllt. Auch dafür brauchen Kinder Vorbilder."

Fabienne ist Mutter. Für ihre beiden Töchter hatte sie ihren Angestelltenjob an den Nagel gehängt. Im Zuge dessen hatten sich noch andere Dinge ergeben, über die Familienarbeit, die Unterstützung ihres Mannes bei der Schafzucht und die Zuständigkeit für alle Büroaufgaben hinaus. Nach und nach hatte sie sich zur vielseitigen Unternehmerin entwickelt.

„Wir standen vor einem Berg Wolle. Was tun damit? Kaum jemand wollte den Rohstoff haben. Dann hatte ich die Idee, Puppen nach Waldorfart herzustellen, gestopft mit weißer Schwarznasenwolle."

Das war nicht einfach und brauchte seine Zeit, nach der ersten Puppe hatte Fabienne eigentlich genug davon. Aber mit dem

Puppennähen ist es wie mit anderen Dingen: Mit der Übung kommen Erfahrung, Fingerfertigkeit und Leichtigkeit. Getestet und für schön befunden von ihren Kindern, begann sie über das Internet Kurse anzubieten: gemeinsame Herstellung individueller Puppengeschöpfe aus Naturmaterialien, weich und schmiegsam zum Spielen, Schlafen, Liebhaben und Trösten. Erstlingspüppchen, Biegepüppchen, Gliederpuppen... das Angebot wuchs mit den Ideen und überall war die Schwarznasenwolle beteiligt: bei den ‚Kasperli'- und Krippenfiguren, beim Herstellen von Puppenwiegen mit wollgefütterten Matratzen und Kissen, beim Fadenspinnen.

Und sogar die Minihausidee aus den USA, das Tiny-House, das hinter mir idyllisch auf der Wiese steht, hat viel mit den Schafen zu tun. Man kann es für die Ferien mieten, sich mit minimalem Wohnraum begnügen und tiefenentspannt ‚Schlaf beim Schaf' genießen.

Von den Schwarznasenschafen zum Berg Wolle, vom Berg Wolle zur Puppenherstellung, von der Puppenherstellung zu einem gar nicht alltäglichen Workshop-Angebot, an dessen Sinn und Wirkung sich sicherlich die Geister scheiden. Was mich betrifft, höre ich Fabienne mit steigendem Interesse zu. Ich mag nicht von vornherein etwas ablehnen, nur, weil es mir fremd ist.

Fabienne ist Mondfrau.

Ach, du lieber Himmel, was ist das denn? Der Mann im Mond ist ja bekannt, von einer Frau im Mond war noch nie die Rede. Haben wir es hier mit einem neuen witzigen Aspekt der Emanzipation zu tun? Nein, Scherz beiseite, für Fabienne ist das Thema eine ernste Sache mit einem ernsten Hintergrund, das auf jeden Fall meine Neugier weckt. Wie immer gibt es auch hier eine Vorgeschichte.

Es fing damit an, dass Fabienne Frauen kennenlernte, die große Lust hatten, in einem Puppenkurs diese kreative Tätigkeit auszuprobieren, die sich aber gezwungen sahen, aus Zeitmangel Abstand davon zu nehmen, wenn auch schweren Herzens. Andere Dinge waren nun mal wichtiger als das Herstellen von Puppen. Mit anderen Worten: Diese Frauen verzichteten auf etwas, das ihnen Freude bereitet hätte, was Fabienne zum Nachdenken brachte. Ist es nicht so, dass Freude zu einem sinnerfüllten Leben gehört? Ich erinnere mich, dass ich diese Worte schon mal vernommen hatte, von Bäuerin Maria aus Guarda. Warum gibt man – oft freudlosen – Pflichten immer wieder den Vorrang, statt etwas zu tun, das erfüllt und glücklich macht? Warum weigert man sich, beziehungsweise warum fühlt man sich außerstande, das Hamsterrad, in dem nicht nur Schweizer um ihr Leben rennen, zu verlassen? Verlassen! Nicht nur kurz und atemlos anhalten, um danach sofort weiter zu rennen, bis einem die Luft erneut ausgeht.

Diese Fragen ließen Fabienne nicht mehr los.

Was ist mit den zumeist verborgenen Alltagsaufgaben, die sich vermischen und nicht voneinander trennen lassen, dem Gewicht der täglichen Verantwortung für Haushalt, Familie und Job, mit dem Auffangen der Befindlichkeiten und Bedürfnisse aller Familienmitglieder – nicht selten auch der eigenen Eltern und/oder Schwiegereltern –, der seelischen Belastung, die damit einhergeht? Eine Belastung, die unsichtbar ist und deshalb oft als nicht beachtenswert unter den Tisch fällt. Ich stimme Fabienne aus eigener und beruflicher Erfahrung zu, dass von dieser Herausforderung zumeist Frauen betroffen sind, siehe Statistiken zum Thema Depression mit der Begleiterscheinung Burnout. Mental Load bedeutet: mentale Belastung. Ein moderner Begriff für moderne Zeiten.

Ich frage mich, ob Fabienne eine sogenannte Aussteigerin ist. Auf jeden Fall ist sie eine Frau, die eine Lebensalternative gefunden hat, angefangen damit, dass sie sich in einen Schafzüchter verliebt hatte. Dem Endlos-Marathon im Hamsterrad war sie entwischt, wegen der Schwarznasenschafe, aber auch wegen der Entscheidung, ihr Leben und Arbeiten den Mondphasen anzupassen – und siehe da: alles wurde einfacher, freudvoller und ergiebiger.

Da ich mich noch nie mit dieser Thematik beschäftigt habe, möchte ich wissen, warum das so ist, was der Mond damit zu tun hat. Sie erklärt es mir und ich will mich bemühen, es so gut wie möglich wiederzugeben.

Ist heute tatsächlich immer die beste Zeit? Ist es richtig, stets den gleichen Kraftaufwand abzurufen, selbst dann, wenn man sich unwohl, energielos oder sogar krank fühlt? Für René und Fabienne gibt die Landschaft vor, was zu tun ist. Der Mond, den viele Menschen im Alltag kaum beachten, gibt vor, wann es sinnvoll ist, sich anzustrengen oder es lieber ruhig angehen zu lassen. Für alle gilt: So oder so beeinflusst ,Frau Luna' unser aller Lebensrhythmus. Ignoriert man das oder sperrt sich dagegen, kostet das viel Kraft. Folgt man dem Mondrhythmus, wie es die Pflanzen und Tiere tun, verringern sich die Widerstände und das Leben ist einfacher.

Ich habe mir noch nie klargemacht, dass ich der Sonne bereitwillig und unreflektiert zugestehe, auf meine Lebensabläufe Einfluss zu nehmen. Beim Mond ist das anders, ihn beachte ich nur, wenn mir mal danach ist oder wenn es sich so ergibt. Kommt die Nacht, kommt auch er, weiter nichts. Aber wie die Sonne, die Tag für Tag ihren Standort ändert, bis sie verschwindet und wieder aufgeht, verändert sich auch der weiße Erdsatellit: erscheint als Neumond, wird zum zunehmenden Mond, zum Vollmond, zum abnehmenden Mond – und erscheint wieder als Neumond.

Für Ebbe und Flut ist hauptsächlich er verantwortlich. An den Meeren und Gezeiten zeigt der Mond überdeutlich, wie groß sein Einfluss auf das Element Wasser ist, auch auf das nicht sichtbare Wasser, aus dem Menschen, Tiere und Pflanzen zu einem sehr großen Teil bestehen. Auf alles wirkt der Mond, der so selbstverständlich zu unserem Leben gehört.

Und was genau bewirken die einzelnen Mondphasen, was bedeuten sie für uns? Dazu gäbe es viel zu erzählen, zu lernen und zu erarbeiten in den Workshops, die Fabienne anbietet. Nicht für mich, ich bin nur ein kurzzeitiger Gast, der an einem Tisch mitten auf der Wiese sitzt und in einem einzigen Gespräch die Themen flüchtig streift. Das mag wenig sein, ist aber mehr, als ich daheim erwartet hatte.

Da wäre der Neumond – auch dunkler Mond genannt. Er bündelt Erneuerungskraft. Es ist die beste Zeit für einen Neuanfang, einen Aufbruch, die beste Zeit, etwas loszulassen, für Reinigung im weitesten Sinne. Bei zunehmendem Mond empfiehlt es sich, Kraft zu sammeln wie ein langes Einatmen. Es ist die beste Zeit auszusäen und zu pflanzen. Vollmond ist die Zeit der Fülle. Ein Maximum ist erreicht, was vielleicht nervös macht und stresst, Schlaflosigkeit verursacht, weshalb man es bei Vollmond ruhiger angehen und sich nicht zu Höchstleistungen anspornen sollte. Auch nicht zu der Höchstleistung eines durchgängigen festen Schlafs. Der abnehmende Mond ist wie ein tiefes Ausatmen. Man ist unternehmenslustiger, möchte aktiv sein, Energie will raus und genutzt werden.

Ach, Fabienne, mir leuchtet das alles ein. Oft habe ich mich gefragt, warum ich mich an dem einen Tag so kraftvoll und an dem andern so antriebslos fühle und eigentlich lieber im Bett bliebe. Warum ich in der einen Nacht ständig wach werde und in der anderen nicht. Warum ich an dem einen Tag so herrlich gelassen bin und an einem anderen so empfindsam. Ja, ich höre die Einwände, die dir gewiss bekannt sind: All das kann auch an ganz anderen Dingen liegen, unser Leben wird ja nicht nur durch die Mondphasen diktiert. Trotzdem. Vieles von dem, was alte Völker wussten, ist aus unseren Köpfen gelöscht. Einerseits erhöht sich unser Wissen mit rasanter Geschwindigkeit, andererseits vergessen wir in unseren High-Tech-Hamsterrädern Dinge und Weisheiten, die wertvoll sind und das Leben erleichtern könnten.

Heute bin ich freiberufliche Rentnerin. Frei auch deshalb, weil ich meine Arbeit jederzeit beenden könnte, wenn ich es wollte. Vor zehn Jahren hatte ich mich aus meinem – durchaus geliebten – Job verabschiedet. Alleinlebend war es der Schlusspunkt einer zwanzig Jahre dauernden Stresssituation mit Kindern, Beruf, Haus, Garten, Geldknappheit. Ich weiß, wie sich der Dauerlauf im Hamsterrad anfühlt, wie frustrierend das Abarbeiten von To-do-Listen sein kann, die nichts anderes als Fässer ohne Böden und dennoch unentbehrlich sind. Man hängt an ihnen wie Suchtkranke. Ohne Listen geht es nicht, sie sind ein Teil des Zeitmanagements, mit dem wir die Lage ‚im Griff behalten‘.

Wie hätte ich damals mein Leben nach den Mondphasen ausrichten können? Für sie hatte ich nicht einmal einen Gedanken, geschweige, dass ich wusste, in welcher Phase sich unser Erdtrabant gerade befand. Und gab es in dieser Zeit die besagte Freude, etwas, dass mich erfüllte? Oh ja, die gab es! Mit meinen Kindern und im Beruf. Doch wie alles andere rannte die Freude weiter, kaum, dass ich sie genießen konnte, denn ich war sogar mit den Freuden im Wettlauf.

Die Leuker Sonnenberge im Oberwallis. Abenddämmerung auf der Schafweide. Die Bäume haben ihre Farben verloren, sehen wie filigrane Scherenschnitte aus. Die Menschen des Dorfes sind müde, machen sich bereit für die Nacht. Vor drei Stunden war die Sonne untergegangen, am blau-grauen Himmel steht nun er: der weißgoldene Mond, rund und glatt auf seiner rechten Seite, auf der anderen, wo er zunimmt, ist die Kontur verwischt.

In der Wiese liegen die Schwarznasen. Ein friedliches Bild!

Sie sammeln Kraft. Wie ein langes Einatmen.

Fabienne Truffer und ihre ‚Schwarznasen'

24

Im Inneren des Berges

Thunersee/BernerOberland/Schweiz

∞

Mit einem Boot fuhr Beatus von Sundlauenen
bis zum Ufer unterhalb der Höhle, stieg zur Grotte hinauf
und besiegte das Ungeheuer mit der Kraft seines Pilgerstabs.
Als der Drache tot in die Tiefen des Thunersees stürzte,
jubelte das Volk.

Aus der Legende des Hl. Beatus

Oben am Berg befindet sich der Eingang zu einer Höhle, am Süd-
hang des Niederhorn, den man Beatenberg nennt. Ich wusste
nicht, dass es so weit und so steil hinauf geht. Die unleugbare
Notwendigkeit, jeden Schritt, den ich aufsteige, wieder absteigen zu müssen, hindert mich nicht daran, endlich zu erfahren,
was ich seit Langem ersehne: Einmal im Leben will ich das Innere eines Berges betreten, obwohl es für mich und meine knor-
pellosen Kniegelenke mehr als ein lockerleichter Spaziergang ist.
Auch das ist etwas, das ich in den sieben Jahrzehnten meines
Lebens gelernt habe: Viele bedeutsame Dinge fallen nicht einfach so in den Schoß.

Mitte Mai. Ein früher Abend an einem heißen Tag. Um dem
größten Besucherandrang auszuweichen, habe ich eine weniger
beliebte Tageszeit gewählt. Kräftig geht es auf einem breit angelegten Serpentinenweg bergan, teilweise über Stufen.

Die Höhle schickt ihren Vorboten: Wasser.

Laut rauschend stürzt es in erstaunlicher Menge den Berghang
hinab; unten angekommen, wird es sich in den Thunersee ergie-

ßen. Wasser, das aus der Beatus-Höhle ins Freie tritt. So viel? Ich stelle mir vor, dass es fließt und fließt, bis sich der Bauch des Berges entleert hat. So ist es nicht. Minute für Minute strömt neues nach, denn ein auffälliges Element des Alpengebirges ist das Wasser in allen Aggregatzuständen: in flüssiger und gefrorener Form und als Dampf. Fließwasser, Eis und Nebel. Wasser in den Bergen: oft nicht sichtbar. Und dann staune ich, wenn plötzlich ein Rinnsal an die Erde tritt.

Ich bin im Berner Oberland, weit im Westen der Alpen, wo sich am Gebirgsrand die Bundesstadt Bern befindet.

Hier residiert das ‚Dreiergestirn' aus den nebeneinander stehenden Bergen Eiger, Mönch und Jungfrau, alle um 4.000 Meter hoch. In dieser Region finden sich Bergnamen, die etwas Anrührendes haben, weil sie so liebevoll ausgedacht sind: Bärglistock und Ewigschneehorn. Und dann noch der Name Blümelisalp für ein vergletschertes Bergmassiv, an dem trotz Eis und Schnee im Frühsommer bunt und tausendfach die ‚Blümeli' stehen. Hier leuchten, umkränzt von Bergen, die Schönheiten Thunersee und Brienzersee, außerdem einige hundert kleine und kleinste Seen mehr. Hier liegen zu Füßen des ‚Dreiergestirns' die weltberühmten Orte Wengen und Grindelwald. Viele Dörfer sind mit dem Auto nicht erreichbar, ausschließlich mit der Zahnrad- oder Seilbahn, mit dem Zug und zu Fuß. Na ja, zu Fuß ist ja so gut wie alles erreichbar.

∞

Als Beatus, den Pilgerstab in der Hand, durch Wald und Gestrüpp den Berghang hinaufgestiegen war, gähnte vor ihm das schwarze Loch des Höhleneingangs. Furchterregend finster war es darin und eine Kühle empfing ihn, die ihn schaudern ließ. Wo hatte sich das Scheusal versteckt, wo lauerte es in der Dunkelheit? Er würde es rechtzeitig wissen, denn wo sich Drachen aufhalten, ist die Luft von heißem Qualm erfüllt, der in alle Ritzen und Gänge dringt.

Während Beatus vorwärtsging, auf allen Vieren kroch und sich an Wänden vorsichtig entlang tastete, um nicht zu stolpern, hörte er das Wasser des Berges. Mal rauschte es ohrenbetäubend und er musste achtgeben, keine Fehltritte zu tun, um nicht hineinzufallen. Dann, in plötzlicher Stille, hörte er im Widerhall der Höhle das Flüstern kleiner Seen und einzelne fallende Tropfen wie winzige Glockentöne. Hinauf ging es durch die schwarzen, sich windenden Gänge, über glitschig nassen Stein. Blind in der Dunkelheit sah er nicht die wunderlichen Gebilde der uralten Stalagmiten und Stalaktiten, die bizarren Säulen der Stalagnaten, alle geschaffen vom niemals endenden Tröpfeln des Wassers. Mitunter ahnte Beatus die Farben der Felsen und Höhlenwände, wenn sie giftgrün und metallisch schimmerten durch das eingelagerte Kupfer, Gelb durch das Eisen, schneeweiß durch den Kalk und rot durch das Mangan. Wenn er mit aufgerichtetem Rücken stehen konnte, die Wände gewichen und nach allen Seiten nicht zu ertasten waren, ahnte er, dass er sich in großen Räumen befand.

Und immer hörte er das Wasser mit allen Geräuschen, mit denen es sich bemerkbar macht. Wie werde ich, wenn es vorbei ist, die Höhle verlassen, überlegte Beatus, ohne mich zu verirren und ein Gefangener des Berges zu werden?

Er würde dem Wasserlauf folgen, der nur eine Richtung kennt: bergab, hinunter zum See.

Schon einige Male war er, aus Sorge davor auszugleiten, langsam und vorsichtig durch kaltes Wasser gewatet, als er spürte, dass sich die Luft erwärmt hatte. Angestrengt starrte Beatus in die Schwärze vor ihm. War da nicht ein rötlich schimmerndes

Licht? Vorsichtig kroch er weiter, den kostbaren Pilgerstab fest mit den Fingern umklammert. Sollte er ihn verlieren, würde er ihn in der Finsternis niemals wiederfinden. Und da der Pilgerstab als ‚dritter Fuß' des Wandernden die Dreifaltigkeit symbolisiert und spirituellen Halt gibt, würde Beatus mit dem verlorenen Stab verlassen, was ihn schützte: Gottes Beistand. Wenn er dann in seiner Panik vor dem Ungeheuer davonliefe und alle Vorsicht fahren ließe, könnte er ausrutschen, zu Boden fallen, und die Höhle würde zu seinem grausamen Grab werden. Der Drache würde sie weiterhin verlassen, Tag für Tag, mit seiner Bosheit und seinem Feuerspeien Furcht und Schrecken verbreiten. Um der verängstigten Menschen willen, die schon so lange unter der Bedrohung litten, durfte das nicht geschehen.

In die kühle feuchte Luft mischte sich ein rauchiger Geruch, der ihm unangenehm in die Nase drang. Beatus wusste, was das bedeutete: Er war ganz in der Nähe des Drachens, der offenkundig nicht merkte, dass ein Mensch so weit in das Innerste seiner Behausung vorgedrungen war...

∞

Auch in einer Berghöhle bleibt die Zeit nicht stehen, wandelt sich das Leben, wandelt sich die Natur. Immer fließt das Wasser; Jahrhunderte, Jahrtausende, Jahrmillionen wirkt und arbeitet es, tropft und nagt es, baut es auf und wäscht es fort. Hier strömt und drängt es mit aller Gewalt, dort glänzt es wie flüssiges Glas, umschmeichelt wie liebkosend den Fels und hat doch seine Wirkung. Mal spiegelt es seine Umgebung und ich fühle mich verzaubert von der märchenhaften Innenwelt des Berges.

Mir geht es besser als Beatus. Der Weg durch die Höhle ist geebnet, das Bergansteigen durch einfache Haltegeländer und Stufen erleichtert. Über die Wasserströme führen kleine Brücken;

ich bleibe einen Augenblick stehen, sehe zu, wie sie schäumend und wild dahinschießen, höre den Nachhall, den Lärm, der nicht entweichen kann und niemals verstummt. Es gibt Lampen, die gerade so viel Licht in die Höhlenfinsternis bringen, dass man die Füße sicher voreinander setzen kann und nicht stolpert, mit dem Kopf nicht an vorspringenden Fels stößt. Einmal ist ein Durchgang so eng, dass ich die Arme an den Körper pressen muss.

Die St. Beatus-Höhlen gehören zu den zehn größten Höhlen der Schweiz. Vierzehn Kilometer der verzweigten Gänge, Grotten, Hallen und Schluchten sind erforscht, öffentlich zugänglich ist nur ein Kilometer und dafür wurden knapp 300 Stufen angelegt, denn der verschlungene Höhlenweg überwindet eine Höhendistanz von 87 Metern. Schwillt das Wasser zum Hochwasser an, dürfen die Wege nur bis zu einem bestimmten Punkt von Besuchenden begangen werden.

Nirgendwo auf der Welt ist die Temperatur so konstant wie in einer Berghöhle: acht bis zehn Grad, egal, ob vor ihren Eingängen Sommerhitze oder Winterkälte herrschen. Die Luftfeuchtigkeit liegt bei 95 Prozent.

Dank des französischen Physikers Alfred Bovis ist Lebensenergie – auch Chi genannt – in Werten erfassbar. So ist die in Bovis-Einheiten gemessene Lebensenergie der St. Beaten-Höhle extrem hoch. Ich vermute, weil es nichts gibt, das sich mindernd auf die hier herrschenden Naturkräfte auswirken kann. Die uralte Energie der Höhle kann nicht entweichen, wird stattdessen durch das herbeiströmende reine Wasser fortlaufend verstärkt und erneuert. So jedenfalls lautet meine laienhafte Erklärung. Im Übrigen glaube ich, mit meinen stets weit geöffneten Sinnen diese Energie zu spüren, und noch intensiver, vergleiche ich sie mit Orten, die ich als nahezu energielos empfinde.

∞

Das rötliche Glimmen, auf das sich Beatus leise und gebückt zubewegte, vertiefte sich, die leicht rauchige Luft hatte sich in unerträglich schwefeligen Gestank verwandelt. Durch das permanent ausgestoßene Feuer war die Halle, in der Beatus nun stand, erhellt, was besser war, als in der Finsternis zu kämpfen.

Entschlossen ergriff er das Kreuz, dass an einem Lederband an seiner Brust baumelte, hob den Pilgerstab. Obwohl Angst ihm die Kehle zuschnürte, würde er es wagen, deshalb war er hier. Aber wie schwach und verletzlich er sich neben diesem teuflischen Wesen fühlte!

Dort lag es auf dem Bauch, das furchtbare Maul und die glühenden Augen geschlossen, der stachelbewehrte Schwanz, mit dem der Drache um sich zu schlagen pflegte, zuckte im Schlaf. Qualm und kleine Feuerwölkchen traten zischend aus seinen Nüstern. Wie viel Verwüstung und Elend er angerichtet hatte! Dem würde Beatus mit Gottes Hilfe nun ein Ende bereiten.

Er fasste sich ein Herz, trat ein wenig näher an den Drachen heran, Kreuz und Pilgerstab vor sich hingestreckt. Augenblicklich erwachte dieser, sprang mit peitschendem Schwanz auf die Beine. Feuer schoss aus Maul und Nasenlöchern und die Augen funkelten. Zur ganzen Größe aufgerichtet, die Flügel gespreizt, war der Drache sprungbereit.

Der kleine Mensch hielt ihm Kreuz und Pilgerstab entgegen.

Markerschütternd ertönte das Gebrüll des Drachen und der Schall drang durch Hohlräume und Gänge. Doch statt den tapferen Beatus zu töten, stürzte er an ihm vorbei, geradewegs auf den Höhlenausgang zu. Und dann, die Flügel versagten ihm den Dienst, rannte er mehr als dass er flog, den Berg hinab bis hinunter zum Ufer. Panisch vor Angst und Wut sprang er mit einem wilden Satz in den See. Ein letztes Mal ertönte sein Brüllen, das

Drachenfeuer verlosch mit lautem Zischen und das böse Wesen ertrank und sank bis auf den Grund.

Beatus, so heißt es, soll in England gelebt haben und von Petrus geschickt worden sein, die Menschen der Schweiz zum Christentum zu bekehren. Nachdem er den Drachen, ohne ihn berührt zu haben, vernichtet und das Volk von seiner Tyrannei befreit hatte, soll Beatus – lateinisch für ‚der Glückliche' – als Einsiedler und Wohltäter in der nach ihm benannten Höhle gelebt haben. Hier soll er die christliche Lehre verkündet und Kranke geheilt haben. Beatus gilt als Apostel der Schweiz, als Schutzheiliger gegen Krebs und Pest. Noch heute gibt es Jungen, die auf den Namen Beat getauft werden. Seit dem 13. Jahrhundert ist die St. Beaten-Höhle am Beatenberg ein Wallfahrtsort, zwei Tage vor meiner Ankunft hatte der alljährliche Gedenktag stattgefunden.

Das Volk hatte dem Heiligen sein wohlverdientes friedliches Einsiedlerleben gegönnt, auch seine Freundschaft mit den in der Höhle lebenden Zwergen, die wie er den Menschen hilfreich zur Seite standen. Man versorgte ihn mit Feuerholz und Speisen, schenkte ihm Gämsen und Ziegen, für die Beatus in der Höhle Ställe einrichtete.

St. Beatus: eine Legende über Mut und Gutherzigkeit, die bis in die reale Welt der Gegenwart hineinwirkt.

∞

Mein Höhlenrundgang ist zu Ende. Als ich das Innere des Berges verlasse und nach draußen trete, kneife ich kurz die Augen zu, geblendet von der plötzlichen Helligkeit.

Vorsichtigen Schrittes mache ich mich an den Abstieg. Auf halber Strecke steht eine Bank, auf der ich den Knien eine Erholung gönne. Da sitze ich und spüre noch die energetische Atmosphäre der Höhle, die ich so nicht erwartet hatte.

Es ist nachvollziehbar, dass viele Märchen und Sagen um Berghöhlen ranken, von Drachen, Zwergen und anderen bösen wie guten Wesen erzählen, die in der Finsternis der Hohlräume und Löcher ihr Unwesen treiben oder ihr friedliches Leben leben.

Weit oben, wo die Nebel in mystischer Schönheit um die einsamen Höhen ziehen, über Fels, Joch, Kar und Gletscher, hausen die Berggeister. Auch über sie gibt es Sagen und Legenden. Die Erde ist ein Ort voller Geheimnisse – nicht nur in der Fantasie.

Begegnung am Muttertag

Zwei Tage später ist Sonntag.

Ich habe großes Glück, denn ich wohne für ein paar Tage in der stilvollsten Jugendherberge, in der ich jemals mein Bett be- und abziehen durfte: im Leissinger Albert-Wander-Haus, unmittelbar am Ufer des Thunersees, genau gegenüber den Beatus-Höhlen. Ursprünglich war das chaletartige Gebäude mit seinen Holzveranden und Balkonen die Ferienresidenz des Ovomaltine-Firmengründers Albert Wander. 1992 wurde das historische Anwesen dem Verein Schweizer Jugendherbergen übertragen. Ein herrlich altes Haus, das Geschichten beherbergt, mit ächzenden Holzböden, bäuerlichen Möbeln, einer Flurtoilette und Flurdusche und einer unvergleichlichen Heimeligkeit. Zu letzterem trägt Tessi, die heitere Herbergsmutter, entscheidend bei.

Heute ist nicht nur Sonntag, heute ist Muttertag.

Drei Kinder habe ich zur Welt gebracht, ein Mädchen und zwei Jungen, und ich hatte es geliebt mit ihnen zu leben. Ihre kleinen selbstgemalten und gebastelten Geschenke zum Muttertag hatten mich glücklich gemacht. Manchmal hatten sie mir das Frühstück ans Bett gebracht. Ich liebte sie, sie liebten mich und eigentlich hatte ich jeden Tag Muttertag.

Lupina steht bereit.

Ich möchte ein wenig umherfahren, ohne Ziel, den Zauber des bildschönen Sees wirken lassen, lesen und im Übrigen genießen, was mir meine Tochter, selbst Mutter zweier Kinder, für diesen Tag mit auf die Reise gegeben hat: Schweizer Schokolade und ein Fläschchen Sekt.

Aus dem Umherfahren wird nicht viel, ich finde keinen Radweg am Ufer, nur Wege, die zu Privathäusern führen. Mit der Seestraße will ich nichts zu tun haben, ich brauche Beschaulichkeit und Ruhe, keinen hektischen Autoverkehr.

An einen Bootssteg grenzt ein geschorener Rasen, auf dem einige leere Bänke stehen. Ich habe freie Wahl.

Nach der letzten Eiszeit existierte hier der großen Wendelsee. Durch Ablagerungen und Geschiebe der Bergbäche entstand ungefähr in seiner Mitte eine Ebene, das Bödeli, das von nun an den See in zwei Hälften teilte: in den heutigen Thunersee und den Brienzersee. Auf dieser Schwemmebene, die sich nach und nach verfestigte, wuchs irgendwann durch Menschenhand die Winter- und Sommersportstadt Interlaken.

Eine Weile bin ich allein mit dem See, dem Ausblick auf die Berge, die sich über das gegenüber liegende Ufer erheben, allein mit meinem stillen Muttertag. Dann erscheint plötzlich eine junge Frau mit einem Badetuch unter dem Arm. Sie grüßt freundlich und ehe wir uns versehen, beginnen wir eine Plauderei über das eiskalte Wasser und aus der Plauderei wird ein Gespräch.

Wir reden über innere und äußere Gesundheit, über die Notwendigkeit, sich selbst kennenzulernen, weil das so gern auf der Strecke bleibt im modernen Leben, wo man doch stets bemüht ist, Zeit zu sparen, und trotzdem das Gefühl nicht los wird, dass tausend Dinge die Lebenszeit auffressen. Ich erzähle von meiner Alpenliebe, die mich so viel gelehrt, mir so viel gegeben hat, von der Sehnsucht, die mich stets aufs Neue in die Berge zieht. Ich erzähle von dem seltsamen Zeitgefühl, das ich insbesondere bei den Ferntouren erlebte. Da konnte es passieren, dass ich an einem Berghang saß, zurückschaute über den gegangenen Weg und mich wunderte über das, was ich empfand und was mich vor ein Rätsel stellte: Ich weiß, dass ich dort unterwegs war, aber ich weiß nicht mehr, wann. Gestern, vorgestern, vor fünf Tagen? Ich bewegte mich nicht im Zeit-Fluss, sondern in einem Zeit-Raum, in dem sich nichts von dem, was war, was ich gerade erlebte und was noch kommen würde, aneinanderreihte. Alles befand sich in einem freien Schwebezustand. Ich vergaß die Wochentage, die Uhrzeiten, es zählte nur der Weg, der hinter mir lag oder der mich weiterzog. Der verrinnenden Zeit enthoben – ein wirklich gutes Gefühl.

Ich erzähle Alice von der Mondfrau Fabienne und von ‚Momo‘, dem kleinen sanften Mädchen, das uns 1973 (!) über die Zeit zum Nachdenken brachte, indem es die Zeitdiebe besiegte.

Alice ist Yogini, eine Frau, die intensiv Natha Yoga betreibt, eine Yogatradition, die Eigenständigkeit, Selbsterkenntnis sowie innere Freiheit erfahrbar macht, in der besonders eigene Handlungen und Denkweisen den Weg bestimmen. Alice erzählt von Wartung und Reinigung, von intensiven Kuren, denen sie Körper, Seele und Geist regelmäßig unterzieht.

Ich höre ihr fasziniert zu, denke an Hilde, die weit drüben am anderen Ende der Alpen lebt, und ebenfalls ihr Leben mit Yoga im Gleichgewicht hält, und ich denke an Gerlinde Kaltenbrunner, Österreichs grandiose Höhenbergsteigerin; auch sie schöpft aus ihrer Yogapraxis Energie, Kraft und Gesundheit. Alice sagt, dass sie Ihre intensivsten Zeiten der Reinigung in einem Ashram in Marokko erlebt. Hilde reist von Zeit zu Zeit nach Indien.

Alice wendet mir den Rücken zu. Sehr schlank ist sie, ihre Haut ist blass und rein, milchig wie Alabaster. Langsam und sehr ruhig geht sie in das Wasser des Bergsees, immer ein wenig tiefer, bis sie den Körper ganz hineingleiten lässt und mit ruhigen Bewegungen zu schwimmen beginnt. Nach fünf Minuten kommt sie so langsam und unspektakulär, wie sie ins Wasser hineingegangen ist, heraus.

Als sie sich abgetrocknet und angekleidet hat, verabschieden wir einander herzlich.

Und dann trennen sich unsere Wege.

Drachenhöhle

25

Die Nacht am Wildkirchli
Schwende/Appenzell-Innerrhoden/Schweiz

∞

Weine nicht, weil es vorüber ist,
sondern lächle, weil es so schön war.

Gabriel García Márquez

Eines Tages, vielleicht schon morgen, wenn ich die folgende Geschichte zum ersten Mal erzähle, werde ich sie mit ‚Es war einmal...‘ beginnen. Die Geschichte einer einsamen Nacht an einem märchenhaften Ort. Nicht erfunden, nicht fantasiert, dennoch wundersam und irgendwie entrückt.

Es gibt Orte in den Bergen, die mich mit ihrer Schönheit und Magie so tief berühren, dass es schmerzt. Das Wildkirchli im Appenzeller Alpsteingebirge mit dem dortigen Berggasthaus ist ein solcher Ort. Manche halten ihn für den schönsten der Welt, was natürlich eine subjektive Einschätzung ist. Magazine berichten darüber, bilden ihn auf den Titelseiten ab.

Ich jedenfalls habe Verständnis für den Überschwang dieses Eindrucks, denn mittlerweile war ich dort.

Auch das Gasthaus Aescher-Wildkirchli im Schweizer Kanton Appenzell-Innerrhoden hatte der wandernde Zeigefinger gefunden. Im Appenzeller Land war er stehengeblieben wie eine Roulettekugel, die kreist und kreist, bis sie zum Stillstand kommt. Dann brauchte es nur wenige Minuten, bis ich, vor dem PC-Bildschirm sitzend, ungläubig auf jenes Foto starrte, und nur Sekunden, bis ich wusste, dass ich dort, im Berggasthaus Aescher, eine Nacht verbringen wollte. Groß ist die Gästezahl nicht, die es beherbergen kann und ich bin wahrhaftig nicht die einzige, die das möchte, umso entschlossener musste ich es wollen. Zwei Monate dauerte es, bis ich via Email morgens um sechs einen Termin für eine Übernachtung mit Frühstück im ‚Zweisiedlerhotel' des Aeschers ergatterte, was auch immer ich mir darunter vorzustellen hatte. Weil ich mich gern überraschen lasse, fragte ich nicht danach.

Den ganzen Tag über verbrachte ich in euphorischer Freude.

Der Weg zum Aescher

Die Fahrt nach Wasserauen zur Luftseilbahn Ebenalp führt mich kurvenreich durch hügeliges Appenzeller Weideland, an gut genährtem prächtig gehörntem Milchvieh und verstreuten Siedlungen und Häusern vorbei. Die Legende erzählt, dass einst ein Riese durchs Land gezogen sei, über der Schulter ein mit Häusern gefüllter Sack. Da dieser ein Loch hatte, purzelten sie nach und nach heraus und verteilten sich über das Land. Weil sie niemand wieder einsammelte, stehen sie noch dort, wo sie hingefallen waren.

Es ist ein Kinderspiel, mit der Ebenalp-Bahn den Berg zu erklimmen: hinein in die Gondel, aufwärtsschweben, aus dem Fenster schauen, staunen, wie sich das Bergland weitet, wie sich im Norden der Bodensee langgestreckt und hellblau am Horizont zeigt. Dass während der Fahrt die Wildkirchli-Höhlen zu sehen sind, weiß ich nicht, was schade ist. Aber es ist nun mal so, dass mir auf meinen Reisen vieles entgeht, erlebe ich etwas zum ersten Mal. Und hier verschwinden die Höhlenlöcher im Gesamtbild der Berglandschaft. Als sich die Kabine mit haarsträubend knappem Abstand über die Kante einer überhängenden Felswand hievt, bin ich ganz mit meiner Erleichterung darüber beschäftigt, dass das Manöver erfolgreich verlaufen ist.

Nach sechs Minuten und einer Höhendifferenz von siebenhundert Metern ist die Bergstation oberhalb der Südostwand des Ebenalpstocks erreicht und die Gondel schiebt sich mit technischer Routine ein wenig ruckelnd in ihre Parkposition.

Ich steige aus, schultere den Rucksack, richte die Länge der Wanderstöcke und gehe hinüber zum Wegschilderpfahl.

‚Aescher-Wildkirchli‘ steht dort – fünfzehn Minuten.

Fünfzehn Minuten! Für andere Leute.

Mit dem mir eigenen Tempo wird es für mich eine Wanderung sein, nicht nur wegen der Pausen zur Knieerholung von erheblich längerer Dauer. Unabhängig davon, wie ich mit dem moderaten Bergabstieg zurechtkommen werde, steht für mich fest, dass ich diesen Weg gehen ‚muss‘, notfalls im Gänsemarsch.

Ach, wie sehr liebe ich es!

Dieses luftige Gefühl auf einem Bergrücken, den ungebremsten Wind, die weite Sicht, die Welt aus der Höhe, die Erde unter meinen Sohlen… Wandern: die Königsdisziplin, wenn es darum geht, sich der Natur so nah wie möglich zu fühlen.

Es geht stetig abwärts über den von kargen Weiden bedeckten Höhenzug der Ebenalp. Der Weg ist so gründlich befestigt, dass er den Völkerscharen standhält, die hier im Laufe des Sommers unterwegs sind. Heute ist so gut wie gar nichts los, in der Seilbahnkabine war ich der einzige Fahrgast und jetzt kommen mir zwei ältere Frauen entgegen. Alle fünf Minuten bleiben sie stehen, schnaufen, seufzen und wechseln ein paar Worte.

Kurz danach führt der Weg in ein Waldstück hinein, verlässt es wieder und windet sich nun um einen Steilhang herum.

Weiter unten, noch ein gutes Stück voraus, sehe ich meinen Weg in einem schwarzen Höhleneingang verschwinden. Dieser ist an seinem oberen felsigen Rand wie ein Brückenbogen geformt, was ihm das Aussehen eines Tores verleiht. Beim Näherkommen sehe ich dicke Baumstämme, die, darunter verkantet und montiert, das Ganze stützen.

Als ich die Höhle betrete, bin ich allein, niemand holt mich ein, niemand kommt mir entgegen. Spätestens jetzt habe ich das Gefühl in eine Märchenwelt einzudringen.

Die Höhle ich ziemlich groß und gerade so viel beleuchtet, dass ich den weiterführenden Weg erkennen kann. Der Fels, der mich nach allen Seiten umgibt, ist zerklüftet, verwinkelt, ich erkenne dunkle Nischen und Hohlräume, mit hellem Pling höre ich Wassertropfen fallen.

Weiter geht es in zwei Kurven abwärts.

Der Untergrund ist feucht, stellenweise glitschig, ein Härtetest für meine unflexiblen Kniegelenke. Umso froher bin ich über ein einfaches dünnes Eisengeländer, das sich links des Weges befindet; den schwarzen Steinboden und meine Füße lasse ich nicht aus den Augen. Langsam gehen, ermahne ich mich, du hast Zeit! Sollte ich ausgleiten, wird mir das Geländer besseren Halt geben als die Stecken, die auf ebenen Steinflächen leicht wegrutschen.

An ein Stück Felswand ist, leuchtend umrandet, der Schattenriss eines Höhlenbären projiziert, urzeitliche Tiere, die hier hausten, ihre Jungen zur Welt brachten und sich zum Sterben zurückzogen. Trotz der Größe von zwei Metern waren sie keine Jäger und fraßen ausschließlich Pflanzen und As.

Licht flutet mir entgegen. Wie eine offene Vorhalle öffnet sich die Höhle nach außen. Ich befinde mich nun unterhalb der Ebenalp, mitten im Alpsteingebirge. Der Weg setzt sich gut befestigt fort, rechterhand begrenzt ihn eine überhängende hohe Wand aus schroffem Fels, deren oberes Ende nicht zu erkennen ist; linkerhand fällt die Wand grasdurchsetzt in die Tiefe. Breit genug, um sich sicher bewegen zu können, verfügt der Weg zudem über ein aufwändiges Haltegeländer, eine Maßnahme gegen Abstürze und Höhenangst – unverzichtbar in Anbetracht der vielen Leute, die hier in den schneefreien Monaten unterwegs sind.

Am Außenrand der Höhlenhalle steht ein Gebäude aus Stein und Holz: der Nachbau des ehemaligen Eremitenhäuschens, das seit fünfzig Jahren als Minimuseum dient. Vom 17. bis 19. Jahrhundert lebten hier 23 Einsiedler.

Nun bin ich nicht mehr allein. Zwei Männer und zwei Frauen durchstreifen wie ich das Häuschen und wir bestaunen das imposante Bärenskelett, das in seinen ganzen Ausmaßen an der Wand befestigt ist. Zum großen Teil besteht es aus den originalen Knochen, der fehlende Rest ist nachgebildet.

Zu Beginn des 20. Jahrhunderts gab es hier Funde von Höhlenmenschen: Knochen- und Steinwerkzeuge, die darauf schließen lassen, dass Neandertaler im Alpsteingebirge gelebt hatten; außerdem Tierknochen, hunderte Zähne und Klauen, die man Höhlenlöwen und Höhlenbären, wie auch anderen Tierarten zuordnen konnte. Alle prähistorischen Funde sind in dem einfachen Höhlenmuseum zu sehen.

So sehr mich Neugier und Vorfreude weiterdrängen, brauchen meine Knie eine Pause. Die nutze ich, auf einem Felsbrocken sitzend, um in Ruhe meinen Gedanken nachzuhängen. Die Zillertaler Schafhütte fällt mir ein, wo ich sieben Tage lang als ‚Eremitin' gewohnt hatte. Wie herausfordernd das nächtliche Alleinsein gewesen war! Wie wohltuend die stillen, gleichförmigen Tage. Ich denke an die mitgenommenen, bewusst knapp kalkulierten Nahrungsmittel, an die üppig vorhandene Zeit, in der ich mich dem Anblick der sich stündlich wandelnden Berglandschaft widmete. Ich denke an die schiefe Verandabank aus verwittertem Holz, auf der ich Stunden verbrachte, und daran, dass mir das Alleinsein mit allem, was es mir ermöglichte, noch nie, auch nicht als Kind, schwer gefallen war: ohne Ablenkung träumen, den Gedanken Raum geben, genießen, danken, und zu bestimmten Zeiten weinen und traurig sein. Ich denke daran, wie sehr ich es andererseits genieße, in Kontakt zu sein, mich auszutauschen, gemeinsam zu essen, zu trinken und zu lachen. Und ich darf mich glücklich schätzen, dass es mir leicht fällt, auf andere zuzugehen, mich von Misstrauen nicht anstecken zu lassen.

Wie mag es sich angefühlt haben, in dieser Abgeschiedenheit Tag und Nacht allein gelebt zu haben, im Schutz der Höhle und selbst so gewollt?

Ich stelle mir die Nächte vor mit schwarzen Wolken, strömendem Regen, ohrenbetäubenden Unwettern, dann den klaren, sternenübersäten Himmel und die große ehrfurchtgebietende Bergstille. Ich stelle mir die Nähe, die die Eremiten, allein mit der Natur, zu Gott empfunden hatten, all die Gebete, die sie – womöglich auf diesem Felsbrocken sitzend? – laut gesprochen oder leise gemurmelt hatten. Nichts davon schreckt mich, nichts finde ich abwegig. Ich staune über mich selbst, dass ich das alles verstehen kann. Vielleicht, weil ich mich in den Bergen von der ersten Begegnung an geborgen gefühlt hatte – und weil auch in mir eine Eremitin steckt?

Kaum habe ich den Weg am Fuß der Steilwand fortgesetzt, bleibe ich an der nächsten Höhle, in der sich die Wildkirchli-Kapelle befindet, erneut stehen.

Es handelt sich um einen weit geöffneten Höhlenraum, ähnlich wie die Vorhalle der ersten Höhle. Diese hier ist mit einem graublauen Holzaltar ausgestattet, den ein kunstvoll bemalter Baldachin überspannt. Davor und an den Seiten des Höhlenraums stehen Kirchenbänke. Zum vorbeiführenden Weg ist er durch einen niedrigen Holzzaun abgeschirmt. Hier befindet sich an der Felswand ein freistehendes Jesuskreuz, daneben schmiegt sich ein rotes hölzernes Glockentürmchen so dicht an den überhängenden Fels, dass seine Spitze ihn berührt. Ich schätze, dass bis zu hundert Besucher in dieser denkmalgeschützten Wallfahrtkapelle Platz finden.

Weiter geht es, nach wie vor leicht abwärts.

Nach ein paar Metern bleibe ich schon wieder stehen.

Welches Bauwerk ist das denn? Darüber hatte ich bei meinen Recherchen nichts gelesen. Eine Hütte. Ungefähr zwanzig Quadratmeter groß, Wände und Dach mit sehr kleinen und frisch wirkenden Holzschindeln verkleidet. Das einzige Fensterchen hat einen Klappladen und eine winzige Fensterbank, die eine blühende Topfpflanze ziert. Liebend gern würde ich einen neugierigen Blick in den Innenraum werfen, doch die fensterlose Tür ist mit einem starken Vorhängeschloss verriegelt. Die Hütte ist sehr schön gebaut, aber nicht ungewöhnlich. Interessant ist, dass sie aus der Felswand ‚herauswächst'. Das Holz wurde mit vielen Sägeschnitten den Unregelmäßigkeiten der Wand angepasst. Wo sich zentimeterschmale Lücken nicht vermeiden ließen, hat man diese mit Mörtel verschlossen. Ich glaube nicht, dass die Hütte der Lagerung irgendwelcher Dinge dient, dafür ist sie zu aufwändig gemacht und die Lage zu abgeschieden.

Der Weg biegt nun nach rechts um die Wand herum auf eine kleine überdachte Holzbrücke, unter der ein Felsspalt gähnt. In alten Zeiten gab es dieses Konstrukt noch nicht, stattdessen eine andere, unkonventionelle Lösung: ein Brett. Wer es betrat, um den Spalt zu überqueren, brauchte starke Nerven und Vertrauen in das eigene Schicksal. Besonders Ängstliche hatten es vorgezogen, den Balanceakt nicht aufrechtgehend, sondern auf allen Vieren hinter sich zu bringen. Andere ließen sich tragen.

Noch weiter der Biegung folgend, nach wie vor leicht bergab, komme ich schließlich auf der Westseite der Ebenalpwand an... und hier, von einem Moment zum anderen, entfährt mir ein lauter Ruf des Erkennens und der gleichzeitigen Ungläubigkeit.

Das Berggasthaus Aescher!

Genauso sieht es auf den zahllosen Fotos aus. Was ich erblicke, ist dasselbe Motiv, das mich daheim in Staunen und kopfschüttelnde Bewunderung versetzt und dann nicht mehr losgelassen hatte. Die stark überhängende Felswand, an der ich, seit ich die Höhle verlassen habe, entlanglaufe, zeigt sich in ihrer ganzen Größe und Wuchtigkeit. Ein imposantes Bild, das für sich genommen kleinlaut macht. Geradezu sprachlos macht mich das alte Gebäude, das sich an den Fuß der Wand drückt wie ein Pinguinkind unter den Bauch der Mutter. Tatsächlich ist das aus Holz gebaute Gasthaus zum Teil in die dritte der Wildkirchli-Höhlen hineingesetzt, was die Wirkung erzielt, als sei es mit der mächtigen Felswand verwachsen. Es sieht aus, als neige sich diese schützend über das fragile Menschenwerk. Aber beschützt es sie tatsächlich? frage ich mich, oder bedroht es sie? Schweben Haus und Gäste in ständiger Gefahr von sich lösendem Gestein erschlagen zu werden? Vielleicht trifft beides zu. Dieses mit der Wand so eng verbundene Gebäude ist ein Beispiel für vollendetes Zusammenwirken von Bergnatur und Mensch, ein Anblick für Dichter und Philosophen. Im 19. Jahrhundert hatte hier Annette von Droste-Hülshoff genächtigt und in dichterischer Form ihre Gedanken niedergeschrieben.

Die umliegenden Berge! Bizarre Gebirgszüge mit senkrechten Felswänden. Tief eingeschnittene Täler. Altmann und Säntis, ein Doppelgipfel und die höchsten Berge des Alpsteins, Anfang Mai in den oberen Bereichen noch winterweiß. Weit unten, von steil aufstrebenden Blöcken umschlossen, liegt der Seealpsee wie ein dunkelgrünes Auge; es heißt, dass der Aufstieg von dort herauf nicht ungefährlich ist, dass er als Wanderweg oft unterschätzt wird und schon Todesopfer gefordert hat.

Mein weiterhin leicht bergabführender Weg mündet direkt in die Terrasse des Gasthauses und setzt sich an deren Ende fort.

Und so bin ich angekommen beim Aescher-Wildkirchli, auf der anderen Seite der Welt, in einem Märchentraum.

‚Wie scheint mir die Erde vom Berge so klein, wie mag sie dem Höchsten erscheinen! Drum bilde niemand Großes sich ein, lebt brüderlich drunten, ihr Kleinen!' ist ein Eintrag im Wildkirchli-Fremdenbuch der Jahre 1795 – 1824.

‚Der Aescher' ist eines der ältesten Schweizer Berggasthäuser. Wie die Kapelle steht es unter Denkmalschutz und ist im Besitz der Wildkirchli-Stiftung. Ursprünglich diente das damals bescheidene Gebäude als Unterkunft für eremitisch lebende Mönche, die hier Wanderer bewirteten. Seit 1860 existiert das Gasthaus in ähnlicher Form wie das heutige, wenn auch das damalige ‚Wirtshaus am Wildkirchli' kleiner und vollständig in die Höhle hineingebaut war. So gesehen hatte das Dach ein Dach gehabt.

Der Standort mit der unwirklichen Schönheit der Szenerie, der märchenhafte Zugang und die Art, wie das Berggasthaus in die Felswand gebaut ist, haben, besonders in den letzten Jahrzehnten, unzählige Menschen in ungläubiges Staunen versetzt. Menschen aus aller Welt! So viele, dass die Besucherzahl im Zeitalter der sozialen Medien ins Unerträgliche gewachsen war und zur Überlastung des Gebäudes und der Infrastruktur geführt hatte. Der Ansturm war so groß, dass der Herbergsbetrieb für vier Jahre eingestellt werden musste.

Der sechsköpfigen Pächterfamilie, die ihre Arbeit für das Berggasthaus geliebt hatte, blieb nur die ‚Flucht'.

Mittlerweile hat sich die Lage wohl etwas entspannt. Melanie und Lucca, das nachfolgende kinderlose Pächterpaar, wuppt den Kraftakt seit nunmehr sieben Jahren. Was mich betrifft, war ich so schlau, meine Übernachtung für Anfang Mai zu reservieren. Ein früher Zeitpunkt. Erst vor vier Tagen hat die Saison nach der

Winterpause begonnen, was erklärt, warum auf dem Weg hierher Ruhe herrschte und mir nur sechs Personen begegnet sind.

Und nun ist es an der Zeit, dass ich von Melanie erfahre, wo sich das ‚Zweisiedlerhotel' befindet und was das überhaupt ist.

Oje, ich hatte es geahnt und gleich wieder verdrängt!

Es ist die kleine Schindelhütte mit dem Vorhängeschloss. Allein und einsam zwischen der Höhlenkapelle und der, über der Felsspalte schwebenden, Brücke, die gewiss vorbildlich im Fels verankert ist. Mein Domizil ohne Bad und Toilette. Dort werde ich die Nacht als Einsiedlerin verbringen. Ich hatte es so gewollt.

Der Rest des Tages vergeht auf der Gasthausterrasse in Muße. Ich unterhalte mich mit Erwin aus St. Gallen, bis er sich vom Tisch erhebt und mit seinem Hund zu Fuß den Heimweg antritt, dann mit dem sympathischen Soldaten-Pensionär Kennyth aus Alabama, der mit seinen traurigen Augen herzlich lacht und wie ich im Aescher übernachtet, und mit Lucca und Melanie, die etwas Zeit haben, sich zu den wenigen Gästen an den Tisch zu setzen.

Seit ich hier bin, bewegen mich drei Fragen.

Erstens möchte ich wissen, wie real die Gefahr ist, dass Steine und Schlimmeres auf die Köpfe der Gäste fallen. Sehr real, sagt Lucca, würde die Wand nicht regelmäßig von Drohnen auf Brüchigkeit abgesucht, alle lockeren Steine und Felsstücke durch eine Schwadron Kletterer gelöst und kontrolliert fallengelassen. Während der junge Wirt diese erstaunlichen Dinge erzählt, hört man drüben vom Säntis und Altmann heftiges Donnergrollen. Kein Gewitter, sondern eine Schneelawine.

Zweitens möchte ich wissen, ob auf die Terrasse Regen fallen kann. Tut es nur am äußeren Rand. Die überhängende Felswand wirkt wie ein Dach.

Drittens möchte ich wissen, wie das Berghaus mit Waren versorgt wird. Weder gibt es einen Materiallift noch eine Zufahrtsstraße. Zwei Wege stehen zur Verfügung: über die Ebenalpbahn, wo die Fracht oberhalb der Höhlen herabgelassen und mit Raupendumpern weitertransportiert wird – und per Helikopter, wie sie auch für Berghütten im Einsatz sind. Am Hang unterhalb des Gasthauses gibt es eine kleine Start- und Landefläche.

Apropos Warenanlieferung. Ich liebe die feinzünftige Speisekarte des Aescher: ‚Spiis ond Trank', die mich in Entscheidungsnot bringt. Schließlich wähle ich den Käsefladen aus Eiern, Zwiebeln, Lauch und natürlich – Appenzeller Käse.

Vortrefflich schmeckt, was Wirtin Melanie serviert: würzig, saftig und aromatisch...

Zur Geschichte gehört, dass ich auch profane Dinge zur Sprache bringe.

Ohne Dusche kann der Mensch durchaus mal leben und ein weit entferntes Waschbecken führt auch nicht zur Verwahrlosung. Aber wie löse ich das Toilettenproblem? Ich befinde mich nicht auf einem Campingplatz, wo ich mein tragbares Klo morgens zu den Sanitäranlagen bringen kann.

In meinem fortgeschrittenen Alter gehören Nächte ohne Badbesuch längst der Vergangenheit an. Zwar hat mir Melanie eine Taschenlampe geliehen, dennoch will ich keinesfalls in dunkler Nacht mein Häuschen verlassen und schläfrig, wie ich bin, über den Wanderweg zu den Gasthaustoiletten taumeln. Obwohl, ich gebe es zu, der Gedanke seinen Reiz hat. Ich sehe mich noch – die Taschenlampe zwischen die Zähne geklemmt – auf der Prättigauer Carschina-Hütte des nachts wie heimlich über die Raumspartreppe hinabsteigen, das Haus über den Hintereingang verlassen, um im Mondschein über Stein und Geröll zum Klohäuschen zu tapsen, wo mich ein Heer Fliegen umschwirrte und ein

Gestank peinigte, den auch die frische Bergluft nicht vertreiben konnte. Ein faszinierendes Klohäusel vor der Sulzfluh-Südwand, mit Herzausschnitt als Ein- und Ausflugsschneise für die Fliegen, eine unvergessliche Erfahrung, die ich nicht missen möchte. Damals war ich jung, 43 Jahre. Heute, 28 Jahre später, bin ich eine Frau mit beträchtlicher Kniearthrose, die trotz Taschenlampenlicht beim nächtlichen Bergabgehen auf dem sandigen Wegbelag stolpern oder ausrutschen könnte. Also lassen wir das lieber. Das Problem löse ich am besten, indem ich am Abend so spät wie möglich und am Morgen so früh wie möglich die Toilette aufsuche.

Als ich bei Einbruch der Dunkelheit mit dem Rucksack bergauf zu meinem Schindelhäuschen laufe, freue ich mich.

Dort angelangt, gehe ich ein Stückchen weiter zum Wildkirchli.

Totenstill ist es darin. Das Glockentürmchen hebt sich mit seiner Spitze schwarz gegen den nachtblauen Himmel ab und sieht aus, als suchte es an der Felswand Halt. Wie unfassbar traurig der blasse, gekreuzigte Christus wirkt. Noch immer leidet er für uns.

Diese Stille! Mein Herzschlag, das einzige Geräusch.

Ich empfinde nicht die geringste Angst. Es ist gut, dass ich hier bin. Noch eine Weile bleibe ich stehen, spüre, wie der Friede dieses Ortes in mein Herz sinkt. Dann gehe ich zurück zur Hütte.

Das Schloss springt auf und ich trete ein.

Wie schön sie ist, eine Augenweide! Das helle Holzmobiliar ist eigens für diesen Raum und seine Maße getischlert: das große Doppelbett – es ist ja ein Zweisiedlerhotel –, der kleine Tisch vor dem Fensterchen, zwei Bänke. Das schwach gemaserte, fein geschliffene Holz ist massiv und hat eine Stärke von mehreren Zentimetern. Vielleicht ist es Bergahorn.

Und da ist sie: die rohe Felswand aus Kalkstein, trocken und deshalb von heller Sandfarbe. In handwerklicher Meisterleistung sind die Anschlussstellen der Hüttenwände ihren Vorsprüngen, Spalten und Furchen angepasst. Auf dem Tisch steht ein frischer Wiesenblumenstrauß, das Bettzeug ist alpentypisch mit karierter Baumwolle bezogen und auf der niedrigen Bank vor der Felswand erfreut eine stilechte Dekoration: eine Waschschüssel von anno dazumal, darin der dazugehörige Krug. Daneben steht ein mit Handtüchern gefüllter Henkelkorb für die nötigste Körperwäsche am Steinbecken des Sanitärhäuschens, drüben am Gasthaus. Mein Nachtquartier am Wildkirchli: bildschön spartanisch, von umwerfendem Charme.

Natürlich gibt es in der Hütte weder Strom noch Heizung, das versteht sich von selbst. Oben am Berg kann es Anfang Mai des Nachts sehr kühl sein, immerhin liegt am Säntis Schnee. Als ich in Hose und Pullover ins Bett krieche, mich wohlig in den Federkissen vergrabe, fühle ich mich warm und aufgehoben. Ich denke an die Höhlen in meiner Nachbarschaft, an ihre unheimlichen nachtfinsteren Schatten. Angst wie in der ersten Schafhüttennacht spüre ich nicht, mein Herz schlägt ruhig.

Einsiedlerin für eine Nacht. Von nichts als Naturfrieden umgeben. Das macht mich – ob man es glauben will oder nicht – sehr glücklich.

Wer den Morgen schaut

Um halb sechs in der Frühe schlage ich die Augen auf. Die ganze Hütte ist von rötlichem Licht erfüllt. Blitzend fällt es in Strahlen durch das winzige Fenster. Die Bergnacht ist vorbei. Lautlos hat der neue Tag mit einem Feuerwerk begonnen.

Ich wälze mich aus den Federn, öffne die Tür und gehe hinaus.

Gerade eben hat sich die Sonne über den Horizont erhoben, mich und alles um mich her mit warmen Rottönen übergossen. Die Schindeln der Hütte und die mächtige Felswand sind rosafarben. Noch ist es kalt und der Wind kühl, doch die Sonne wird sich weiter erheben, alles erwärmen und die Farben der Berglandschaft zum Leuchten bringen. Berge im Morgenlicht sind ein Versprechen und ich höre es gut: Ja, gewiss, es war einmal, doch wenn du dich heute trennen und heimfahren wirst, ist es nur vorübergehend, denn wir werden auf dich warten.

Also will ich nicht traurig sein und mich mit einem Zitat des österreichischen Theologen Reinhold Stecher trösten: Wer den Morgen schaut, kann nicht ganz mutlos bleiben.

Möchte auch ich etwas versprechen? Ja!

Für immer Berge.

Wildkirchli am Abend

Mein ‚Zweisiedlerhotel' im frühen Morgenlicht

Danke!

Wenn ich, fern der Alpen, den Zeigefinger über die Atlaskarte wandern ließ, war ich allein, ebenso beim Planen der Reisen und nicht selten währenddessen. Also auch beim Verfassen der Reisetagebücher, die eine der Grundlagen dieses Buches sind.

Dann das Schreiben: allein im stillen Kämmerlein. In Gedanken auf die Reise gehen, jeden Tag, jede Stunde aufs Neue erleben, nachfragen, nachforschen, recherchieren.

Aber dann, als alles in Worte gefasst war, stieß das Alleinarbeiten an seine Grenze. Jetzt brauchte ich Unterstützung. Diese erhielt ich durch Harald Stucken, Uschi Stolz und meine Tochter Annike Reiß. Von Herzen danke ich euch für euer Probe- und Korrekturlesen, eure Änderungsvorschläge und Ermutigungen, für euer nicht nachlassendes Interesse an meinen Reiseerzählungen und besonders für euer Know-how, von dem ich profitieren durfte.

Meinem Sohn Julian danke ich herzlich für die Unterstützung bei allen Computerfragen. In Chamonix hatte ich es geahnt: Das defekte Handy erwies sich als harte Nuss, danke, dass du für die Datenrettung gesorgt hast. Alle wunderbaren Fotos sind wieder da und Yu-jun kann aufatmen.

Gabriele Reiß
Die SEHNSUCHTSTIFTERIN
Weitere Alpenbücher zum Wegträumen und Mitreisen

Das pure Glück
Eine Ruhrgebietsfrau lernt die Alpen lieben.

Geschichten aus den ersten Wanderjahren.

Steinreich, vogelfrei
Ein Weg wie kein anderer. Zwei Frauen überqueren die Alpen.

Zu Fuß von Starnberg nach Bardolino (Gardasee).

Geliebter Fluss – *Mes char En*
Von Passau nach Maloja. Eine Reise fürs Leben.

Mit dem Hollandrad stromaufwärts zum Inn-Ursprung
(Oberengadin/Graubünden).

Eine unmöglich schöne Reise
Mit drei Gängen und der Kraft der Langsamkeit über die Alpen.
Von Salzburg zur Adria.